인공지능,
주식투자
좀
부탁해

저자 소개

곽경일

아주대학교 신산업융합기술연구센터에서 게임 인공지능을 연구했고 이후 데이터 분석, 인공지능에 대한 교육 사업을 하고 있다. 서울시립대학교에서 데이터 분석 자문 위원을 했으며, 그 밖에 삼성중공업, 하나은행 등 전문 강사로 활동하고 있다.

현) 데이터 분석, 인공지능 교육 서비스 회사 넝쿨 모바일 운영

재능 판매 플랫폼 숨고에서 컴퓨터 레슨 분야 전체 1위

클래스101 데이터 분석, 파이썬을 활용한 주가 예측 VOD 촬영

전) 아주대학교 산업공학과(학부, 대학원) 졸업

삼성중공업 머신러닝 전문 강사

서울시립대학교 데이터 분석 자문 위원

서문

1차 산업 혁명 이후 기계에 대해 무지한 사람은 도태되었다. 2차 산업 혁명 이후 전기에 대해 무지한 사람은 도태되었다. 3차 산업 혁명 이후 컴퓨터에 대해 무지한 사람은 도태되었다. 지금은 4차 산업 혁명 시대이며, 4차 산업 혁명의 핵심은 인공지능이다. 4차 산업 혁명에는 인공지능에 필요한 프로그래밍, 데이터 분석에 대해 무지한 사람은 도태될 것이다. 이제는 인공지능에 대해서 관심을 가지고 필수로 공부해야 하는 시대가 왔다.

프로그래밍이 어렵다고 생각하시는 분들이 많다. 맞다. 프로그래밍을 배우는 것은 매우 어려웠다. 하지만 이제는 아니다. 요즘에 사용되는 프로그래밍 언어들은 초등학생들도 쉽게 배울 수 있을 정도로 문법이 쉬워지고 있다. 실제로 파이썬 프로그래밍 언어는 배우기도 매우 쉬우며, 데이터 분석, 인공지능 모델도 매우 쉽게 만들어 낼 수 있다.

저자는 인공지능 전문가로 근무하면서 입문자들도 아주 쉽게 파이썬 프로그래밍을 익히게 하고, 실제로 배운 파이썬 프로그래밍을 통해서 인공지능을 만들어서 인공지능이 주식 데이터를 학습하게 하고, 미래에 주식 가격을 예측하는 방법을 전수하고자 한다. 주식투자에 관심이 많은 사람이라면 이 책에서 다루는 다양한 인공지능 모델을 이해하고, 직접 개발하고, 백테스팅해 보면서 본 도서를 적극적으로 활용할 수 있길 바란다.

머리말

주식을 하는 사람이라면 "왜 내가 사면 떨어지고, 팔면 오르지?" 같은 생각을 대부분 한 번 이상 해 봤을 것이다. 또한 가진 주식들이 많이 올랐더라도, 언제 팔아야 할지, 앞으로도 쭉 오를 것 같은데, 지금 팔면 바보짓 같고, "그때 샀어야 했는데, 그때 팔았어야 했는데."라고 후회하며 항상 HTS/MTS에서 눈을 떼지 못하면서 스트레스를 많이 받아 봤을 것이다.

인간은 그들이 느끼는 공포와 탐욕으로 인해 합리적인 선택을 방해받기 때문이다. 필자도 이런 경험을 하면서 스트레스를 많이 받았다. 특히 주식을 사면, 언제 팔아야 하는지에 대한 고민이 정말 많았다. 그런데 이런 문제는 인공지능을 활용하면, 쉽게 해결할 수 있다. 인공지능은 언제 주식을 매수해야 할지, 매도해야 할지 쉽게 계산해서 알 수 있기 때문이다.

인공지능을 활용하면, 규칙대로 매수/매도하며, 우리가 섣불리 하지 못하는 행동들을 대신해 준다. 또한 종목이 수천 가지로 많아서 주식 장 시간 안에 모든 주식을 분석하고, 내가 정한 매수, 매도 조건에 해당하는지 확인하기에는 한계가 있다.

인간이 모든 종목을 분석하고 매수, 매도하는 것은 너무 어렵지만 인공지능은 수천 가지의 종목을 아주 짧은 시간 내에 판단하고 행동을 취할 수 있다. 이렇게 우리를 대신해서 매매 종목들을 선별하고, 조건에 부합하면, 사고팔기까지 하는 자동 트레이딩 시스템의 개발은 한순간의 일확천금은 아닐지라도 우리 대신 주식 시장에서 꾸준히 돈을 벌 수 있는 좋은 아르바이트생이 하나 생기는 것과 마찬가지다(아르바이트생에게 줘야 하는 월급은 전기세 정도로 생각했다).

앞으로 주식 자동 매매 프로그램을 만들면서 주의해야 할 점이나, 돈을 벌 수 있는 팁들을 차차 소개해 갈 것이다. 하지만 진행하기에 앞서 오해하지 말아야 할 점은, 인공지능을 활용해서 미래에 오를 주식을 예측하고, 자동으로 트레이딩한다고 해서 큰돈을 벌기는 결코 쉬운 일이 아니라는 것이다.

주식 시장은 인간의 광기, 특정 이슈가 활개 치는 곳이다. 아무리 인공지능일지라도 인간의 광기를 예측하기는 어렵고, 높은 정확도를 기대하기는 어렵다(정확도가 높게 나왔다면 모두 워렌 버핏이 되었을 것이다).

우리가 만드는 프로그램은 우리가 주식을 매수, 매도할 때 선택에 도움이 되는 수준에서 사용해야 한다. 그리고 인공지능이 선택한 결과를 보고, 더 나은 예측을 하도록 코드를 수정하는 식의 노력을 항상 기울여야 한다.

< MY 자산	
삼성증권	타금융사
자산(평가금액)	145,559,539 원
투자금액	34,884,448 원
평가손익	109,596,654 원
수익률	314.18 %

그림 1 삼성증권 mPOP 수익률 인증

필자도 인공지능 주식 자동 매매 프로그램을 만들고 약 3년 정도 테스트해 왔고, 지금도 사용하면서 점차 코드를 보완해 나가고 있다. 위의 그림은 실제로 필자가 약 3,000만 원을 투자해서 인공지능을 통해서 주식을 추천받고, 인공지능이 알려 준 대로 매수, 매도 타이밍에 맞게 선택한 결과다.

인공지능을 통해서 안전하게 선택하고, 꾸준히 코드를 보완해 나간다면, 점차 만족한 수익을 낼 것이다. 하지만 이 과정 역시 쉬운 일은 아니다.

우리는 앞으로 인공지능을 활용한 자동 주식 매매 프로그램을 만들 때 파이썬 프로그래밍을 사용할 것이며, 다소 복잡한 증권사 API 사용법도 익혀야 한다. 또한 배운 내용을 바탕으로 트레이딩 가능한 실전 시스템을 만드는 과정도 필요하다.

이 책은 각각의 모든 단계를 입문자도 따라오게끔 최대한 쉽고, 길지 않고, 짧은 코드로도 개발하려고 노력했다. 모든 과정을 익히고 나면, 여러분이 주식 자동 매매 원리를 익히고, 자신만의 전략을 개발하여 만족하는 수익이 나오길 진심으로 바란다.

추천사

키움 증권사의 API(KOA)를 연동하여 주식을 매매하고 AI를 접목하여 주가를 예측하는 등 주식 매매 자동화 시스템을 구현하는 방법을 다룬 책입니다. 최종 결과물은 MVP(Minimum Viable Product) 방식에 가까워 쉽고 빠르게 구현할 수 있고, 작지만 코드를 확실하게 이해할 수 있도록 구성되어 있어 입문자에게 강력히 추천하고 싶은 책입니다.

개발 환경 구축부터 최종 결과물에 이르기까지 그대로 따라 하면 쉽게 완성할 수 있으며 코드 또한 오류가 존재하지 않습니다. 심지어 주식 계좌 개설 방법부터 키움 API를 활용하는 방법도 소개된 데다 Python 기초도 다루고 있어 Python, 주식, AI를 잘 몰라도 실습을 진행하는 데 큰 무리가 없습니다.

다만 실습 환경이 윈도우 OS에 종속되어 있고 100% 수익을 보장하는 전략이 소개되는 것은 아니며 비교적 간단한 ML 모델을 활용하고 DB 연동 등 편의 기능이 구현되어 있지 않기에 해당 분야에 전문성을 가진 중급자 이상의 독자에게는 난이도가 다소 쉬울 수 있습니다.

- 허민, 한국외국어대학교 데이터 분석가

저는 새로운 프로그래밍 언어나 라이브러리를 공부하기 위해 책을 고를 때 실습 예제가 풍부하게 담긴 핸즈온(Hands-on) 스타일의 서적을 선호합니다. 직접 예제 코드를 실행하면서 손에 익혀야 해당 기술에 빨리 익숙해지기 때문입니다. 개발을 통해서 스스로 소프트웨어나 프로덕트를 완성했을 때 그 성취감은 이루 말할 수 없습니다. 하지만 그 수준에 도달하기 위해 언어와 라이브러리를 자유자재로 사용할 수 있도록 단련하는 과정은 지루하고 힘들 수도 있습니다

이 책은 누구나 한번은 생각했을 법한 주식투자 프로그램 개발을 주제로 하고 있습니다. 프로그램을 완성하려면, 기본적인 파이썬 문법, 데이터 전처리, 머신러닝, 증권사 API 사용법 등과 같이 알아야 할 것이 많습니다. 하지만 이 책은 꼭 필요한 부분 위주로 꼼꼼히 설명해 주어 설명만 잘 따라가면 누구나 목표에 도달할 수 있습니다. 파이썬으로 애플리케이션 개발을 배우고 싶은 입문자나 증권사 API를 사용해서 나만의 주식투자 알고리즘을 구현하고 싶은 개발자 모두에게 좋은 선택지가 될 것입니다.

- 유광명, 마키나락스 ML 엔지니어

"파이썬과 머신러닝을 통해 주가를 예측하고, 증권사 API를 통해 주식 매매를 자동화하고 꾸준한 투자 수익을 얻는다." 이 얼마나 꿈만 같은 얘기인가? 이 책의 저자는 책에 있는 내용을 따라 하기만 해도 이를 구현할 수 있다는 것을 보여 준다. 주제별로 학습하자면 방대한 분량이라 부담스러워 길을 잃기 십상이나, 이 책에 잘 정리된 꼭 필요한 핵심 내용과 실제 소스 코드를 통해 단계별로 구현하다 보면, 투자 종목의 내일의 주가를 예측해 내는 스스로의 모습을 볼 수 있을 것이다!

- 전영식, PM

요즘 제가 가장 관심 가지고 있는 키워드는 #파이썬, #코딩, #인공지능, #주식, #투자입니다. 월급 하나만 보고 살기에는 힘겨운 시대를 지나며 누군가 내 자산을 잘 관리해 주면 좋겠다고 생각해 봅니다. 주식투자 열풍이 불었던 얼마 전, 얼마 되지 않는 돈이지만 '이거라도 잘 투자해 보고 싶다.'고 고민했습니다. 하지만 주식의 주자도 모르는 상태에서 도대체 어디에 어떻게 투자해야 할지 막막했습니다. 누군가 저를 도와줄 수 있으면 좋겠는데 말이죠.

이 책은 주식투자 방법, 파이썬 문법, 인공지능 기술을 구체적으로 가르쳐 주는 책이 아닙니다. 파이썬을 이용한 매매 자동화 시스템을 직접 구현해 보는 책입니다. 따라서 주식투자, 파이썬 문법에 대한 기초 지식이 있다면 더욱 이해하기 쉽습니다. 하지만 이를 전혀 모르는 초보자도 책에서 안내하는 대로 코드를 입력해 나가다 보면 책을 다 읽을 때쯤, 인공지능의 도움을 받는 간단한 매매 자동화 프로그램을 완성해 볼 수 있습니다. 저자의 표현대로 "처음 보면 익숙하지 않아서 봐도 잘 모르겠지만, 책을 몇 번 따라 작성해 보면서 자주 보다 보면 점차 이해될 것"입니다.

더욱 완성도 높은 프로그램, 알고리즘을 만들어 내는 것은 숙제로 남았습니다, 하지만 기본적인 작동 원리를 배우고 완성해 보는 데에는 이 책 한 권으로 충분합니다. 어려운 개념들은 가급적 줄이려고 애를 쓰고, 프로그램 구현에 가장 필수적인 내용들만 추려 넣었다는 느낌을 받았습니다. 국내 유명 증권사 API를 이용하여 실제 작동하는 자동 매매 프로그램을 만들어 보고 싶다면, 거기에 인공지능 모델을 활용해 보고 싶다면 이 책으로 시작해 보세요! 추천합니다!

- 최경산, 대안학교 수학 과학 코딩 교사

파이썬의 문법, 머신러닝의 종류, 빅 데이터를 분석하는 방법에 이르기까지 얕지만 다양한 부분들을 살펴봄으로써, 주식 매매뿐 아니라 프로그래머라면 어떻게 생각하고 설계하고 적용하는지 개념을 그릴 수 있는 책이다. 또한 실제로 적용하여 살펴본 경험에서 얻은 통찰을 전달하며, 능숙해지고 생산적으로 일할 방법을 제시해 줌으로써 이 책에 실린 내용은 틀림없이 가치가 있을 것이다.

사전에 파이썬을 알고 있거나, 한 가지의 언어를 알고 있으면 쉽게 읽힐 것이다. 하지만 모른다고 해서 그것을 따라가지 못하는 일은 발생하지 않을 것이다. 오히려 필요한 개념을 쉽게 알려 주며, 충분한 예제를 수록하였기에 이를 통해 입문하는 것도 좋은 방법이라고 생각된다. 자동화된 주식 매매를 통해 자신의 인생을 더 편하게 만들 것을 분명 발견할 수 있을 것이다.

- 현진원, 윈도우 프로그램 개발자

목차

저자소개   4
서문   5
머리말   6
추천사   9

Chapter 1 개발 환경 구축   17

파이썬 소개   18
파이썬 설치하기   20
아나콘다 가상 환경 설정하기   28
파이참 설치하기   32
파이참 새 프로젝트 만들기   39

Chapter 2 키움증권 API 사용하기   45

키움증권 API 사용 환경 구축   46
    키움증권 API 사용 환경 구축   46
    키움증권 계좌 만들기   46
    키움증권 인증서 만들기   56
    키움증권 API 설치하기   61
    KOA Studio 내려받기   64
    키움증권 모의투자 가입하기   66
    KOA Studio 사용법   68
PyQt5 설치하기   72

Chapter 3 파이썬 프로그래밍   75

파이썬 프로그래밍   76
    변수 이해하기   76
    변수 만들기   78
    변수 이름 짓기   79

주석	80
주석 만들기	80
숫자형 자료형	81
숫자형을 활용하는 연산자	81
문자열 자료형	83
변수와 문자열	83
문자열 인덱싱	84
문자열 슬라이싱	85
문자열 연산	86
문자열의 길이	87
문자열 전용 함수	87
리스트 자료형	90
리스트 인덱싱	91
리스트 수정	91
리스트 슬라이싱	92
리스트에 값 추가하기	92
리스트 값 삭제하기	94
del 키워드 사용하기	94
전용 함수인 remove 함수 사용하기	94
최댓값, 최솟값, 평균값 확인하기	95
리스트 값 정렬하기	95
튜플 자료형	97
튜플 값 수정하기	98
딕셔너리 자료형	100
딕셔너리 인덱싱	101
딕셔너리 값 수정하기	102
딕셔너리 값 삭제하기	102
딕셔너리 전용 함수 사용하기	102
집합 자료형	104
합집합, 교집합, 차집합	105
집합 전용 함수	106
Bool 자료형	107
bool 함수	108
조건문 IF문	109
if문	109
else문	110
elif문	111
비교 연산자, 논리 연산자, 멤버 연산자	112

반복문 115
    for문 115
    while문 118
함수 122
    입력값이 없는 함수 123
    반환 값이 없는 함수 124
    전역 변수와 지역 변수 125
    기본값 할당하기 126
클래스 127
    상속 131
모듈 133
    기본 모듈 알아보기 134

Chapter 4 데이터 분석과 가공   139

데이터 분석과 가공 140
    시리즈 140
    판다스 모듈 불러오기 141
    시리즈 만들기 142
    시리즈 index, value 값 가져오기 144
    판다스로 파일 불러오기 144
    csv 파일과 tsv 파일의 차이 146
    시리즈 통계 함수 알아보기 147
데이터 프레임 152
    데이터 프레임의 특정 열 추출하기 152
    데이터 프레임의 특정 행 추출하기 153
    여러 개의 데이터 프레임 합치는 방법 157
    스마트하게 데이터 프레임 합치기 161
누락 값 처리하기 164
    누락 값 확인하기 165
    누락 값 개수 구하기 166
    누락 값 채우기 168
    누락 값 삭제하기 172
데이터 시각화하는 방법 174
    matplotlib 모듈을 활용해서 그래프 그리기 176
    seaborn 모듈을 활용해서 그래프 그리기 179
    pandas 모듈을 활용해서 그래프 그리기 194

Chapter 5 데이터와 인공지능 · 197

데이터와 인공지능	198
늘어나는 종이 소비량	198
인공지능을 배워야 하는 이유	200
IT와 DT	202
빅 데이터	205
인공지능과 관련된 학문과 기술 분야	207
인공지능, 머신러닝, 딥러닝의 관계	211
실전 매매 프로젝트 준비	213

Chapter 6 프로젝트 시작 · 217

키움증권 API에 로그인하기	218
계좌 정보 가져오기	226
종목 코드 가져오기	231
종목명 가져오기	235
주식 가격 정보 가져오기	239
예수금 가져오기	252
주문 접수 및 체결 확인하기	259
주문 정보 얻어 오기	272
잔고 얻어 오기	283
실시간 체결 정보 가져오기	294

Chapter 7 머신러닝으로 미래 주가 예측하기 · 309

머신러닝으로 미래 주가 예측하기	310
K 최근접 이웃	312
선형 회귀	327
결정 트리	330
랜덤 포레스트	337
실전 매매 프로젝트 시작	341
코스피, 코스닥 종목 코드 가져오기	341
종목명 가져오기	342
미래 주가 예측하기	343
예수금 가져오기	346

인공지능이 추천한 종목 접수하기	347
잔고 확인하기	351
매도 접수하기	353
실전 투자 전환 방법	358
마치며	361
찾아보기	362

MEMO

CHAPTER 01

개발 환경 구축

파이썬 소개
파이썬 설치하기
아나콘다 가상 환경 설정하기
파이참 설치하기
파이참 새 프로젝트 만들기

파이썬 소개

그림 2 Python 기본 로고

파이썬은 1991년 프로그래머였던 귀도 반 로섬이 발표한 고급 프로그래밍 언어이다. 파이썬은 영어 문법과 비슷해서 읽고 쓰기 쉬운 특유의 문법으로 입문자가 처음 프로그래밍을 배울 때 적합한 언어이다. 게다가 배우기 쉬운 난도에 비해 사용률과 생산성도 아주 강력해서 세계에서 가장 인기 있는 프로그래밍 언어 중 하나이다.

그림 3 넷플릭스와 유튜브

우리가 알고 있는 유튜브, 넷플릭스도 파이썬 프로그래밍 언어 하나만 사용된 것은 아니지만, 파이썬을 메인으로 사용해서 만들어졌다. 파이썬은 4차 산업 혁명 시대에 가장 적합한 언어이다. 파이썬은 데이터 분석과 머신러닝 개발에 특화된 언어이다(기계가 스스로 학습해서 무언가를 예측하는 기법을 머신러닝이라고 한다). 파이썬은 데이터 분석 및 머신러닝 모델을 만드는 편리하고 다양한 기능을 제공한다. 아주 강력한 머신러닝 모델을 만드는 데 파이썬을 이용한다면 50줄도 안 되는 코드로 주가를 예측하는 프로그램을 개발할 수 있다. 이미 파이썬이 모든 것을 제공하므로 우리가 개발할 필요 없이 도구를 가져다 쓰면 되기 때문이다.

이렇게 장점이 많은 파이썬도 단점이 있다. 파이썬은 C언어로 만들어져, 파이썬으로 코드를 실행하면, 파이썬 프로그램 안에서 C언어로 번역하고, 그 뒤에 코드가 실행되는 형식이므로 실행 시 느리다. 그리고 파이썬으로 앱 프로그램을 개발하기에도 부족함이 많다. 하지만 이러한 프로그램 개발이 목적이 아니라면 파이썬은 아주 좋은 선택지가 될 것이다.

파이썬 설치하기

우선 공식 사이트에 들어가서 설치하자. 하지만 공식 사이트에서 설치하면, 다양한 도구를 파이썬에 설치해야 한다. 우리가 컴퓨터를 새로 사거나, 윈도우를 초기화하면, 가장 먼저 윈도우를 업데이트하고, 크롬이나 카카오톡 등 필수 프로그램들을 설치해야 한다. 아마 아무것도 없는 윈도우에 필수 프로그램들을 설치해 본 기억이 있다면 얼마나 이러한 작업이 번거로운 일인지 짐작할 것이다. 마찬가지로 파이썬에 필요한 도구들을 설치하는 작업은 꽤 번거로운 일이라 필수 도구들이 설치된 풀 옵션 파이썬을 다운받는 것을 추천한다. 이러한 풀 옵션 파이썬을 다운받으려면 "아나콘다"라는 파이썬 배포판을 다운받자. 아나콘다 파이썬 공식 사이트(https://www.anaconda.com/products/distribution)에서 다운받는다. 컴퓨터에 아나콘다를 설치하는 방법에 대해서 알아보자.

그림에 나오는 윈도우 창문 모양을 클릭하면 아래 페이지에 있는 아나콘다를 설치하는 페이지로 이동한다. 필자는 윈도우 OS 환경이라 윈도우 버전의 아나콘다 파이썬을 다운받겠다. 만약 OS가 다르다면 OS에 맞는 아나콘다 버전을 선택하고 설치한다(이 책은 윈도우 OS 환경을 기준으로 설명하여 주식 자동 매매 프로그램을 만들기 위해서는 키움증권에서 제공하는 도구를 파이썬으로 가져와야 한다. 키움증권에서 제공하는 도구는 윈도우 환경에서 작동하기 때문에 윈도우에서 공부할 것을 권장한다).

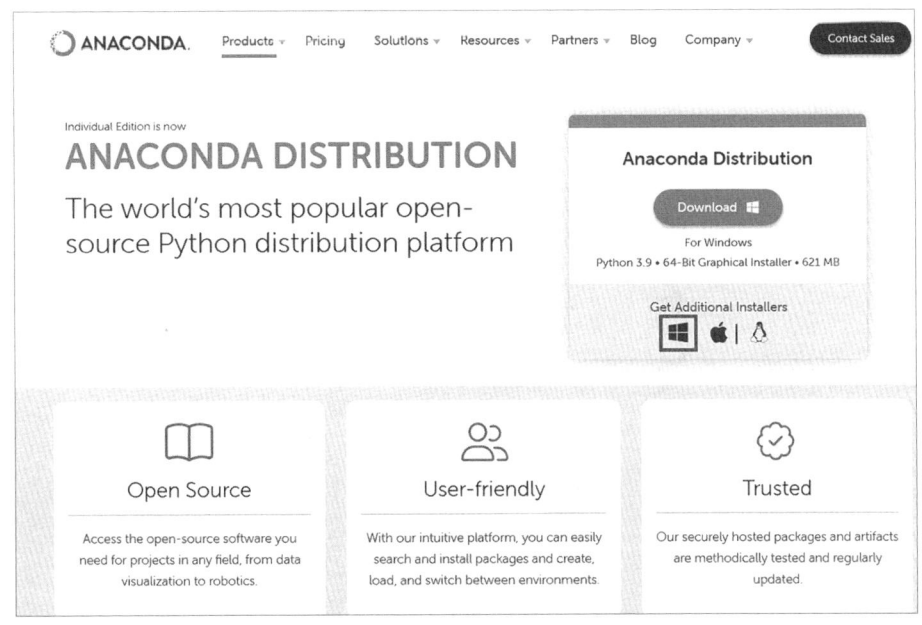

그림 4 아나콘다 공식 사이트

Windows 운영 체제 버전의 Python 3.9 밑에 있는 64-Bit Graphical Installer (621MB)를 클릭해서 다운받자(필자와 버전이 달라도 크게 문제 될 것은 없다. 가장 최신 버전으로 다운받자).

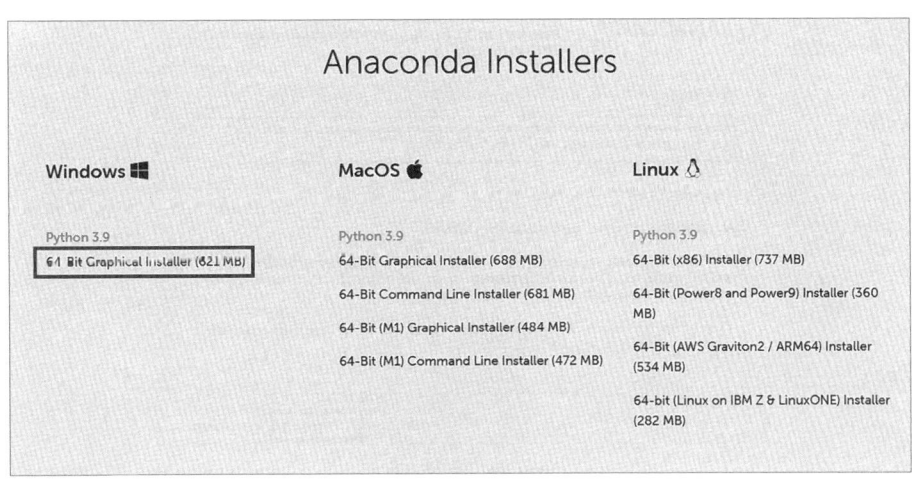

그림 5 아나콘다 설치 1

다운로드가 모두 끝나고 다운로드한 파일을 실행시키면 설치를 진행하는 첫 화면이 나온다. 아래와 같은 화면이 나오면 "Next" 버튼을 누르자.

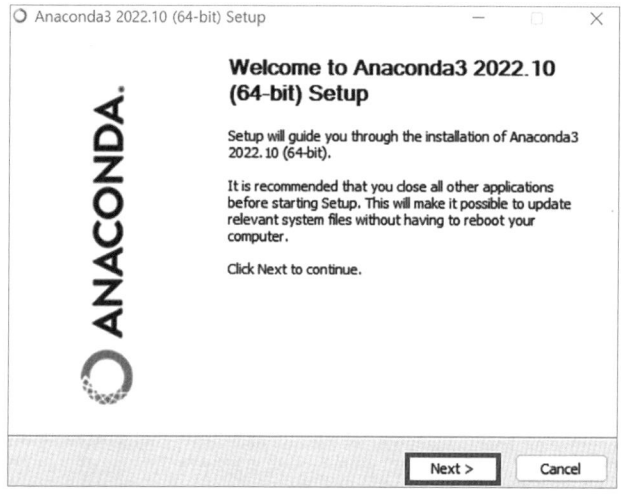

그림 6 아나콘다 설치 2

다음은 아나콘다 파이썬 라이선스 동의 화면이 나온다. 동의하지 않으면 앞으로 넘어갈 수 없으므로, "I Agree" 버튼을 누르자.

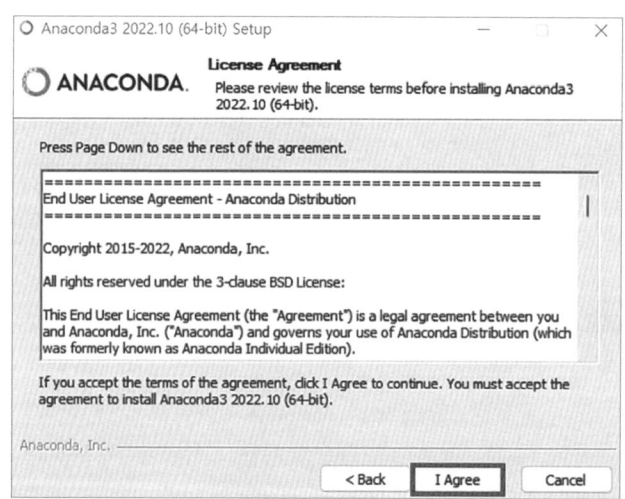

그림 7 아나콘다 설치 3

설치 타입을 묻는 화면이 나오면, Just Me 옵션을 선택하고, "Next" 버튼을 누르자.

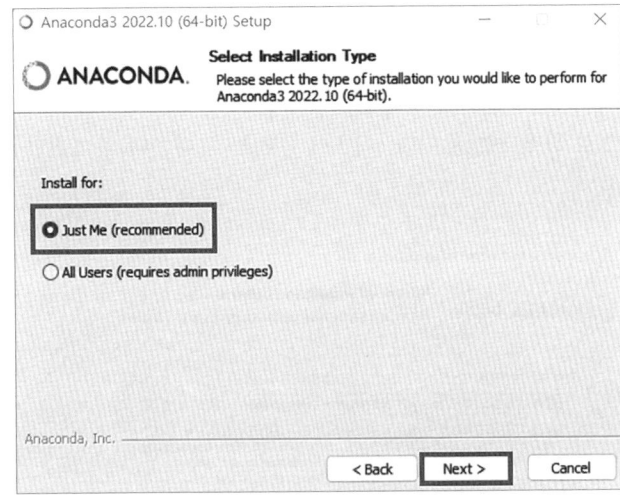

그림 8 아나콘다 설치 4

설치 경로를 설정하는 화면이 나오면, 기본 경로 그대로 두고 "Next" 버튼을 누르자.

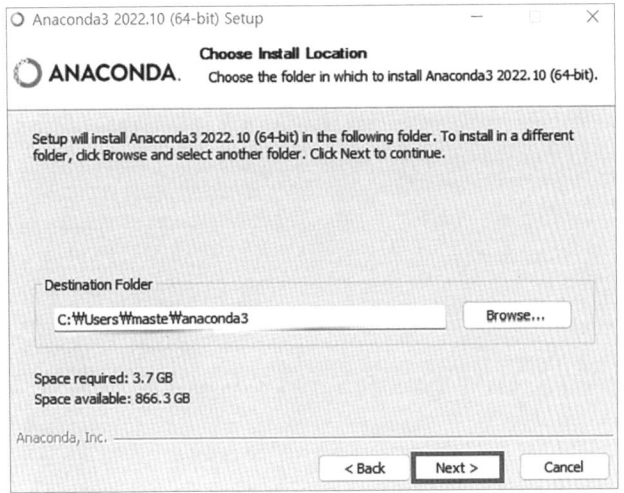

그림 9 아나콘다 설치 5

설치 옵션에서 두 체크 박스 모두 체크하자. 만약 체크를 하지 않고 설치를 진행할 경우, 삭제하고 다시 설치해야 하니 주의하자. 왜냐하면 파이썬을 설치하면 파이썬이 어디에 설치되는지 컴퓨터에 경로를 알려 주어야 한다. 입문자가 이러한 경로 설정을 하기에는 굉장히 번거롭고 어렵다. 그런데 첫 번째 체크 옵션을 클릭하면 기본 경로를 아나콘다 파이썬으로 하겠다는 뜻이다. 애초에 우리는 아나콘다 파이썬만을 사용할 계획이므로 문제가 없다.

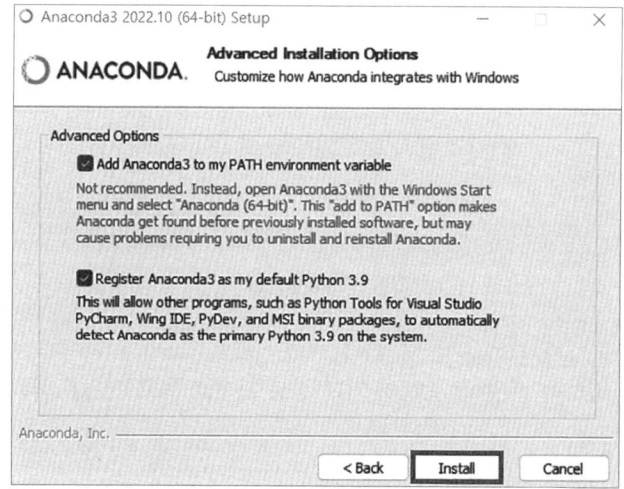

그림 10 아나콘다 설치 6

설치가 완료되면, "Next" 버튼을 누르자.

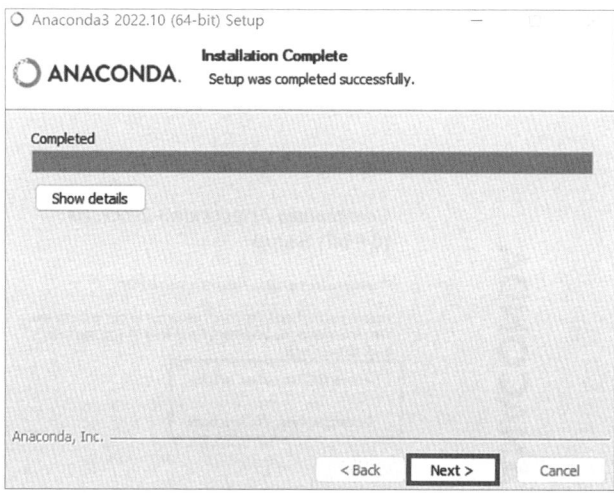

그림 11 아나콘다 설치 7

"Next" 버튼을 누르자.

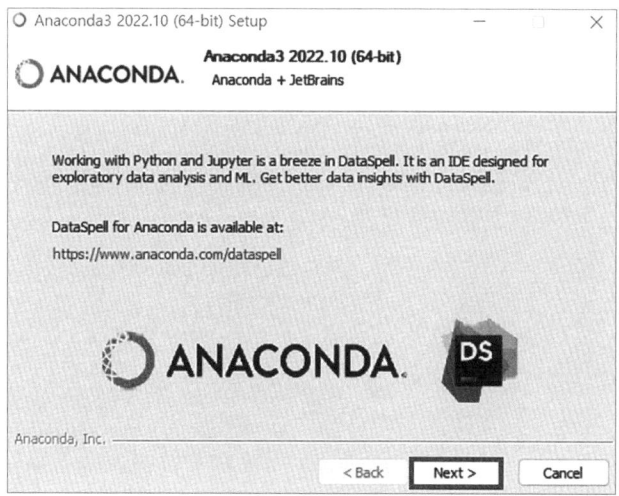

그림 12 아나콘다 설치 8

체크 박스를 선택하는 화면이 나오면, Anaconda Distribution Tutorial 옵션은 Anaconda 작동 방식을 알려 주는 튜토리얼이며, Getting Started with Anaconda 옵션은 설치를 끝낸 즉시 아나콘다 실행 파일을 실행한다는 의미이다. 아직 실행할 필요가 없으므로 체크 옵션 2개 모두 해제하고 "Finish" 버튼을 누르자.

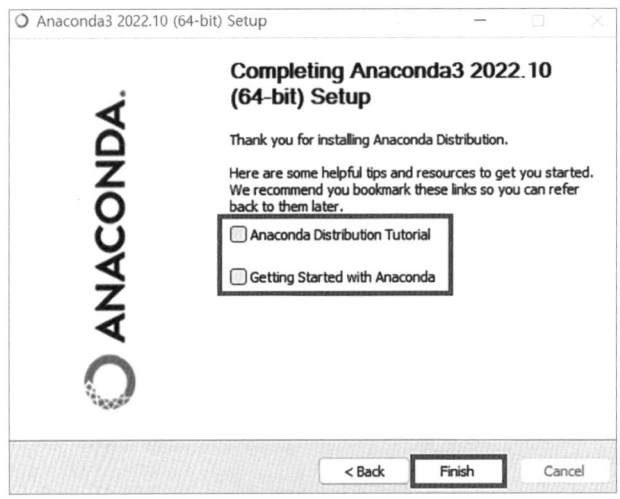

그림 13 아나콘다 설치 9

설치가 완료되면, 윈도우 시작 메뉴에서 Anaconda Prompt (Anaconda3)를 찾아 실행하자.

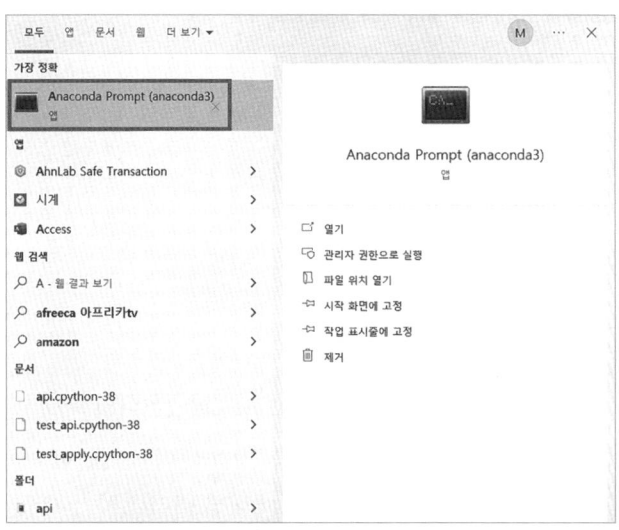

그림 14 Anaconda Prompt (Anaconda3) 실행 파일

Anaconda Prompt (Anaconda3) 실행 파일을 실행시키면, 검은 화면이 나온다. 검은 화면이 나오면 창에 conda --version을 입력하고 Enter 키를 누르자. 설치가 제대로 되었다면 아나콘다 버전이 검은 창에 출력될 것이다(필자와 아나콘다 파이썬 버전이 다를 수 있다. 버전이 달라도 크게 차이 나지 않는 이상 문제가 생기진 않을 것이고, 최신 버전의 파이썬을 다운받아도 원활하게 진행되도록 구 버전의 파이썬 가상 환경을 만들어서 같은 환경에서 실습을 진행할 것이므로 걱정하지 않아도 된다).

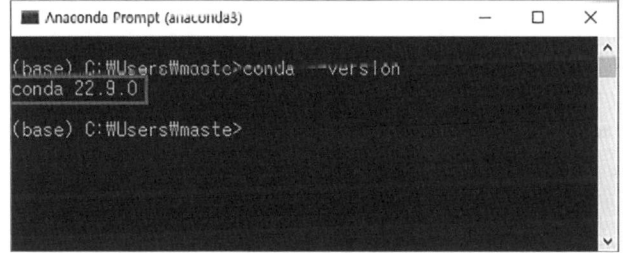

그림 15 아나콘다 버전 확인

아나콘다 가상 환경 설정하기

파이썬 버전은 다양하게 존재한다. 데이터 분석이든 머신러닝이든 어떤 도구를 사용하려면 파이썬 버전에 맞는 도구를 사용해야 한다. 만약 파이썬 버전이 바뀐다면, 특정 도구를 사용하지 못할 수도 있다. 같은 도구라도 파이썬 버전에 따라 사용 여부가 달라지기 때문이다.

특정 도구를 사용할 수 없는 파이썬 버전이 컴퓨터에 설치되어 있다면 에러가 발생할 가능성이 크다. 그때마다 파이썬 버전을 계속 바꾸어 설치하기보다 아나콘다를 이용하여 가상 환경을 만들어서 그 환경 안에서 지정된 버전의 파이썬과 도구들을 사용하도록 설정할 수 있다. 이 책에서도 가상 환경을 만들어서 그 안에 필요한 여러 도구를 설치해서 진행할 예정이다.

stock이라는 아나콘다 파이썬 가상 환경을 만들어 보자. 다시 Anaconda Prompt 창을 열어 검은 창에 conda create -n stock python=3.8을 입력한 후 Enter 키를 누르자. 필자가 개발한 환경은 파이썬 3.8버전이므로 원활한 진행을 위해 파이썬 버전을 같게 설정하고 가상 환경을 만들자.

그림 16 stock 가상 환경 만들기

이 명령어는 Python 3.8 버전의 stock이라는 이름으로 새로운 가상 환경을 만드는 것이다. stock 말고 다른 이름을 사용해도 좋으나, 이 책에서는 stock이라는 가상 환경 이름을 계속 사용할 예정이므로 그대로 사용하기를 추천한다.

앞의 명령어를 입력하면 가상 환경이 설치되다가 Proceed ([y]/n)?이라는 문구와 함께 설치가 잠시 멈춘다. 이때 y를 입력하고 Enter 키를 누르자.

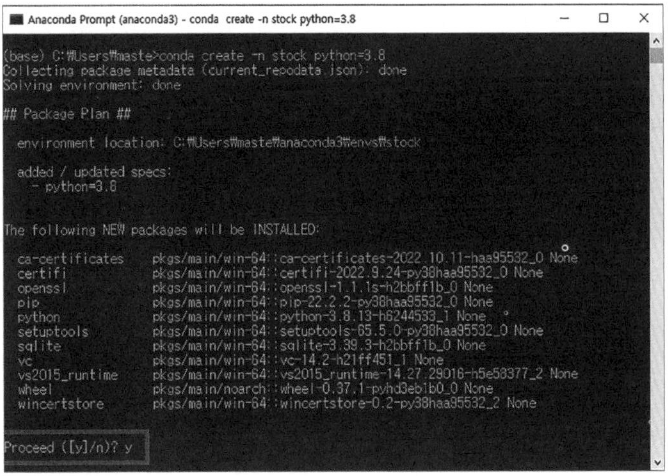

그림 17 가상 환경 설치

설치가 모두 끝났다면, Anaconda Prompt 검은 창에 conda env list를 입력한 후 Enter 키를 눌러 보자.

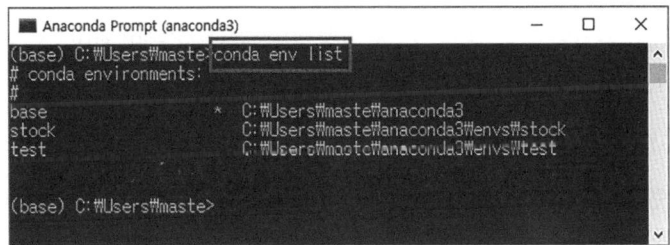

그림 18 가상 환경 설치 확인

명령어를 실행하면 설치된 가상 환경 목록이 화면에 출력되는데, stock이라는 단어가

보이면 가상 환경이 잘 설치된 것이다(test라는 가상 환경은 필자가 따로 만든 가상 환경이므로 없어도 전혀 문제가 되지 않는다).

현재는 기본 환경이 base로 되어 있다. 기본 환경은 환경 이름 옆에 * 모양으로 표시되고, 입력하는 곳 왼쪽 부분에도 (base)라고 적혀 있다. 기본 환경을 우리가 만든 stock 가상 환경으로 바꾸자.

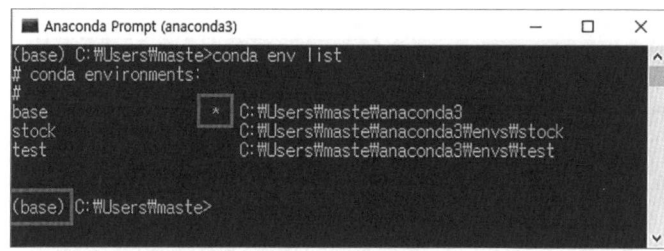

그림 19 Anaconda 환경 확인

Anaconda 환경을 우리가 만든 stock 가상 환경으로 바꾸려면 Anaconda Prompt 검은 창에 activate stock을 입력한 후, Enter 키를 누르자.

그림 20 stock 가상 환경으로 바뀐 환경 확인

앞의 명령어를 입력하면 코드를 입력하는 줄 왼쪽 부분 이름이 stock으로 바뀐 것을 확인할 수 있다. 하지만 Anaconda Prompt 창을 껐다가 다시 켜면 기본 환경이 다시 base로 돌아가니 아직 끄지 않겠다.

우리는 아나콘다 파이썬을 64bit 버전으로 다운받았다. 하지만 우리는 이 책 후반에 주식을 자동으로 매수, 매도하는 프로그램을 만들 것이다. 이 프로그램을 만들려면 키움증권에서 제공하는 API가 필요하다(API란 Application Programming Interface의 약자로 어떤 프로그램을 개발하는 일련의 부가적 프로그램을 말한다. 키움증권에서 제공하는 어떤 부가적 프로그램을 이용한다고 생각하자).

키움증권에서 제공하는 API는 아나콘다 64bit를 지원하지 않으며, 32bit를 지원한다. 따라서 우리도 Anaconda Python 버전을 32bit로 바꾸어 주어야 한다.

stock 가상 환경에 Anaconda 버전을 32bit로 바꾸려면, Anaconda Prompt stock 가상 환경 검은 창에 conda config --env --set subdir win-32를 입력하고 Enter 키를 누르자. 입력 후에 conda info를 입력하고 Enter 키를 누르자.

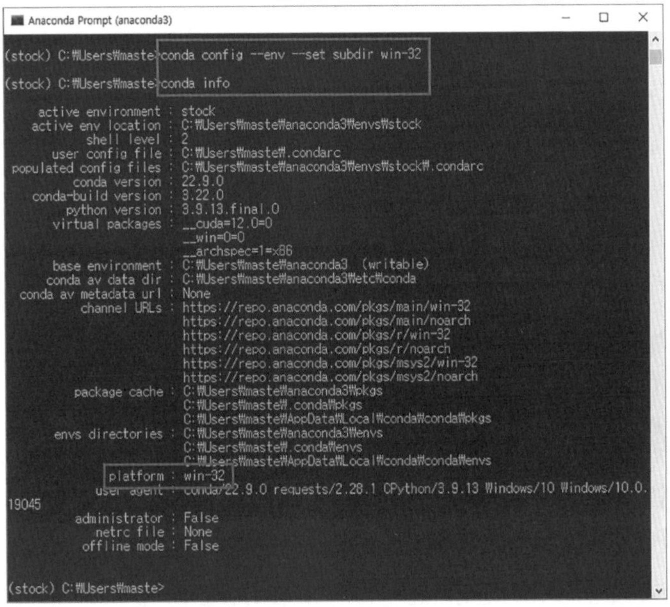

그림 21 32bit로 바뀐 가상 환경 확인

앞의 두 명령어를 입력 후 결과 내용 중 platform 부분을 확인해 보았을 때 win-32라고 적혀 있다면 Anaconda stock 가상 환경 버전을 32bit로 잘 바꾼 것이다. 이렇게 바꾸어 주었다면 뒤에서 다룰 키움증권 API를 문제없이 사용할 수 있다(만약 이 과정이 제대로 되지 않았다면, 뒤에서 우리가 키움증권 API를 사용할 때 문제가 생기니 반드시 32bit인지 확인하고, Anaconda Prompt 창을 껐다가 다시 켜서 가상 환경의 stock으로 바꿔 보고 버전을 확인했을 때, 여전히 32bit를 유지하는지 확인해야 한다).

파이참 설치하기

그림을 그리려면 도화지가 필요하듯, 프로그래밍을 하려면 프로그래밍을 할 수 있는 도화지가 필요할 것이다. 프로그래밍을 할 수 있는 도화지는 여러 가지가 있지만 우리는 파이참(PyCharm)이라는 프로그램을 이용해서 이곳에서 파이썬 프로그래밍을 진행할 예정이다.

파이참은 파이썬 프로그래밍을 할 수 있는 도화지 같은 것이라고 생각하자. 파이참에서 진행하려는 이유는 프로그래밍을 하는 데 여러 가지 편리한 기능을 많이 제공하여 입문자도 어렵지 않게 프로그래밍을 진행할 수 있기 때문이다. 예를 들어 자동 완성 기능과 파이참과 가상 환경을 연결하는 등 번거로운 기능들을 쉽게 처리할 수 있다.

파이참 공식 사이트(https://www.jetbrains.com/ko-kr/pycharm/download/#section=windows)에 들어가서 무료 버전인 Community 아래에 있는 다운로드 버튼을 누르자(무료 버전도 우리가 개발하려는 인공지능과 그 밖에 키움증권 API 연동 등 아무런 문제 없이 개발할 수 있다).

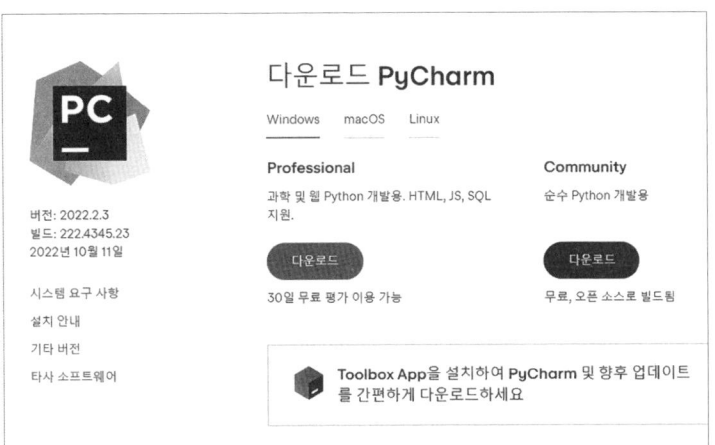

그림 22 PyCharm 공식 사이트

다운받은 실행 파일을 실행시키고 다음과 같은 화면이 나오면, Next 버튼을 누르자.

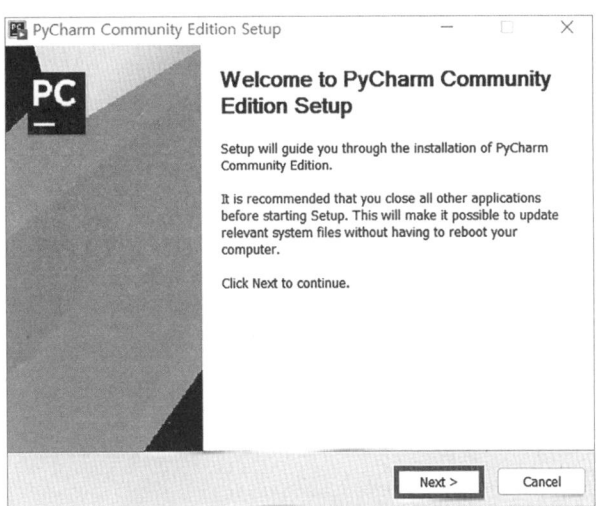

그림 23 파이참 설치 1

설치 경로를 설정하는 화면이 나오면, 기본 경로 그대로 두고 "Next" 버튼을 누르자.

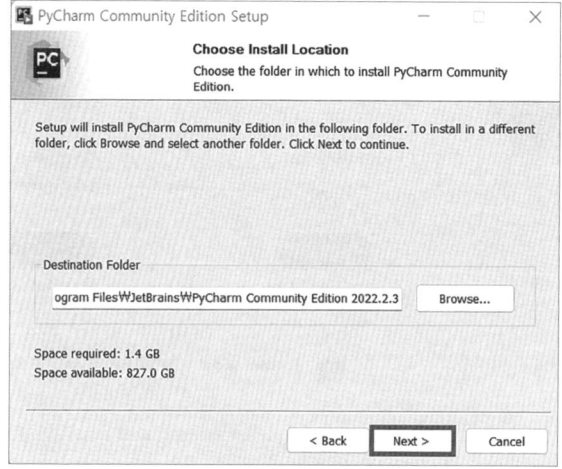

그림 24 파이참 설치 2

설치 옵션을 설정하는 화면이 나오면,

1. PyCharm Community Edition
2. Add "bin" folder to the PATH
3. .py

옵션들에 체크하고, "Next" 버튼을 누르자.

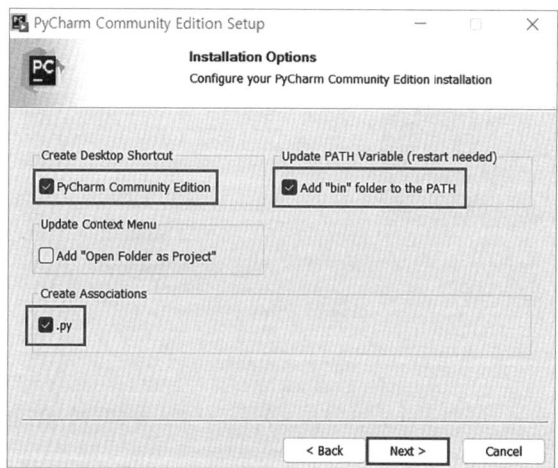

그림 25 파이참 설치 3

앞에서 체크한 옵션 중 PyCharm Community Edition 옵션은 바탕 화면에 아이콘을 만들 것인지를 물어보는 것이며, Add "bin" folder to the PATH 옵션은 파이썬 경로를 연결할 것인지를 물어보는 것이고 .py 옵션은 확장자 파일을 열 때, 파이참과 연동할 것인지를 물어보는 옵션이다.

시작 메뉴를 만들 폴더 이름을 선택하는 화면이 나오면, 기본으로 입력된 JetBrains를 그대로 두고 "Install" 버튼을 누르자.

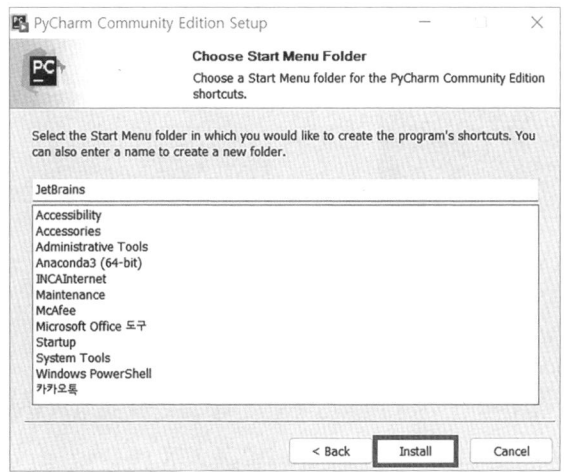

그림 26 파이참 설치 4

설치가 완료되었다는 화면이 나오면, Reboot now 옵션을 선택하고 "Finish" 버튼을 눌러서 컴퓨터를 다시 시작한다.

그림 27 파이참 설치 5

설치가 완료되고, 컴퓨터를 다시 시작했다면 바탕 화면에 생성되었을 것이다. 생성된 JetBrains PyCharm Community Edition 20XX.X.X x64 파일을 실행하자.

그림 28 설치된 PyCharm 실행 파일

그 후에 파이참 개발사인 JetBrains의 이용 약관 화면이 나오면 I confirm that I have read and accept the terms of this User Agreement에 체크하고, "Continue" 버튼을 누르자(만약 파이참을 사용한 적이 있다면 기존에 사용하던 설정을 불러올지 묻는 창이 뜰 것이다. 이 책에서는 파이참을 처음 설치한다고 가정하므로 Do not import settings 체크 옵션을 선택하고 "Continue" 버튼을 누르자).

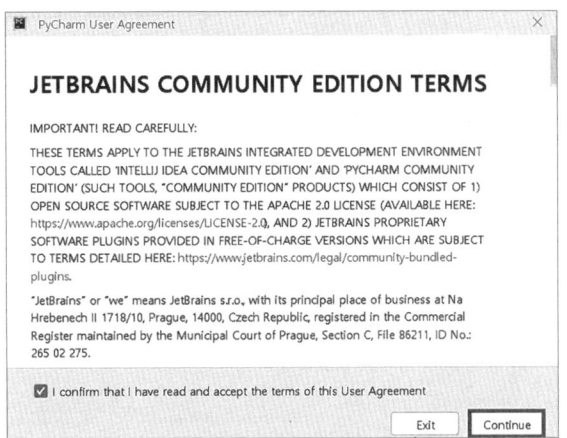

그림 29 파이참 라이선스 동의 화면

파이참을 사용하면서 문제가 발생할 때마다 개발사인 JetBrains로 데이터를 제공할지 묻는 Data Sharing 화면이 나온다. "Send Anonymous Statistics" 버튼을 누르자("Don't Send" 버튼을 눌러도 상관없다).

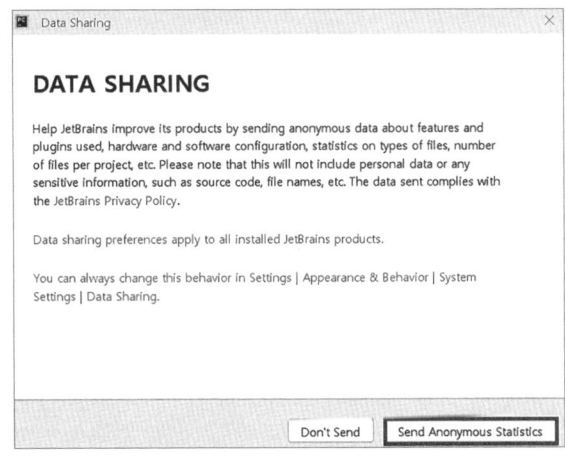

그림 30 데이터 공유 여부 선택 화면

파이참을 처음 실행하면 왼쪽에 보이는 Customize 탭에서 Color theme와 IDE font를 설정할 수 있다. 옵션들을 하나씩 클릭해 보면서 눈에 편한 테마와 글씨 크기를 선택하자(필자는 IntelliJ Light 테마에 font size는 12로 설정했다).

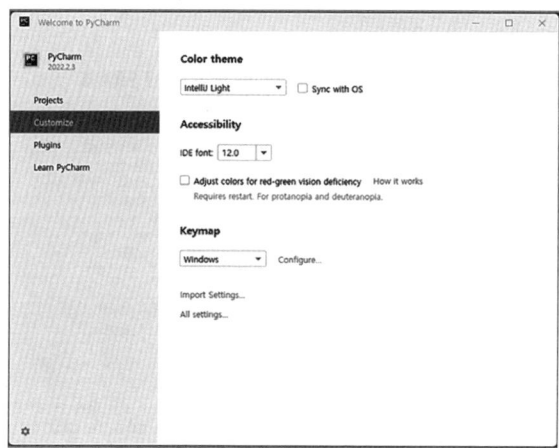

그림 31 파이참 테마 및 폰트 변경 화면

파이참 새 프로젝트 만들기

이제부터 본격적으로 파이참 프로젝트를 시작해 보겠다. 여기서 프로젝트란 우리가 인공지능을 활용한 주식 자동 트레이딩 시스템을 만드는 작업 공간이라고 생각하자.

파이참 화면에서 왼쪽 탭에 Projects 버튼을 클릭하고, 화면 가운데에 있는 "New Project" 버튼을 클릭해서 프로젝트를 시작하자.

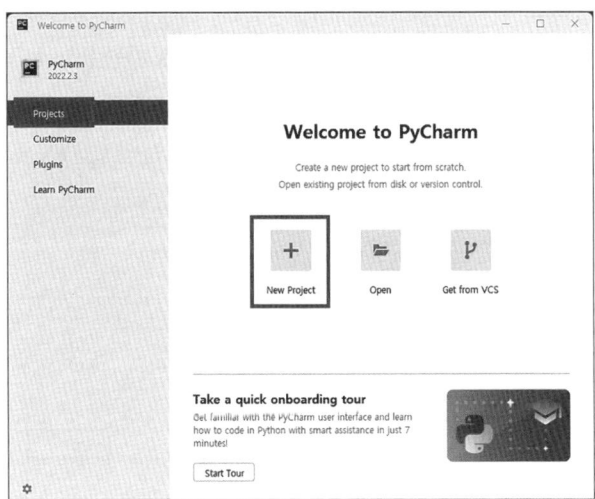

그림 32 파이참 새 프로젝트 생성하기

New Project 화면이 나오면 Location에 보이는 pythonProject라고 적힌 부분을 우

리가 사용할 프로젝트 이름인 stock으로 고치자.

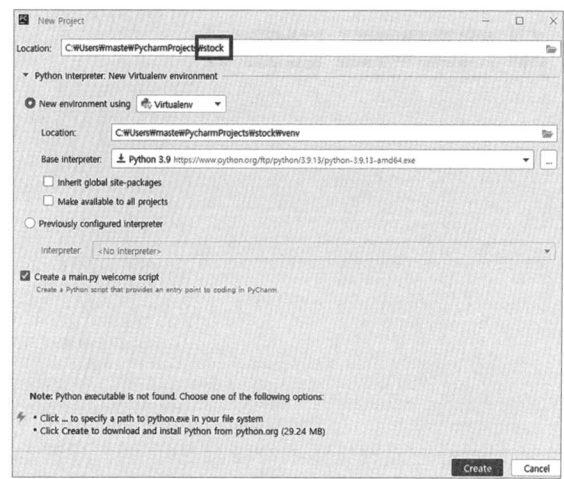

그림 33 파이참 프로젝트명 설정

이어서 이전에 만든 아나콘다 가상 환경(stock)과 방금 만든 파이참 프로젝트(stock)를 연결하는 작업이 필요하다. 프로젝트(작업장)를 만들었으니 필요한 공구함(Anaconda 가상 환경)을 연결하는 과정이라고 생각하자. 아래쪽에 보이는 Previously configured interpreter 체크 버튼을 클릭하고 오른쪽 끝에 보이는 "Add Interpreter" 버튼을 클릭하면, "Add Local Interpreter"라는 버튼이 하나 더 나오는데, 그것도 클릭하자.

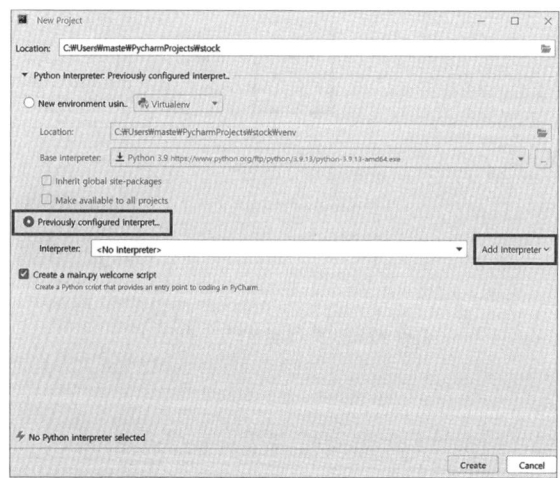

그림 34 아나콘다 가상 환경과 파이참 프로젝트 연결하기 1

Add Python interpreter 화면에서 "Conda Environment" 버튼을 클릭하면 Interpreter 부분에 사용 가능한 아나콘다 가상 환경이 선택되거나, 〈New Virtualenv〉라고 적혀 있을 것이다. 〈New Virtualenv〉라고 적혀 있다면, 클릭해서 우리가 만든 stock 가상 환경을 선택하고 "OK" 버튼을 누르자.

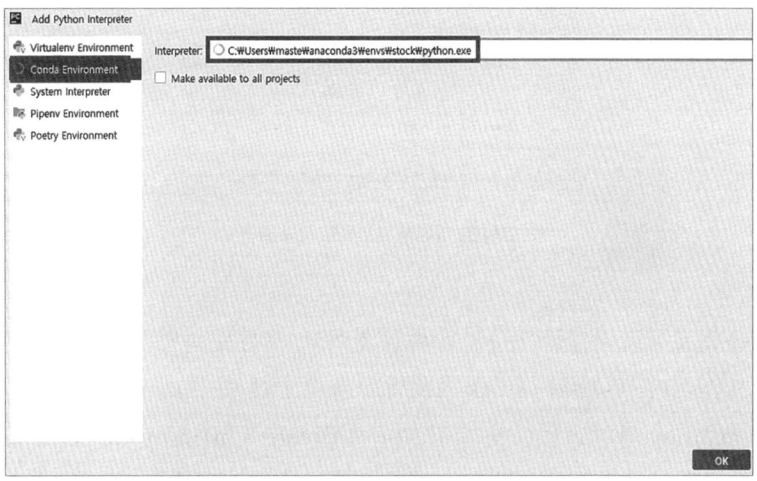

그림 35 아나콘다 가상 환경과 파이참 프로젝트 연결하기 2

다시 New Project 화면이 나오면, "Create" 버튼을 누르자.

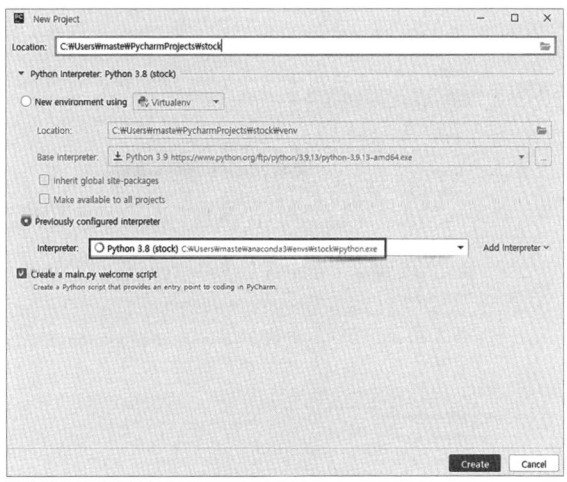

그림 36 프로젝트 생성 완료 화면

드디어 파이썬 프로그래밍을 시작하는 파이참 프로젝트 화면이 나왔다.

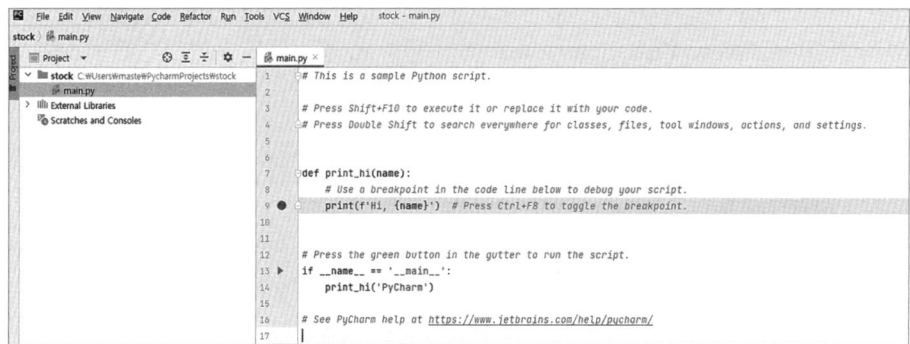

그림 37 파이참 프로젝트 시작 화면

왼쪽 탭은 프로젝트 파일들이 나열된 파일 창이고, 오른쪽 화면은 우리가 프로그래밍하는 코드 창이다. 왼쪽에는 stock 프로젝트 폴더 안에 아직 main.py 파일썬밖에 없다(만약 main.py 파일도 없다면, 그림 33에서 Create a main.py welcome script 체크 버튼을 클릭하지 않아서 그렇다. 하지만 진행하는 데 전혀 문제가 없으니 그대로 진행해도 괜찮다). stock 파이참 프로젝트에 새로운 파이썬 파일을 생성해 보자. 왼쪽 탭에 stock 프로젝트명에 마우스를 위치시키고, 마우스 오른쪽 버튼을 눌러 "New → Python file" 버튼을 누르자.

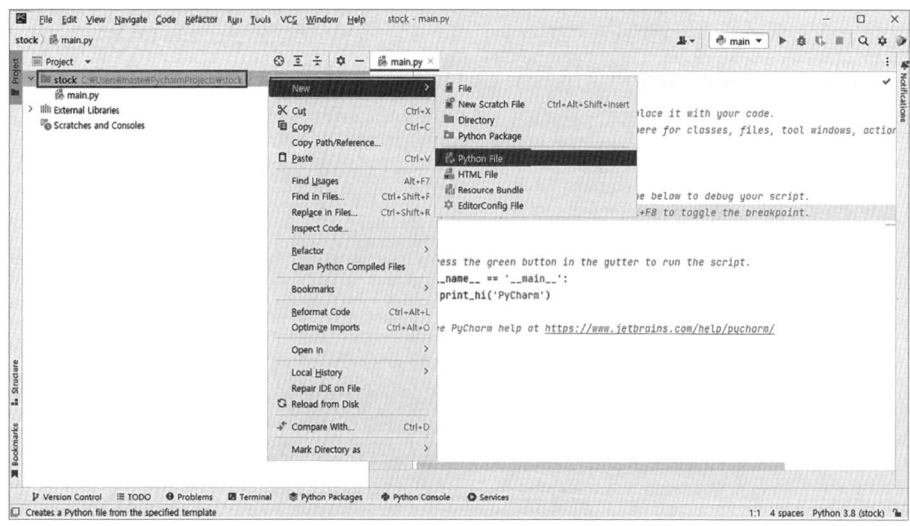

그림 38 새로운 파이썬 파일 만들기

New Python file 창이 나오면 test를 입력하고 Enter 키를 누르자. 그러면 stock 프로젝트 폴더 안에 test.py 파이썬 파일이 새롭게 생성될 것이다.

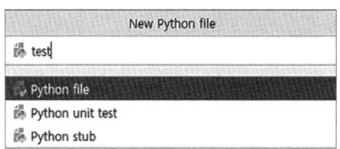

그림 39 test.py 파이썬 파일 만들기

test.py 파이썬 파일을 만들면 stock 파이참 프로젝트 폴더 안에 우리가 만든 test.py 파일이 생긴 것을 확인해 볼 수 있고, 오른쪽 코드 창에서도 test.py 파일이 자동으로 실행된 것을 볼 수 있다.

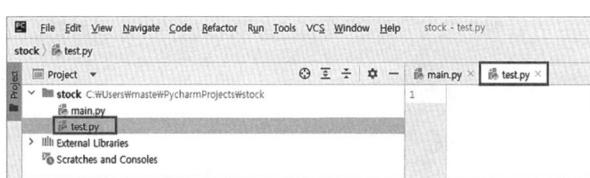

그림 40 새롭게 생성된 test.py 파일

test.py 파일의 코드 창 안에 print("Hello World!") 코드를 입력하고, 코드 창 빈 곳에 마우스 오른쪽 버튼을 눌러 Run "test" 버튼을 누르자. 그러면 우리가 작성한 print("Hello World!") 코드가 실행될 것이다.

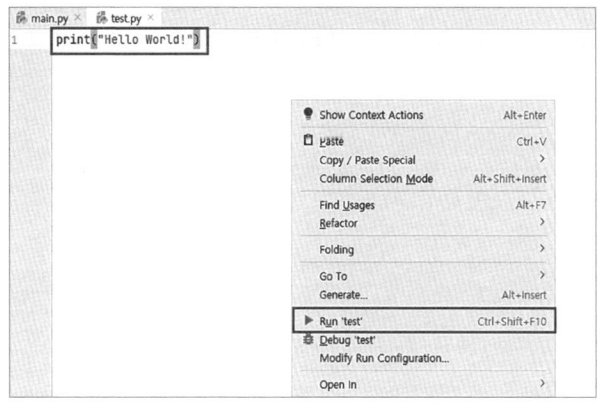

그림 41 파이참에서 test.py 실행하기

실행하면 파이참 하단에 출력 창이 새롭게 하나 뜨고, 우리가 작성한 코드의 실행 결과를 볼 수 있다.

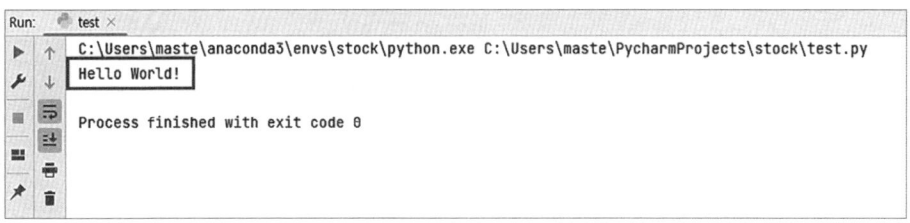

그림 42 코드 실행 결과 확인

우리가 작성한 코드는 파이썬을 처음 배울 때, 가장 먼저 작성해 보는 코드이다. 이 코드를 해석해 보면, 화면에 사용자가 입력한 값을 화면에 출력해 주는 print 함수 안에 "Hello World!"를 입력했으므로 "화면에 Hello World!를 출력하라."라는 의미의 코드이다.

이것으로 아나콘다 가상 환경을 만들고, 파이참 설치 및 아나콘다 연동을 모두 마쳤다. 앞으로 이 책의 마지막까지 우리가 만든 가상 환경 stock 파이참 환경 내에서 내용을 진행해 나갈 것이다. 이제 앞으로 우리가 원활하게 실습을 진행하도록 인공지능을 활용한 주식 자동 매매 프로그램을 만드는 파이썬 기초 내용에 대해서 알아보겠다.

CHAPTER 02

키움증권 API 사용하기

키움증권 API 사용 환경 구축
PyQt5 설치하기

키움증권 API 사용 환경 구축

이번 장에서는 키움증권 API를 설치하는 방법과 키움증권 API에 대해서 알아보겠다. 키움증권 API란 무엇일까? 만약 우리가 주식을 매수, 매도한다고 한다면 증권사를 알아보고 컴퓨터에 선택한 증권사의 HTS(Home Trading System)를 설치하거나 또는 모바일에 MTS(Mobile Trading System)를 설치해서 주식을 매수, 매도할 것이다. 하지만 HTS나 MTS 말고도 자신만의 프로그램을 만들어 주문을 접수할 수 있다.

이렇게 자신만의 프로그램을 개발해서 주문을 접수하고 종목이나 계좌를 확인하는 등 키움증권의 다양한 기능을 다른 프로그램들이 이용할 수 있도록 만들어 놓은 프로그램을 간단히 키움증권 API라고 한다. 따라서 우리가 자체적인 주식 트레이딩 시스템을 만들려면 키움증권이 만들어 놓은 키움증권 API를 필수적으로 이용해야 한다(키움증권 API뿐만 아니라 대신증권, 이베스트증권 등 다른 증권사에서도 API를 제공하는 곳이 있다).

키움증권 API 사용 환경 구축

키움증권 API를 사용할 수 있는 환경을 만들어 보겠다. 키움증권 API를 이용하려면 키움증권의 계좌 및 ID, 공동인증서(구 공인인증서)가 필요하다. 또한 키움증권에 가입하려면 핸드폰과 신분증이 필요하니 미리 준비해 두자.

키움증권 계좌 만들기

계좌를 만드는 방법은 증권사를 직접 방문하거나 비대면으로 계좌를 개설하는 방법이 있다. 가장 간단한 방법은 스마트폰으로 계좌를 개설하는 것이다. 스마트폰을 열어서 키움증권 계좌개설 앱을 다운받아 보자.

그림 43 키움증권 계좌개설 앱 다운받기

스마트폰 앱 다운로드 검색창에 "키움증권 계좌개설"을 검색한 뒤 위의 그림과 같은 앱을 다운로드받는다. 다만, 사용하는 모바일 기기에 따라서 계좌 개설 순서가 다르거나 화면 내용이 다를 수 있다.

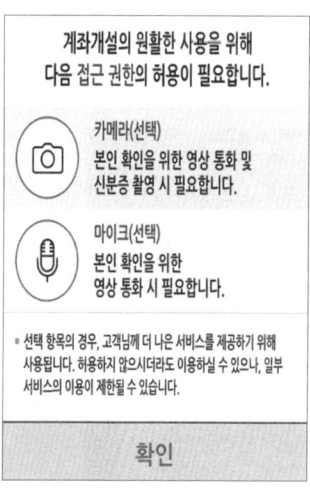

해당 앱을 다운로드받은 후에 앱을 실행하여 동작에 필요한 권한들을 허용한다. 아래에 있는 "확인" 버튼을 누르자.

그림 44 접근 권한 허용 화면

계좌를 개설하려면 "계좌개설 시작하기" 버튼을 누르자.

그림 45 계좌개설 시작하기

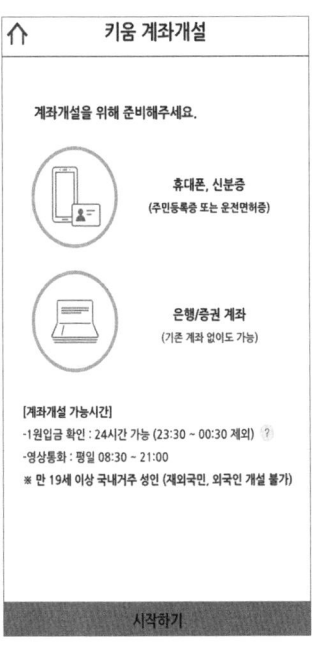

본인 인증 화면이 나오면, 핸드폰과 신분증, 본인 명의의 계좌를 준비하고 "시작하기" 버튼을 누르자.

그림 46 계좌개설 준비물 확인 화면

약관 및 개인 정보 수집에 동의하고 "다음" 버튼을 누르자.

그림 47 약관 및 개인 정보 수집 동의 화면

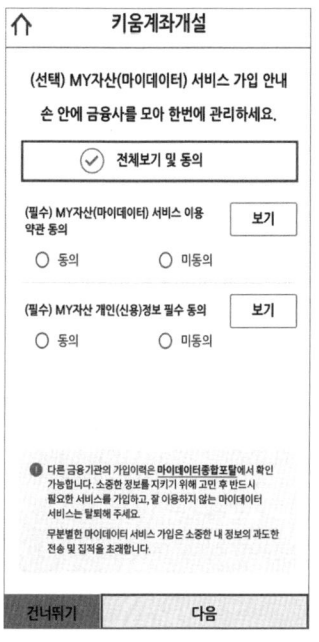

약관 및 개인 정보 수집 동의 화면에 동의하고 다음 화면으로 넘어가면 MY자산 서비스 가입 동의 화면이 나온다. 이 내용은 동의하고 넘어가도 되고, 동의하지 않고 건너뛰기를 해도 좋다. 필자는 가입하는 것을 선택했다(계속 키움증권을 사용할 예정이라면 가입하는 것을 추천한다).

그림 48 MY자산 서비스 가입 동의 화면

본인을 인증하도록 휴대폰 인증을 진행하고 "다음" 버튼을 누르자.

그림 49 휴대폰 본인 인증 화면

자금 출처 및 투자 목적 등을 선택하고, "다음" 비튼을 누르자.

그림 50 자금 출처 및 계좌개설 목적 입력 화면

개설 목적을 묻는 화면이 나오면, "집금거래 목적 아님"을 선택하고 개인 정보를 입력한 후 "다음" 버튼을 누르자.

"집금거래 목적 아님" 옵션을 선택하지 않으면 계좌가 개설되지 않으니 꼭 선택해야 한다(집금이란 돈을 모은다라는 뜻인데, 집금거래 계좌란 자금을 모아 두는 용도로 쓸 계좌를 의미한다. 이 계좌를 주식 기래 목적으로 사용하지 않고, 자금을 모으거나 탈세, 자금세탁 목적으로 사용할지 확인하는 것이므로 "집금거래 목적 아님"을 선택하자).

그림 51 계좌개설 목적 입력 화면

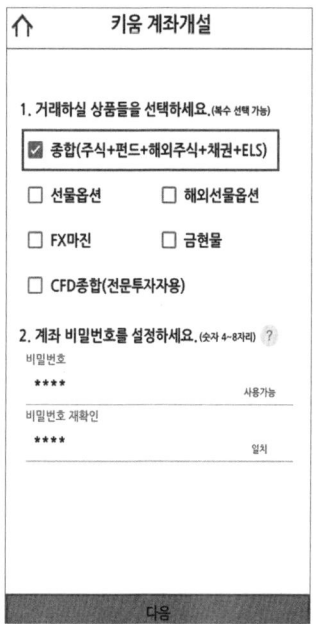

거래할 상품을 "종합"으로 선택하고, 계좌 비밀번호를 입력한 후 "다음" 버튼을 누르자.

그림 52 거래할 상품 및 비밀번호 설정 화면

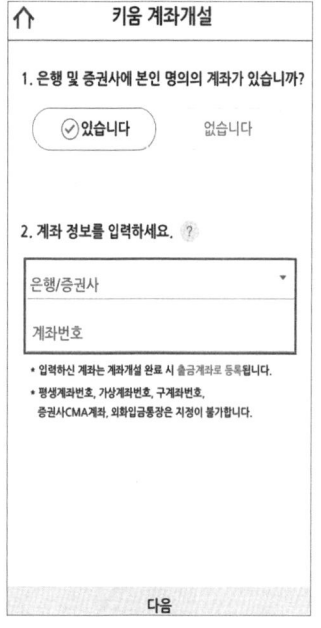

본인을 인증하도록 준비한 계좌 정보를 입력하고 "다음" 버튼을 누르자.

그림 53 본인 인증 계좌 입력 화면

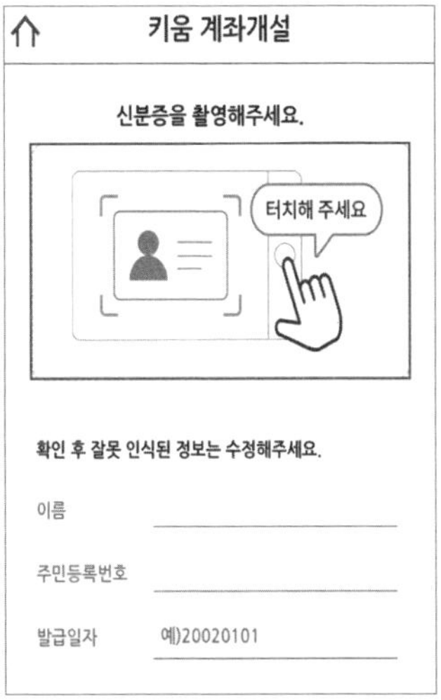

"신분증을 촬영해주세요." 아래에 있는 터치 박스를 터치하면, 신분증을 촬영하는 카메라가 실행된다. 본인 신분증을 촬영하고 제출하여, 신분을 확인시킨다. 신분이 확인되면 아래에 "다음" 버튼을 누르자.

그림 54 신분증 촬영 화면

본인 확인 방법 중 원하는 방법으로 본인 확인 절차를 진행한다(필자는 "1원입금 확인"을 선택했다).

그림 55 본인 확인 화면 1

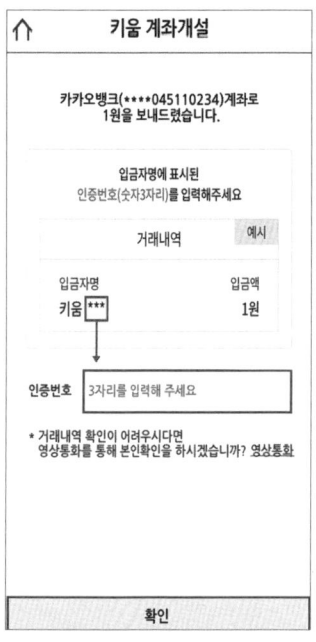

앞서 입력한 계좌에 1원이 입금되면, "키움xxx"이라는 입금자명에 "x"에 적힌 숫자를 인증번호에 입력한다.

그림 56 본인 확인 화면 2

여기까지 완료한 후, 위탁종합에 나만의 계좌번호가 잘 생성되었다면 키움증권 계좌개설을 완료한 것이다. 왼쪽의 위탁 종합에 적힌 계좌번호를 기억해 두자.

그림 57 계좌개설 완료 화면

계좌개설을 모두 완료했더라도 키움증권 ID가 없다면, 키움증권 API를 이용할 수 없다. 따라서 ID도 함께 생성해야 한다. 키움증권 ID를 만들려면 컴퓨터를 통해 키움증권 사이트에 들어가서 가입해도 되고, 스마트폰을 통해 가입할 수도 있다. 만약 스마트폰을 통해 가입하려면, 아래 그림에 나오는 키움증권 영웅문 앱을 다운받고, 그 앱을 통해서 회원가입을 한다.

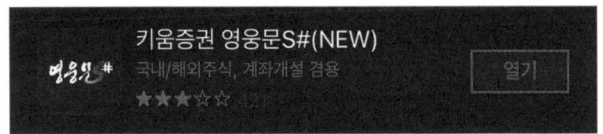

그림 58 키움증권 영웅문S#(NEW) 앱

키움증권 영웅문S#(NEW) 앱을 다운로드받고, 앱을 실행한 후에 앱 아래에 보이는 회원가입 버튼을 누르자. 다른 키움증권 영웅문 앱을 다운로드받아서 회원가입을 해도 되고, PC를 통해 키움증권 사이트로 들어가서 회원가입해도 무방하다(만약 ID가 있다면 넘어가도 된다).

그림 59 키움증권 영웅문S# 앱 실행 화면

회원가입 버튼을 누르면, 계좌를 보유했는지, 보유하지 않았는지 물어본다. 우리는 앞서 계좌를 개설했으니, 앞서 확인한 위탁종합 계좌번호를 입력하고, ID와 연동시킨다.

회원가입까지 모두 마쳤다면, 이어서 영웅문에서 사용할 간편 인증 등록 여부를 묻는다. 간편 인증을 등록해 놓으면, 앱을 이용하기 편하니 등록해 두는 게 좋다.

그림 60 키움증권 영웅문S# 회원가입 화면

키움증권 인증서 만들기

키움증권 웹 사이트(https://www1.kiwoom.com/h/main)에 접속해 키움증권 인증서를 만들자.

그림 61 키움증권 공식 사이트

인증서를 발급받으려면 웹 사이트의 위쪽 메뉴에서 인증센터 버튼을 클릭하고, 공동인증서 탭에서 "인증서 발급/재발급" 메뉴에 보이는 "발급/재발급하기" 버튼을 누르자. 만약 컴퓨터에 보안 프로그램이 설치되지 않았다면 먼저 보안프로그램을 설치해야 한다 (설치 화면이 자동으로 뜨니, 화면이 뜨면 필수 보안 프로그램을 모두 설치하자).

그림 62 키움증권 보안 프로그램 설치 화면

보안 프로그램이 모두 설치되면, 인증센터에서 인증서 발급/재발급 탭이 보인다.

그림 63 인증센터 메뉴 화면

ID로 발급 또는 계좌번호로 발급 중 편한 것을 선택해서 요청 내용을 모두 작성한 후에 "조회" 버튼을 누르자.

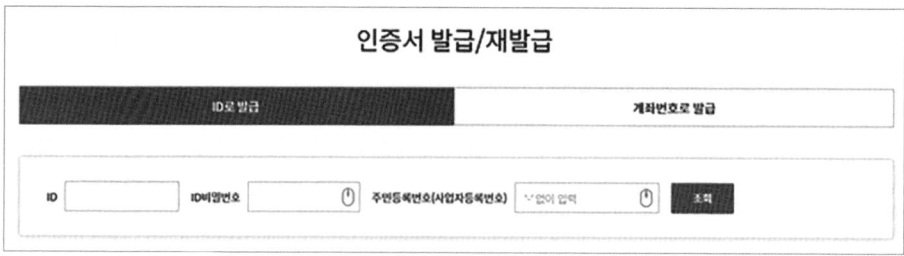

그림 64 인증서 조회 화면

고객 정보 확인 화면이 나오면 개인/법인 구분 탭은 개인을 선택하고, 발급기관은 코스콤SignKorea로 선택한 후 "확인" 버튼을 누르자.

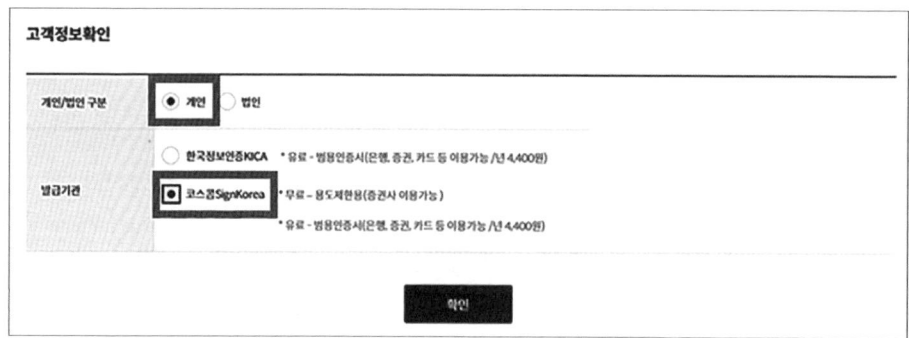

그림 65 인증서 구분 및 발급기관 선택 화면

금융기관 정보 인증 화면이 나오면 계좌개설에 사용한 "금융기관명"을 선택하고 "계좌 번호의 마지막 5자리"를 입력한 후 "확인" 버튼을 누르자.

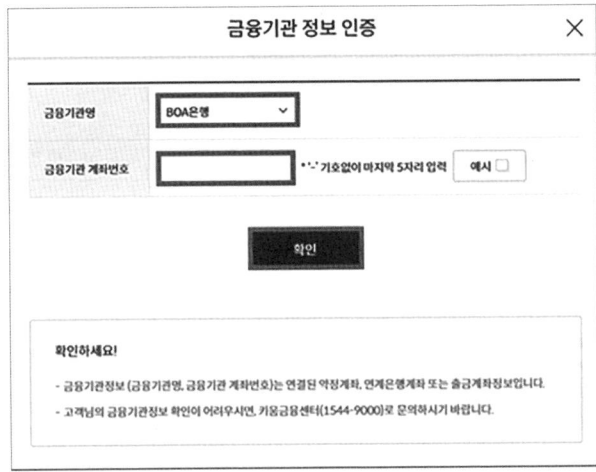

그림 66 금융기관 정보 인증 화면

SMS 인증 화면이 나오면 휴대전화 번호로 인증번호를 받고, "확인" 버튼을 누르자.

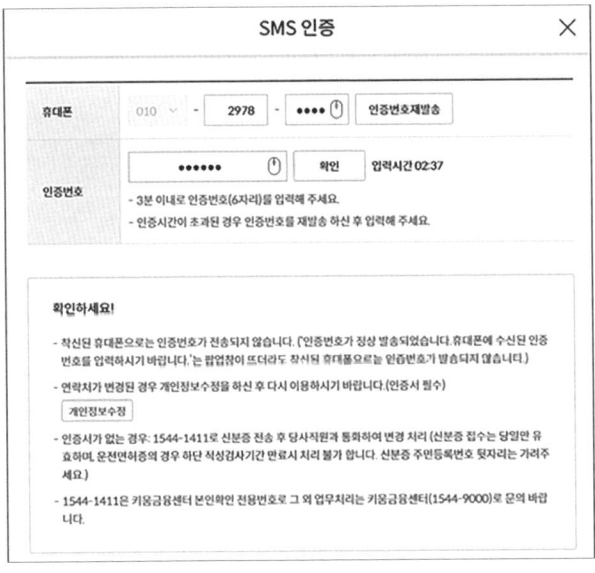

그림 67 SMS 인증 화면

약관 및 개인정보 수집 등에 동의하고 "확인" 버튼을 누르자.

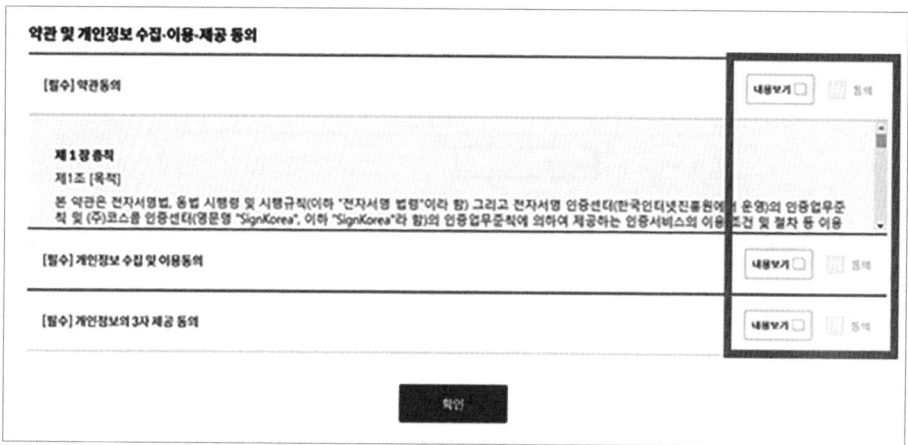

그림 68 약관 및 개인정보 수집 동의 화면

인증서를 저장할 매체를 선택하고 "확인" 버튼을 누르자. 그리고 인증서 비밀번호를 설정하면 발급이 완료된다(이동디스크에 인증서를 저장하는 것을 추천하지만, 한 컴퓨터에서 작업할 것이라면 하드디스크에 저장하는 것이 편리하다).

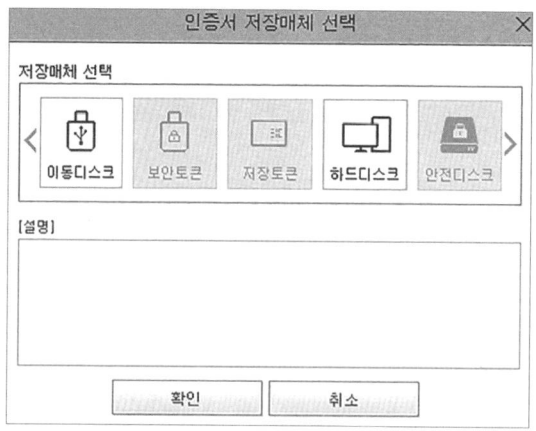

그림 69 인증서 저장매체 선택 화면

키움증권 API 설치하기

이제 본격적으로 키움증권 API를 사용할 수 있는 환경을 만들어 보자. 키움증권 웹 사이트 가장 아래쪽 페이지에서 트레이딩채널 → "OpenAPI" 버튼을 클릭하자.

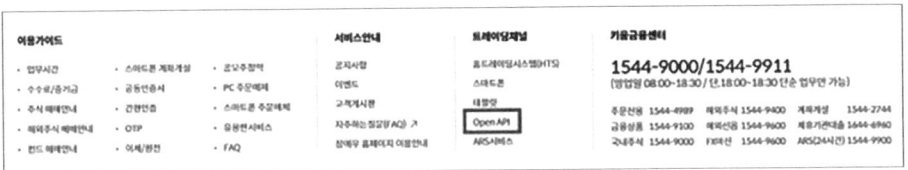

그림 70 Open API 메뉴 선택 화면

키움 Open API+사용절차에서 "사용 신청하러 가기" 버튼을 누르자.

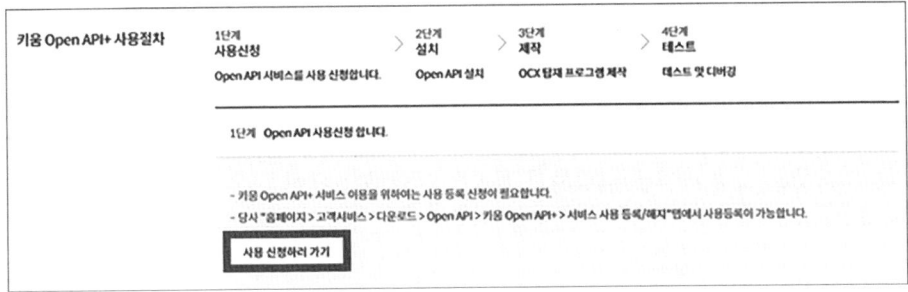

그림 71 Open API+사용신청 화면

로그인 화면이 나오면 공동인증서를 이용하여 로그인한 후 키움 이용 유의사항과 사용자 계약서에 동의한 이후에 "서비스 사용 등록" 버튼으로 사용 등록을 하고, 아래와 같은 화면이 나오면 동의한 후에 "등록" 버튼을 누르자.

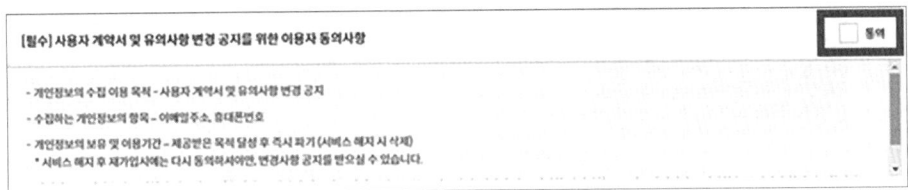

그림 72 사용자 계약서 및 Open API 이용 유의사항 변경 동의 화면

다시 키움증권 웹 사이트 아래쪽에서 트레이딩채널 → "Open API" 버튼을 선택하고, 키움 Open API+ 사용절차에서 "키움 Open API+ 모듈 다운로드" 버튼을 누르자.

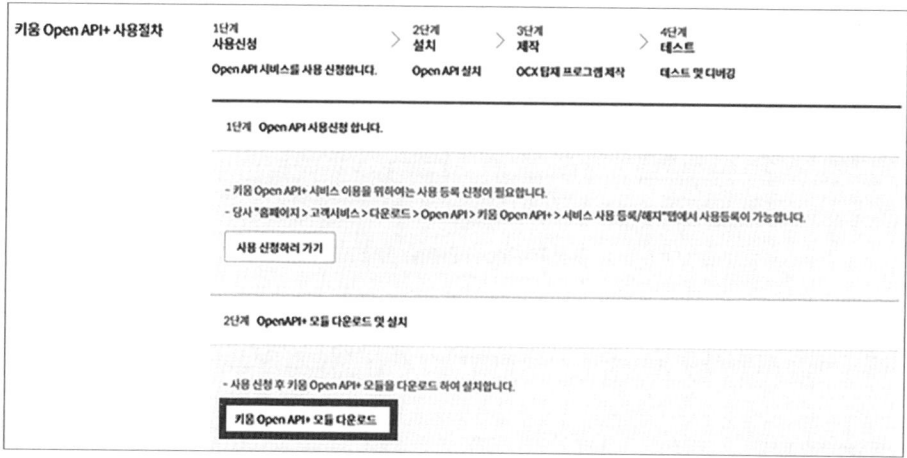

그림 73 키움 Open API+ 모듈 다운로드 화면

다운로드받은 실행 파일을 실행하면 설치를 진행하는 창이 나온다. "다음" 버튼을 누르자.

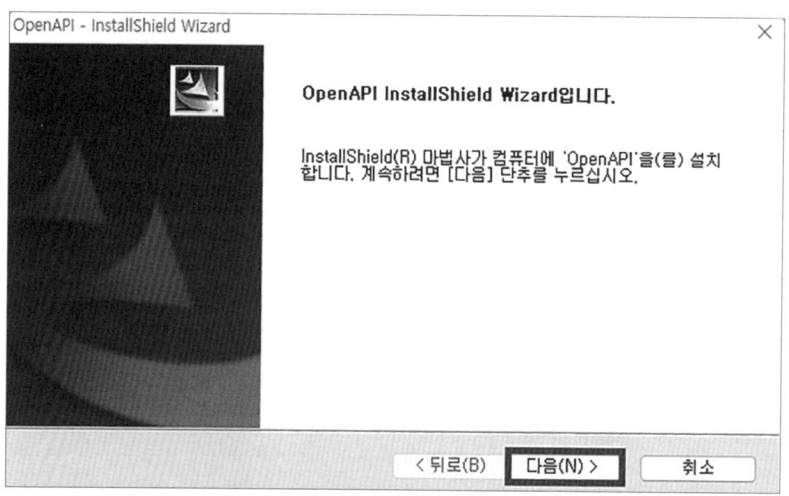

그림 74 키움 Open API+ 모듈 실행 파일 설치 화면

대상 위치 설치 화면이 나오면 기본 설정값으로 놔두고, "다음" 버튼을 누르자.

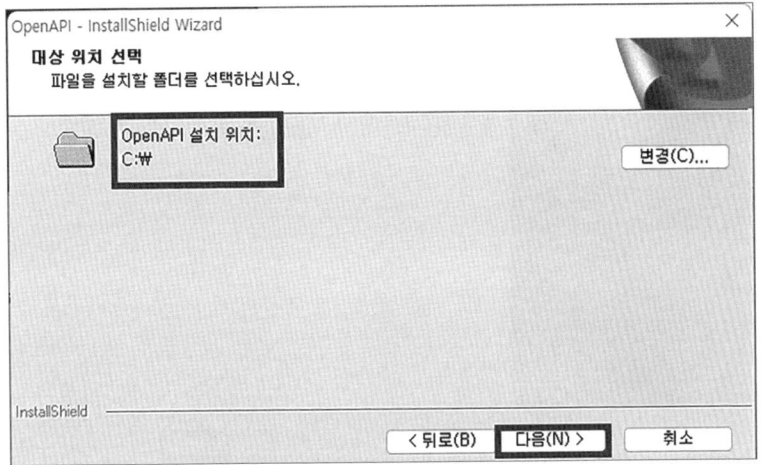

그림 75 키움 Open API+ 모듈 설치 위치 설정 화면

프로그램 설치 화면이 나오면 "설치" 버튼을 누르자.

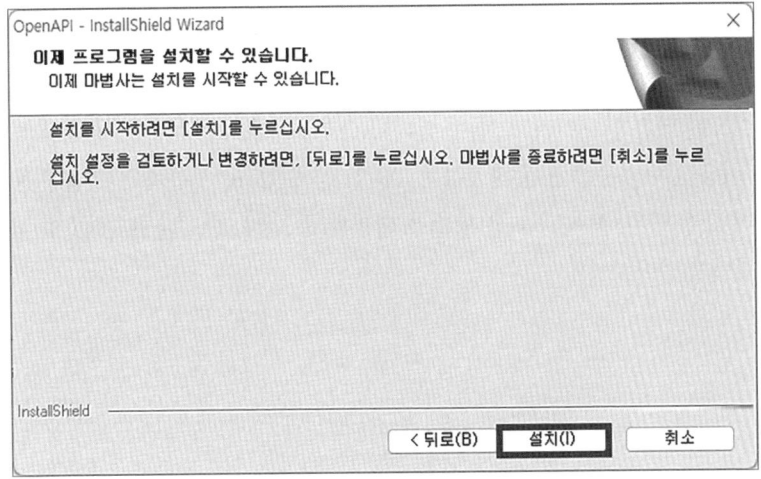

그림 76 Open API+ 모듈 설치 화면

설치 완료 화면이 나오면 "완료" 버튼을 누르자.

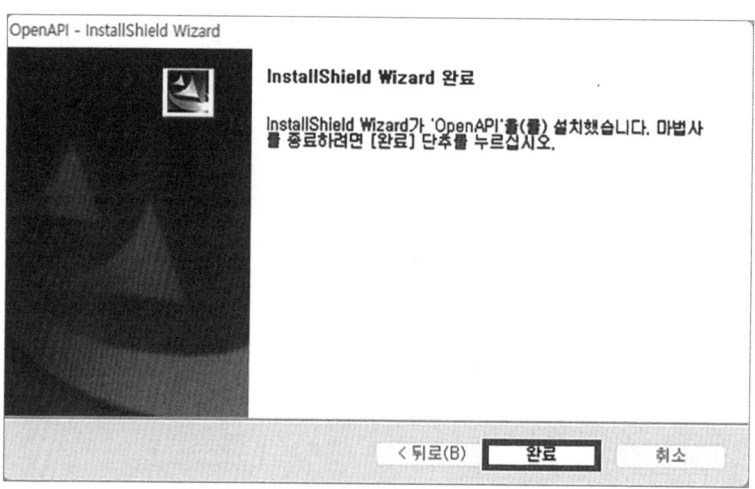

그림 77 Open API+ 모듈 설치 완료 화면

KOA Studio 내려받기

KOA란 "Kiwoom Open API+"의 약어로, KOA Studio는 Open API를 사용하도록 설명서와 API를 테스트해 보는 환경을 제공하는 프로그램으로 이루어진다. 즉, 키움증권 개발 가이드를 담은 안내서라고 할 수 있다. KOA를 사용하는 이유는 편리성 때문인데, KOA를 이용하여 키움증권이 제공하는 TR(Transaction, 사용자가 키움증권에 전달하는 거래 요청 단위) 목록과 이용 방법을 확인할 수 있다. 그렇다면 KOA Studio를 사용하는 방법을 알아보자.

키움증권 웹 사이트로 이동해서 트레이딩채널 → "Open API" 버튼을 누르고, 키움 Open API+사용절차에서 "KOA Studio 다운로드" 버튼을 누르자.

그림 78 KOA Studio 내려받기

KOAStudioSA.zip 파일의 압축을 푼 후, KOAStudioSA.exe 파일을 실행하자. 만약 실행되지 않고 에러가 발생한다면, 마이크로소프트에서 제공하는 Microsoft Visual C++ 2010 Service Pack 1 재배포 가능 패키지 MFC 보안 업데이트를 다운로드받아 설치하자. 설치할 수 있는 링크는 아래 주소를 참고하자.

(링크: https://www.microsoft.com/ko-kr/download/details.aspx?id=26999)

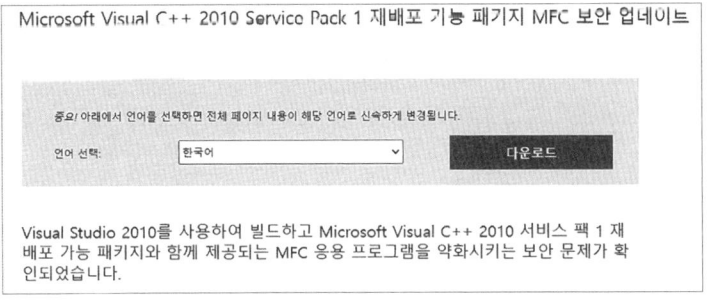

그림 79 재배포 가능 패키지 다운로드 화면

재배포 가능 패키지 다운로드 화면에서 "다운로드" 버튼을 누르면, 아래와 같은 화면이 나온다. 만약 윈도우 OS가 64bit라면 vcredist_x86.exe, vcredist_x64.exe 파일 모두 다운로드받아서 설치하고, 아마 거의 없겠지만 윈도우 OS 32bit라면 vcredist_x64.exe 하나만 다운로드받아서 설치하자.

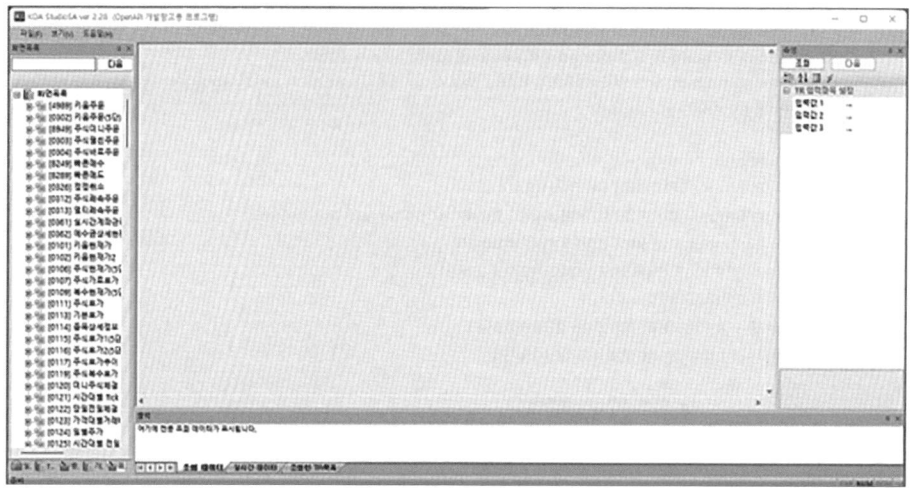

그림 80 KOAStudioSA.exe 실행 화면

키움증권 모의투자 가입하기

실제 계좌로 주식 트레이딩을 바로 시작하기에는 무리가 있으니 키움증권에서 제공하는 모의투자 서비스에 가입하고 모의 계좌를 사용해서 자동 매매 프로그램을 만들어 보자.

키움증권 웹 사이트 아래쪽 페이지에 트레이딩채널 → "Open API"를 선택하고, 키움 Open API+사용절차에서 "상시모의투자 신청하러 가기" 버튼을 누르자.

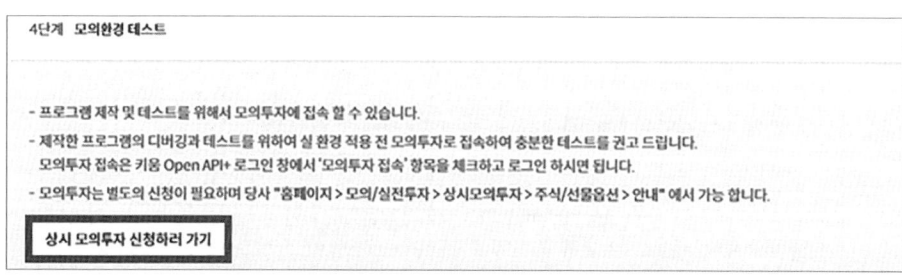

그림 81 상시모의투자 신청 화면

모의투자 홈 화면에서 상시모의투자 참가신청 버튼을 누르자.

그림 82 상시모의투자 신청 화면

국내 주식으로 시작하려는 시작 금액과 기간을 설정한 후, 참가신청 버튼을 누르자(참가하지 않으면 KOA Studio 프로그램을 이용할 수 없으니 꼭 참가신청을 하자).

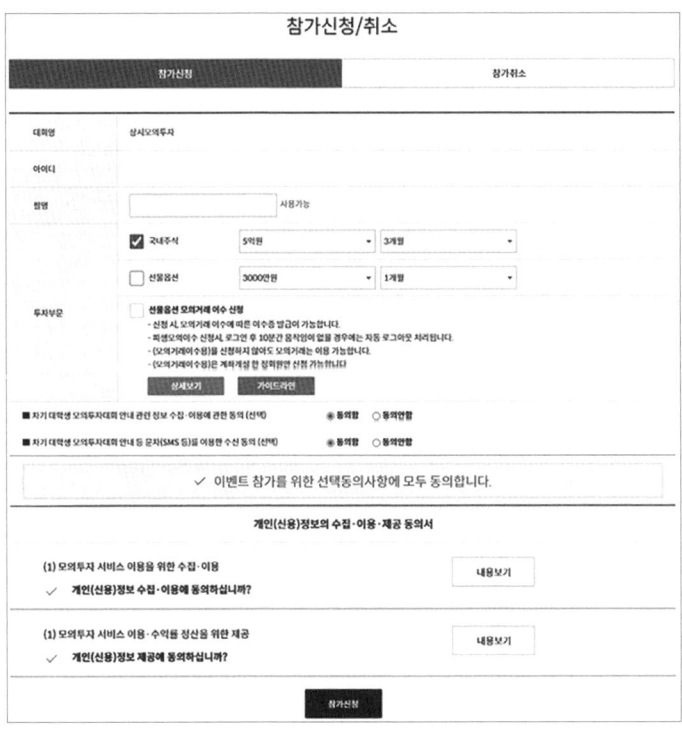

그림 83 상시모의투자 참가신청 화면

KOA Studio 사용법

이번에는 본격적으로 KOA Studio를 사용하는 방법에 대해서 알아보겠다.

KOAStudioSA.exe 파일을 실행하고, 왼쪽 상단의 파일 → "Open API" 버튼을 눌러서, 앞서 가입한 ID와 비밀번호를 입력한 후, 로그인 버튼을 누르자.

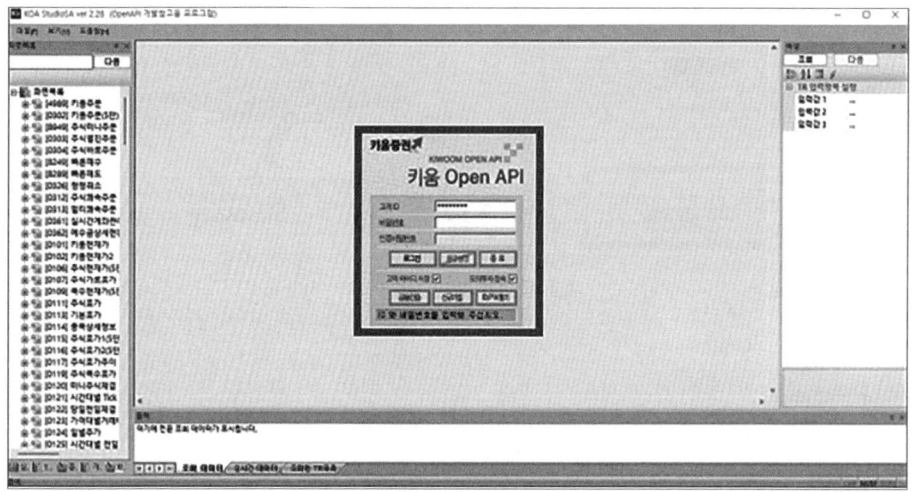

그림 84 KOA 실행 화면

만약에 로그인 중 아래와 같은 화면이 나온다면, "확인" 버튼을 바로 누르지 말고 실행했던 KOA Studio 프로그램을 먼저 종료한 후에 "확인" 버튼을 누르자.

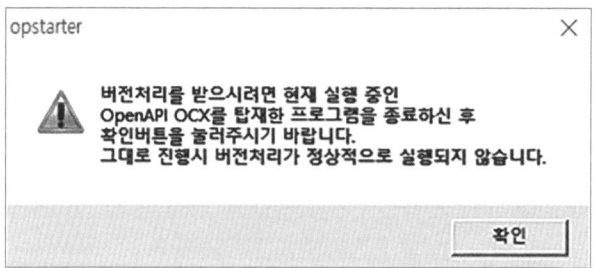

그림 85 KOA 업데이트 경고 화면

필요한 업데이트가 진행된 후 다음 확인 메시지 창이 뜨면 확인을 누르고 다시 KOA Studio 프로그램을 실행하자(만약 2번을 진행했는데도, 에러가 나면서 잘 실행되지 않는다면 C:\OpenAPI에 있는 opversionup.exe 파일을 한 번 실행하고, KOA Studio 프로그램을 실행해 보길 바란다).

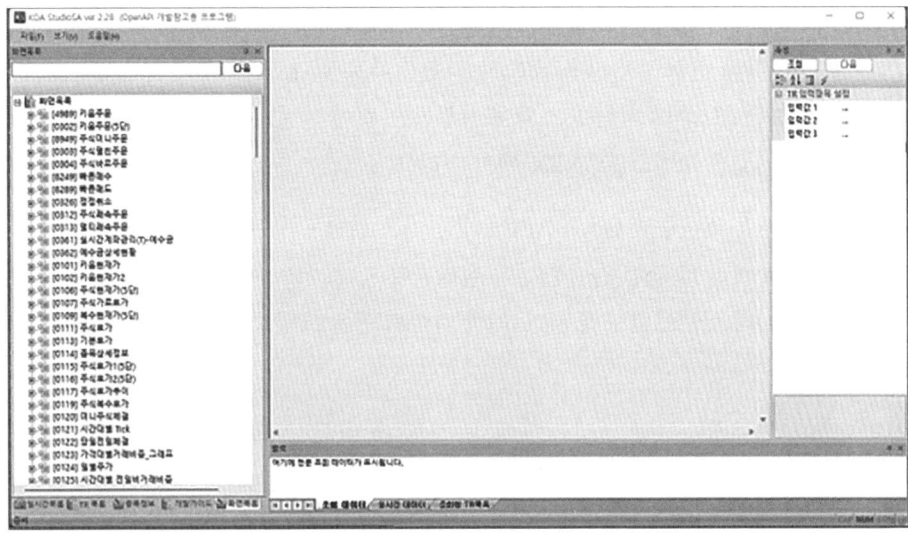

그림 86 KOA 실행 화면

로그인에 성공했다면 지금부터 KOA로 무엇을 할 수 있는지 살펴보자. 먼저 왼쪽 아래를 보면 탭이 총 5개 있다.

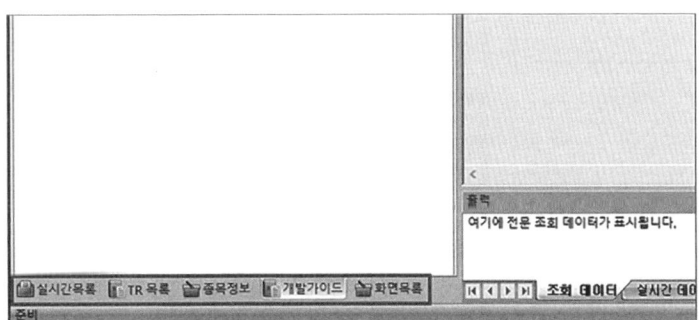

그림 87 KOA 탭

실시간 목록은 API를 이용하여 실시간 정보(주식 시세 및 체결 정보)를 요청하는 함수를 사용할 때 전달해야 하는 값들을 구분해 놓은 영역이다.

TR 목록은 우리가 사용하는 거래 목록들을 담는다. 보통 KOA를 사용하는 가장 큰 이유는 TR 검색(거래 검색) 때문이다.

종목 정보는 우리가 흔히 아는 코스피(KOSPI)와 코스닥(KOSDAQ)으로 이는 서로 다른 시장이다. 따라서 코스피 지수, 코스닥 지수가 따로 있다. 두 시장의 상장 조건도 서로 다르다. 보통 코스피보다는 코스닥에 상장하는 것이 더 수월하다. 코스닥에 상장하지 못하는 기업들은 코넥스(KONEX)에서 거래한다.

개발 가이드 탭은 키움증권 Open API에 대한 기본 설명부터 로그인 처리, 조회 방법과 실시간 데이터 처리 및 조건 검색 개념을 설명한다. 앞서 설명한 다른 탭에서 담은 정보는 필요할 때마다 살펴보아도 좋지만, 개발 가이드 탭은 그렇게 긴 내용은 아니니 먼저 살펴보길 권장한다.

화면 목록은 컴퓨터를 통해 주식을 매매하는 사람들이라면 익숙한데, 화면에 표시하는 주식 정보 목록이다.

KOA에서 제공하는 종목 정보 탭은 이렇게 시장별로 혹은 종목 특성(펀드, ELW, ETF)으로 구분한 후 각각의 영역에 해당하는 종목들에 대한 전일가, 상장 주식 수, 감리 구분 등 간단한 정보들을 제공한다.

그림 88 종목 정보 탭

이것으로 사용하고 싶은 거래가 있는지, 있다면 어떻게 사용할지 확인할 수 있다. 만약 계좌의 잔고 평가 기능을 구현하고 싶다면 다음과 같이 TR 목록에서 "계좌평가"라고 검색한다. 이때 나오는 OPW00004가 TR의 이름이며, 화면 가운데 나오는 "설명 영역"

에서 어떤 값들을 전달해야 "OPW00004-계좌평가현황요청" 거래를 할 수 있는지 알 수 있다. 이 설명을 토대로 속성부에 값을 입력한 후 조회를 클릭하면 출력부에 결과가 나타난다.

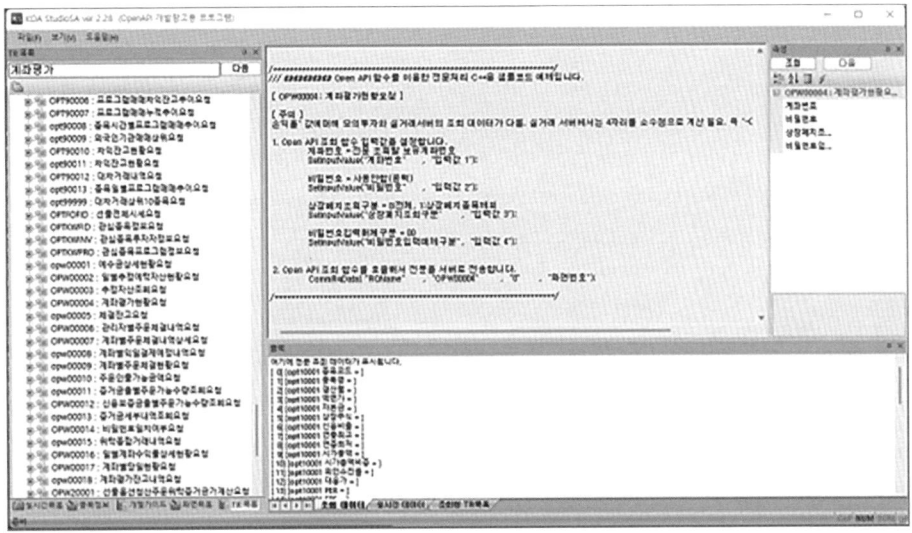

그림 89 KOA TR 목록에서 "계좌평가" 검색

PyQt5 설치하기

Kiwoom API를 이용한 본격적인 프로그래밍에 앞서 기본적인 내용인 PyQt5를 간단히 설명하고자 한다. 우리는 앞서 파이썬을 설치할 때 64bit의 아나콘다 파이썬 버전을 설치했다. 하지만 우리가 이용하려는 Kiwoom Open API는 32bit 기반 환경이다. 따라서 우리의 실습 환경도 32bit로 바꾸어야만 하므로 stock 가상 환경을 만들 때, 32bit로 변경했다.

Kiwoom API는 ActiveX Control인 OCX 방식으로 API를 연결하므로 우리도 OCX 방식으로 API를 이용해야 한다(OCX란 Windows 프로그램을 제어하는 도구 모음이다). ActiveX라는 말에서 유추하듯 이는 마이크로소프트가 Windows 내 프로그램들을 제어하고자 만들었음을 알 수 있다.

OCX 방식으로 제공되는 API를 이용하려면 우리도 OCX를 써야 한다(OCX를 쓰려면 PyQt5의 QAxWidget이라는 클래스로 사용할 수 있다). 이는 PyQt5의 QAxWidget이라는 클래스로 사용할 수 있다. 정리하면 Kiwoom API를 이용하려면 PyQt5의 QAxWidget이 필요하므로 PyQt5를 어느 정도 이해할 필요가 있다.

우리는 앞서 프로그래밍을 배울 때, 파이썬 코드를 작성하고 결과를 확인하는 식으로 진행했다. 그런데 PyQt5는 GUI 프로그램을 개발할 때 사용한다. GUI는 Graphical user interface의 약자로 그래픽 사용자 인터페이스를 의미한다. 사용자가 편리하게 사용할 수 있도록 입출력 등의 기능을 알기 쉬운 아이콘 따위의 그래픽으로 나타낸 것이다.

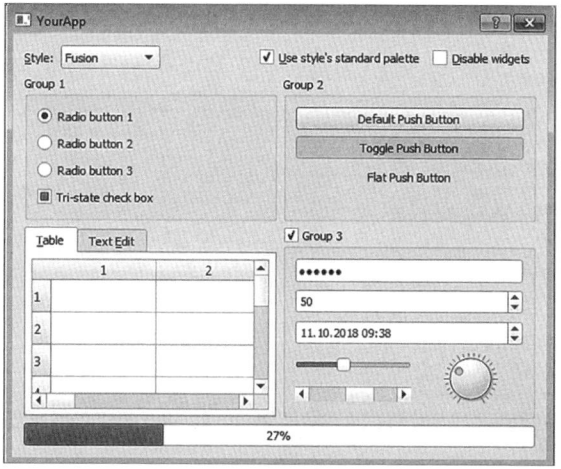

그림 90 PyQt5 사용 예시

코드만 사용해서 코드 결과만 확인하는 것이 아니라 직접 마우스, 키보드를 활용해서 프로그램을 제어하고 눈에 보이는 프로그램을 개발할 때, GUI 방식으로 개발해야 한다. PyQt5는 이러한 프로그램을 개발하는 것을 도와주는 모듈이다.

앞서 우리가 사용해 본 KOA Studio도 GUI 기반으로 만들어진 프로그램이다.

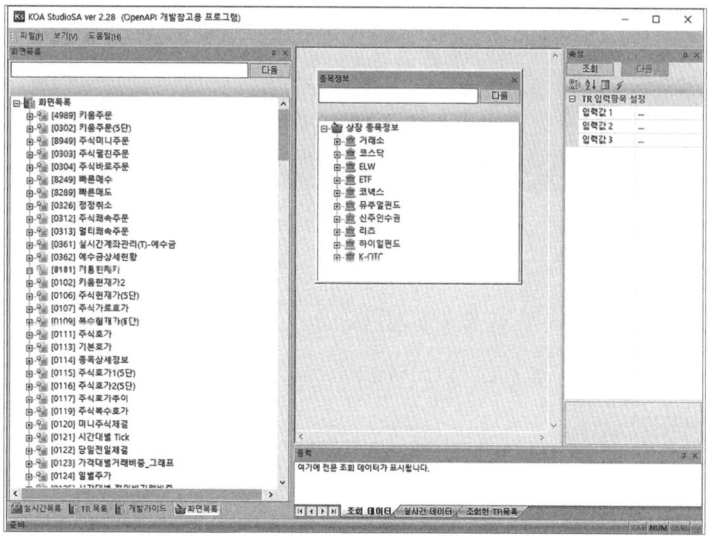

그림 91 GUI 기반의 KOA Studio

간단하게 설명하면 화면이 나오고 사용자가 클릭하고, 원하는 값을 입력하는 프로그램이 GUI 기반의 프로그램이다. GUI 프로그램을 개발하는 것은 이 책의 범위를 벗어나기도 하고, 코드만으로도 충분히 자동 주식 매매 프로그램을 편리하게 개발할 수 있어 이 책에서는 PyQt5에 대해서 자세히 진행하진 않는다. 하지만 PyQt5를 사용하는 목적은 키움증권 API를 사용하려는 것이다.

먼저 Anaconda Prompt (Anaconda3)를 실행한 후 activate stock을 입력해서 가상 환경을 우리가 앞서 만든 stock으로 변경하자.

그림 92 stock 가상 환경 설정하기

stock 가상 환경에 pip install pyqt5를 입력하자. 그럼 pyqt5 설치가 진행되며, 완료되면 맨 아래 줄에 "Successfully installed"라는 문구가 나타난다.

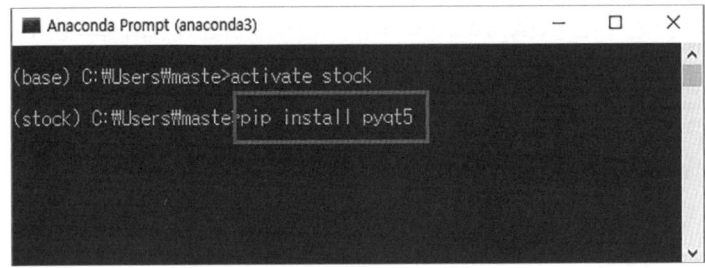

그림 93 stock 가상 환경에 pyqt5 설치하기

stock 가상 환경에 pyqt5 모듈을 설치했다면 stock 가상 환경을 사용하는 모든 프로젝트에서 pyqt5를 사용할 수 있다. 하지만 다른 가상 환경을 새로 만든다면, 다시 pyqt5를 설치해야 한다.

앞으로도 무언가를 stock 가상 환경에 설치하려면 이렇게 stock 가상 환경을 먼저 활성화하고, pip install(모듈명)을 적으면 해당 모듈을 설치할 수 있다.

CHAPTER 03

파이썬 프로그래밍

변수 이해하기
주석
숫자형 자료형
문자열 자료형
리스트 자료형
튜플 자료형
딕셔너리 자료형
집합 자료형
Bool 자료형
조건문 IF문
반복문
함수
클래스
모듈

파이썬 프로그래밍

앞으로 우리가 만들 인공지능을 활용한 주식 자동 매매 프로그램을 만들도록 꼭 배워야 할 파이썬 프로그래밍에 대해서 배워 보겠다. 이 책은 입문자들도 충분히 따라오도록 하는 것을 목적으로 만들어져서 여기서 배우는 파이썬 프로그래밍 기초 부분만 배우고도 충분히 뒤에 있는 내용을 따라올 수 있다. 하지만 파이썬 기초 프로그래밍에 대해서 핵심 부분만 다룰 뿐 자세히 다루지는 않는다.

변수 이해하기

변수가 없는 프로그래밍 언어는 없다. 변수는 "변하는 수"라는 의미이다. 변수를 사용하는 이유는 프로그램을 작성할 때 어떤 값을 직접 기억하기보다는 어떤 이름을 통해서 해당 값을 가리키도록 사용하기 위해서이다. 만약 "Python is too fun!"이라는 문장을 10번 화면에 출력해야 한다고 가정해 보자. 그렇다면 "Python is too fun!" 문장을 화면에 10번 출력하려면 아래와 같이 코드를 작성해야 한다.

예시 코드 1 화면에 Python is too fun! 문장 10번 출력하기

```
print("Python is too fun!")
print("Python is too fun!")
print("Python is too fun!")
print("Python is too fun!")
print("Python is too fun!")
print("Python is too fun!")
```

```
print("Python is too fun!")
print("Python is too fun!")
print("Python is too fun!")
print("Python is too fun!")
```

[실행 결과]

```
Python is too fun!
Python is too fun!
Python is too fun!
Python is too fun!
Python is too fun!
Python is too fun!
Python is too fun!
Python is too fun!
Python is too fun!
Python is too fun!
```

위 코드에서 사용한 print 함수는 파이썬에서 기본적으로 제공해 주는 내장 함수인데, 입력한 값을 화면에 출력해 주는 역할을 담당한다. "Python is too fun!"이라는 문장을 10번 출력하려면 위와 같이 "Python is too fun!"을 10번이나 입력해 주어야 한다. 만약 복사가 불가능하다면 굉장히 번거로운 일이었을 것이다. 하지만 "Python is too fun!" 문장을 어떤 값에다 저장해 놓는다면, 앞서 작성한 것보단 훨씬 쉽게 "Python is too fun!" 문장을 화면에 10번 출력할 수 있다.

예시 코드 2 "Python is too fun!"을 a에 넣고 a를 10번 출력하기

```
a = "Python is too fun!"
print(a)
print(a)
print(a)
print(a)
print(a)
print(a)
print(a)
print(a)
print(a)
print(a)
```

```
print(a)
```

[실행 결과]

```
Python is too fun!
Python is too fun!
Python is too fun!
Python is too fun!
Python is too fun!
Python is too fun!
Python is too fun!
Python is too fun!
Python is too fun!
Python is too fun!
```

위와 같이 문장을 어딘가 넣는다면 굳이 "Python is too fun!"이라는 문장을 10번 작성하지 않아도 된다. 이렇게 어떤 값을 어딘가 할당하는 경우 그 "어딘가"를 변수라고 한다. 즉 위의 코드는 "Python is too fun!"이라는 문장을 a라는 변수에 할당하고 a라는 변수를 10번 화면에 출력한 것이다. 변수를 만드는 방법에는 몇 가지 규칙이 있는데, 변수를 만드는 자세한 방법에 대해서 조금 더 알아보자.

변수 만들기

예시 코드 3 변수에 값 할당하기

```
var = 3
```

위 코드의 의미를 정확히 아는 것은 매우 중요하다. 일단 파이썬에서 "=" 기호가 있으면 오른쪽을 먼저 해석하자. 오른쪽에 숫자 3이 적혀 있다. 그리고 "=" 왼쪽에는 var이라는 단어가 적혀 있다. 이 코드를 해석해 보면 "숫자 3을 var이라는 곳에 할당한다."라는 의미이다. 우리가 흔히 아는 "같다"는 의미가 아니므로 주의하자("같다"는 의미를 표현하려면 "==" 이렇게 등호를 2개 연속으로 붙여서 작성해야 한다).

변수 이름 짓기

프로그래머에게 가장 힘든 일 중 하나는 바로 변수 이름을 짓는 것이다(아마 자녀가 있다면 공감할 것이다). 프로그래밍에서 변수 이름을 짓는 것은 매우 중요하다. 변수 이름을 만드는 방법은 다음과 같은 규칙을 따라야 한다.

1. 변수 이름은 영문자 대/소문자, 숫자, 언더 스코어(_)를 활용해서 만든다.
2. 변수 이름은 숫자로 시작할 수 없다.
3. 변수 이름은 영문 대문자와 소문자를 구별한다.
4. 파이썬에서 이미 사용하는 키워드는 사용하지 않는 것이 좋다(만약 print라는 변수를 사용하면, 그 뒤로는 print() 함수를 사용할 수 없다).

주석

프로그래밍의 코드가 길어지면 시간이 지나 다시 그 코드를 볼 때 어떤 코드인지 잘 모를 가능성이 높다. 나중에 봐도 알아보기 쉽도록 코드마다 주석을 달아 놓는 것이 좋다. 주석을 코드 창에 표시하려면 "#"을 적고 뒤에 적고 싶은 내용을 적는다. "#" 뒤에 적힌 글은 파이썬이 읽지 않으므로 에러가 나지 않는다.

주석 만들기

예시 코드 4 주석 만들기

```
# 코드 창에 필기할 때는 "#" 모양 뒤에 필기한다.
```

숫자형 자료형

숫자형 자료형은 숫자로 이루어진 자료형을 말한다. 크게 정수형, 실수형 2가지가 존재한다(2진법, 8진법인 숫자형 자료형도 있지만, 이 책에서는 다루지 않는다).

예시 코드 5 숫자형 자료형

```
a = 5
b = 3.14
```

숫자형을 활용하는 연산자

프로그래밍을 한 번도 해 본 적이 없는 독자라도 사칙 연산(+, -, *, /)은 알 것이다. 파이썬 역시 계산기와 마찬가지로 다음처럼 연산자를 수행한다.

예시 코드 6 파이썬 연산자 활용

```
a = 3
b = 5

print(a + b)      # a 더하기 b
print(a - b)      # a 빼기 b
print(a * b)      # a 곱하기 b
print(a / b)      # a 나누기 b
print(a ** b)     # a의 b 제곱
print(a // b)     # a를 b로 나눈 몫
print(a % b)      # a를 b로 나눈 나머지
```

[실행 결과]
8
-2
15
0.6
243
0
3

문자열 자료형

파이썬에서 문자열이란 작은따옴표(' ')나 큰따옴표(" ")로 묶인 문자들의 모임이다. 영어로는 string이라고 부른다. 파이썬에서 문자열을 만들고 싶으면 텍스트를 작은따옴표나 큰따옴표로 감싸 준다(작은따옴표와 큰따옴표를 구분 짓지 않는다. 파이썬은 무엇으로 만들었든 둘 다 같은 문자열로 인식한다). 아래 4가지 표현 모두 문자열에 해당한다.

예시 코드 7 문자열 자료형

```
1. 'Hello World'
2. "Hello World"
3. "Hong's House"
4. "3"
```

1. 작은따옴표로 감싸인 문자열
2. 큰따옴표로 감싸인 문자열
3. 중간에 작은따옴표를 사용하려면 문자열 양쪽을 큰따옴표로 만들어 주어야 한다.
4. 숫자시만 큰따옴표로 감싸인 숫자가 아닌 문자열이다.

변수와 문자열

앞서 숫자를 변수에 할당한 것처럼 문자열도 변수에 할당할 수 있다. 어떤 값을 어떤 변수에 할당할 때는 항상 "=" 등호를 사용하는 것에 유의하자. 문자열을 어떤 변수에 할당할 때는 아래와 같이 작성해 준다.

예시 코드 8 문자열 자료형 변수에 할당하기

```
a = 'Hello World'
b = "Hello World"
c = "Hong's House"
d = "3"
```

문자열 역시 print 함수를 통해서 화면에 출력할 수 있다.

예시 코드 9 문자열 출력하기

```
a = 'Hello World!'
print(a)
```

[실행 결과]

```
Hello World!
```

문자열 인덱싱

문자열 중에서 한 글자를 가져오는 것을 "인덱싱"이라고 한다. 예를 들어 "Hello"라는 문자가 있다고 가정할 때, 문자열 "Hello"에서 "H" 하나만 가져오는 것이다. 인덱싱할 때는 대괄호 [ ] 기호를 사용한다. [ ] 사이에는 가져오고자 하는 글자가 위치하는 순서를 적어 준다. 예를 들어 "Hello"라는 문자열에서 첫 번째 글자인 "H"를 가져오려면 "Hello" 문자열의 [0]에 접근한다. 아래 코드를 통해 결과를 확인해 보자.

예시 코드 10 문자열 인덱싱

```
text = 'Python is too fun!'

print(text[0])
print(text[3])
print(text[-1])
```

[실행 결과]
```
P
h
!
```

인덱싱할 때, 주의할 점은 파이썬에서는 순서가 0번부터 시작한다는 점이다. 문자열의 첫 번째 글자를 가져오려면, 0번째에 접근해야 한다는 점을 유의하자. 또한 음수로 접근한다면 뒤에서부터 인덱싱한다는 의미이다. 예를 들어 [-1]에 인덱싱한다면 뒤에서부터 첫 번째에 인덱싱한다는 의미로 해석하도록 한다.

문자열 슬라이싱

문자열에서 한 글자를 가져오는 행위를 "인덱싱"이라고 설명했다. 문자열에서 한 글자 이상 가져오는 것은 "슬라이싱"이라고 표현한다. 슬라이싱할 때도 마찬가지로 [ ] 기호를 사용한다. 슬라이싱할 때는 [0:4] 이렇게 문자열에서 가져오려는 부분의 시작과 끝 인덱스값을 지정해 준다. 아래 코드로 슬라이싱 결과를 확인해 보자.

예시 코드 11 문자열 슬라이싱

```
text = 'Python is too fun!'

print(text[2:5])
print(text[3:])
print(text[:7])
```

[실행 결과]
```
tho
hon is too fun!
Python
```

슬라이싱에서도 주의할 점이 있는데, 만약 [2:5]로 슬라이싱한다면, 2번째부터 5번째가 아닌 2번째부터 5번째 전까지의 의미로 이해해야 한다. 즉, 2번째부터 4번째까지 슬라이싱한다는 의미이다. 만약 슬라이싱할 때 [3:] 이렇게 콜론(:) 뒤에 아무것도 적히지 않는다면 3번째부터 끝까지라는 의미이며, 반대도 마찬가지이다. [:7] 이렇게 슬라이싱한다면, 처음부터 7번째 전까지 슬라이싱한다는 의미이다.

즉, 슬라이싱은 다음과 같이 사용한다.

1. 시작 인덱스나 끝 인덱스를 생략할 수 있다.
2. 시작 인덱스를 생략하면 시작 인덱스는 0으로 자동 인식된다.
3. 끝 인덱스를 생략하면 문자열 끝을 자동으로 인식한다.

문자열 연산

3 + 3은 6이다. 숫자 2개에 대해 덧셈 연산을 하면 두 값을 더해 준다. 그렇다면 문자열도 덧셈을 할 수 있을까? 문자열끼리 더하면, 문자열끼리 붙인다.

예시 코드 12 문자열 더하기

```
text1 = 'python'
text2 = "is too fun!"

print(text1 + text2)
```

[실행 결과]

```
pythonis too fun!
```

문자열 합치기는 여러 곳에서 응용된다. 특히 print 함수에서 문자열을 합쳐서 화면에 출력할 때가 많다.

예시 코드 13 문자열 합치기 사용 예시

```
money = "50000"
print("내가 가진 돈은 총 " + money + '원입니다.')
```

[실행 결과]

```
내가 가진 돈은 총 50000원입니다.
```

문자열의 길이

문자열을 다루다 보면 아주 가끔 문자열의 길이를 알아야 할 때가 있다. 이때 사용하는 함수가 len 함수다. len 함수는 print 함수와 마찬가지로 파이썬에서 기본적으로 제공하는 내장 함수다(내장 함수는 진행하면서 차근차근 하나씩 소개하겠다).

예시 코드 14 문자열 길이 구하기

```
text = 'Python is too fun!'
print(len(text))
```

[실행 결과]

```
18
```

문자열 안에 있는 내용을 모두 찾아 원하는 다른 문자열로 바꾸는 기능을 사용하려면 replace() 함수를 사용한다.

예시 코드 15 문자열 다른 문자로 대체하기

```
text = "python is too fun!"
print(text.replace("python", 'java'))
```

[실행 결과]

```
java is too fun!
```

파이썬에서는 주로 사용하는 세 가지 기본 데이터 타입이 있다. 1, 2, 3과 같은 숫자를 정수형 또는 integer 타입이라고 부른다. 3.141592와 같은 값은 실수 또는 float 타입이라고 한다. 마지막으로 "3", "Hello"와 같이 작은따옴표나 큰따옴표로 둘러싸인 것들을 문자열 또는 string 타입이라고 한다.

문자열 전용 함수

print, len 함수 등 파이썬에서 기본적으로 제공하는 내장 함수는 광범위하게 사용할 수 있다. 그런데 문자열에서만 사용하는 문자열 전용 함수도 있다. 어떤 자료형의 전용 함수를 사용할 때는 자료형 뒤에 점(.)을 찍고 함수 이름을 적어 준다. 문자열에 사용하는 전용 함수는 아주 많지만, 모두 소개하는 것이 이 책의 범위를 벗어나므로 우리가 하려는 프로젝트에 필요한 전용 함수만 소개하겠다.

문자열의 원하는 위치에 원하는 값을 넣는 format 함수가 있다.

예시 코드 16 format 함수 예시

```
print("I eat {} apples".format(5))
print("I eat {} apples and {} oranges".format(3, 5))
```

[실행 결과]

```
I eat 5 apples
I eat 3 apples and 5 oranges
```

문자열 안에 특정 값을 넣을 위치에 중괄호 {}를 넣고 문자열 뒤에 점을 찍고 format() 함수 안에 넣으려는 입력값을 넣는다. 지금은 비록 한 문장이지만 점차 길어져서 보고서만큼 길어진다면 데이터 분석 후, 보고서도 자동으로 적어 주는 프로그램을 만들 정도로 아주 유용한 함수다.

문자열을 잘라서 단어 형태로 만들어 주는 함수는 split 함수를 사용한다.

예시 코드 17 split 함수 예시

```
text1 = "python is too fun!"
print(text1.split())

test2 = "python:is:too:fun!"
print(test2.split(":"))
```

[실행 결과]

```
['python', 'is', 'too', 'fun!']
['python', 'is', 'too', 'fun!']
```

split 함수는 기본적으로는 공백을 기준으로 잘라 주나, split 함수 안에 특정 값을 입력해 주면, 그 값을 기준으로 잘라 준다. 문자열 안에 있는 모든 값을 대문자 또는 소문자로 바꿔 주려면, upper, lower 함수를 사용한다.

예시 코드 18 upper, lower 함수 사용하기

```
text = 'hello world!'
print(text.upper())

text = "HELLO WORLD!"
print(text.lower())
```

[실행 결과]

```
HELLO WORLD!
hello world!
```

앞 또는 뒤에 있는 공백이나 특정 문자들을 삭제하려면 lstrip, rstrip, strip 함수를 사용한다. lstrip 함수는 문자열 앞에 있는 값을 삭제하고, rstrip 함수는 문자열 뒤에 있는 값을 삭제한다. strip 함수는 양쪽에 있는 값을 삭제한다. 기본값은 공백을 삭제한다.

예시 코드 19 앞, 뒤 공백 또는 특정 문자 삭제하기

```
text = "    Hello    "
print(text.lstrip())
print(text.rstrip())
print(text.strip())

text2 = "@@@@@Hello@@@@@"
print(text2.lstrip("@"))
print(text2.rstrip("@"))
print(text2.strip("@"))
```

[실행 결과]

```
Hello    
    Hello
Hello
Hello@@@@@
@@@@@Hello
Hello
```

리스트 자료형

하나의 변수에는 하나의 값만 할당된다. 만약 여러 개의 값을 하나의 변수에 할당하려면 어떻게 해야 할까? 자료 구조를 이용한다. 자료 구조는 여러 값을 넣는 바구니 또는 컨테이너와 같다. 파이썬의 자료 구조에는 리스트 자료형, 튜플 자료형, 딕셔너리 자료형 등이 있다.

만약 1, 3, 5, 4, 2 숫자 5개가 있다고 가정해 보자. 이렇게 많은 숫자를 한 번에 관리하려면 어떻게 해야 할까? 이때 사용하는 것이 바로 리스트 자료형이다. 리스트 자료형은 마치 컨테이너와 같아서 타입과 상관없이 순서대로 값을 넣을 수 있다. 리스트에 사용하는 기호는 [ ]이다(인덱싱이나 슬라이싱과 사용하는 기호는 같지만 활용하는 구조가 다르다). 리스트 안에 여러 개의 값을 할당하려면 [ ] 사이에 넣으려는 데이터를 넣어서 표현한다.

예시 코드 20 리스트 자료형

```
box = [1,3,5,4,2]
print(box)
```

[실행 결과]

```
[1, 3, 5, 4, 2]
```

리스트를 통해서 여러 데이터를 한 번에 넣어 두면 변수를 여러 개 만들 필요가 없다.

또한 뒤에서 배울 반복문을 통해서 리스트 안에 있는 여러 데이터를 반복적으로 작업하는 데 굉장히 효과적이다. 그래서 우리는 여러 데이터를 저장할 때는 되도록 자료 구조(리스트, 튜플, 딕셔너리 등)를 사용하는 것이 좋다.

리스트 인덱싱

리스트 자료형은 순서가 있는 자료 구조이다. 따라서 문자열처럼 인덱싱할 수 있다. 만약 순서가 없다면 누가 0번째인지 알 수 없어 정수로 인덱싱할 수 없다. 따라서 리스트 자료형에 순서가 있다는 것은 매우 중요한 특징 중 하나이다. 문자열에서 인덱싱이 글자 하나를 가져온다면, 리스트 자료형의 인덱싱은 리스트에서 어떤 위치 값 하나를 가져오는 것을 의미한다.

예시 코드 21 리스트 인덱싱

```
box = [1,3,5,4,2]

print(box[0])
print(box[2])
print(box[-1])
```

[실행 결과]

```
1
5
2
```

리스트 수정

리스트 자료형은 수정이 가능한 자료 구조이다. 만약 리스트 안 0번째 값에 어떤 값이 저장되어 있는데 이 값을 버리고 다른 값을 저장할 수 있다.

예시 코드 22 리스트 값 수정하기

```
box = [1,3,5,4,2]

box[0] = 10
print(box)
```

[실행 결과]

```
[10, 3, 5, 4, 2]
```

위 코드에서 box[0] = 10 부분을 한번 살펴보자. 중간에 "=" 기호가 있기 때문에 먼저 우측부터 해석해 보면 숫자 10을 리스트 자료형 box의 0번째에 그 값을 넣으라는 의미이다.

리스트 슬라이싱

리스트 자료형도 인덱싱이 가능하니 슬라이싱도 역시 가능하다.

예시 코드 23 리스트 슬라이싱

```
box = [1,3,5,4,2]

print(box[1:3])
print(box[2:])
print(box[:4])
```

[실행 결과]

```
[3, 5]
[5, 4, 2]
[1, 3, 5, 4]
```

리스트에 값 추가하기

리스트 자료형은 수정 가능한 자료 구조이므로 데이터를 추가하는 것도 역시 가능하다. 리스트에 데이터를 추가하는 방법은 크게 2가지가 있다.

1. 리스트의 마지막에 데이터를 "추가"하는 방법
2. 리스트의 특정 위치에 데이터를 "삽입"하는 방법

리스트의 마지막에 데이터를 추가하는 방법은 리스트 자료형 뒤에 점(.)을 찍고

append 함수를 입력해서 넣으려는 값을 넣는다.

예시 코드 24 리스트에 값 추가하기

```
box = []
box.append(1)
box.append(3)
box.append(5)
print(box)
```

[실행 결과]

[1, 3, 5]

리스트 자료형은 리스트 자료형에만 사용하는 전용 함수들이 있다. 이러한 전용 함수들을 사용하려면 리스트 자료형 뒤에 점(.)을 찍고 리스트 전용 함수들을 사용한다. 위의 코드는 리스트 전용 함수인 append 함수를 사용해서 리스트에 데이터를 추가한 것이다.

리스트의 특정 위치에 데이터를 삽입하는 방법을 사용하려면 append 함수가 아닌 insert 함수를 사용해야 한다.

예시 코드 25 리스트 원하는 위치에 값 삽입하기

```
box = [1, 3, 5, 4, 2]
box.insert(0, 10)
print(box)
```

[실행 결과]

[10, 1, 3, 5, 4, 2]

리스트 자료형 뒤에 점을 찍은 후 insert 함수를 사용할 때는 2개의 값을 입력해야 한다. 첫 번째 입력값은 리스트에 데이터를 추가할 위치를 의미한다. 그리고 두 번째 위

치 값은 추가하려는 데이터를 입력한다.

리스트 값 삭제하기

리스트 자료형은 수정이 가능한 자료 구조이므로 삭제하는 것도 자유롭다. 삭제하는 방법에도 크게 2가지(del 키워드 사용하기, 전용 함수인 remove 함수 사용하기)가 있다.

del 키워드 사용하기

del 키워드를 사용해서 리스트 안에 있는 값을 삭제해 보자. del 키워드를 사용할 때는 없애려는 값의 위치 값을 이용해서 삭제해야 한다.

예시 코드 26 리스트 값 삭제하기 1

```
box = [1, 3, 5, 4, 2]

del box[2]
print(box)
```

[실행 결과]

```
[1, 3, 4, 2]
```

전용 함수인 remove 함수 사용하기

리스트 전용 함수 remove 함수를 사용해서 특정 값을 지울 때는 remove 함수 안에 삭제하고 싶은 값을 입력한다. 하지만 주의할 점은 해당하는 모든 값을 삭제하는 것이 아니라 처음 발견한 하나의 값만 삭제해 준다.

예시 코드 27 리스트 값 삭제하기 2

```
box = [1, 3, 5, 4, 2, 1, 3, 5, 4, 2]

box.remove(5)
print(box)
```

[실행 결과]

```
[1, 3, 4, 2, 1, 3, 5, 4, 2]
```

위의 코드 결과를 보면 알겠지만, 5를 삭제한다고 해서 모든 5가 삭제되는 것이 아니라 처음 발견한 5 하나만 삭제해 주는 것을 확인할 수 있다.

최댓값, 최솟값, 평균값 확인하기

파이썬 리스트에 어떤 값이 있을 때 그중 가장 큰 값과 가장 작은 값을 찾아야 할 때가 종종 있다. 예를 들어 삼성전자 주식의 5일 종가가 파이썬 리스트로 표현될 때, 5일 종가 중 최고가와 최저가를 찾을 때를 생각해 보자. 파이썬 리스트에 날짜 정보는 따로 없고 종가 정보만 있다고 가정해 보자. 이때 최댓값, 최솟값을 찾는 방법은 내장 함수 max, min 함수를 사용하면 쉽게 구할 수 있다.

예시 코드 28 max(), min() 함수 사용하기

```
samsung = [59200, 59400, 59300, 59000, 60000]

print(max(samsung))
print(min(samsung))
```

[실행 결과]

```
60000
59000
```

리스트 값 정렬하기

리스트 내에 있는 값을 정렬하려면 sort 함수를 사용한다. sort() 함수는 숫자뿐만 아니라 문자열도 정렬이 가능하다.

예시 코드 29 리스트 값 정렬하기

```
box = [1, 3, 5, 4, 2]
box.sort()
```

```
print(box)

box = [1, 3, 5, 4, 2]
box.sort(reverse=True)
print(box)

box = ['banana', 'car', 'apple']
box.sort()
print(box)
```

[실행 결과]

```
[1, 2, 3, 4, 5]
[5, 4, 3, 2, 1]
['apple', 'banana', 'car']
```

리스트 내에 있는 값을 내림차순으로 정렬하려면 sort 함수 안에 reverse=True라는 옵션 값을 넣어 준다.

튜플 자료형

리스트와 튜플은 모두 순서가 있는 자료 구조이다. 그렇다면 이미 리스트가 있는데 튜플은 왜 있을까? 리스트와 튜플의 차이는 "수정 가능 여부"에 있다. 리스트 자료형은 언제든지 데이터를 추가하고, 삭제할 수 있다. 하지만 튜플 자료형은 한번 데이터를 정하면, 절대로 값을 추가하거나 삭제, 수정할 수가 없다. 보통 데이터를 한번 구성한 후 변경할 필요가 없을 때 튜플을 사용한다. 튜플은 리스트보다 메모리를 더 적게 사용한다는 장점도 있다. 리스트를 만들 때는 [ ] 기호를 사용해서 만들지만, 튜플은 ( ) 기호를 통해서 만든다. 또한 튜플 역시 문자열이나 리스트처럼 인덱싱, 슬라이싱이 모두 가능하다.

예시 코드 30 튜플 인덱싱

```
box = (1, 3, 5, 4, 2)

print(box[0])
print(box[-2])
```

[실행 결과]

```
1
4
```

튜플에서 슬라이싱하면 결과물 역시 튜플로 반환된다.

예시 코드 31 튜플 슬라이싱

```
box = (1, 3, 5, 4, 2)
print(box[2:4])
print(box[1:])
print(box[:3])
```

[실행 결과]

```
(5, 4)
(3, 5, 4, 2)
(1, 3, 5)
```

앞서 말했지만, 튜플은 값을 추가하거나, 수정, 삭제가 불가능하여 값을 추가하거나, 수정, 삭제하려면 에러가 발생한다.

예시 코드 32 튜플 값 삭제하기

```
box = (1,3,5,4,2)
del box[2]
```

[실행 결과]

```
Traceback (most recent call last):
  File "C:\Users\maste\PycharmProjects\stock\test.py", line 2, in <module>
    del box[2]
TypeError: 'tuple' object doesn't support item deletion
```

튜플 값 수정하기

튜플에 값을 추가하거나, 수정, 삭제하는 것이 완전히 불가능한 것은 아니다. 파이썬 내장 함수의 list 함수를 사용하면 가능하다. list 함수는 어떤 자료형을 리스트 자료형으로 변환시켜 주는 함수이다. 튜플은 값을 추가하거나, 수정, 삭제하는 것이 불가능하여 리스트로 변환해 주어야 하는데, 리스트로 변환해 주면 다시 자유롭게 값 수정이 가능하다.

예시 코드 33 튜플 값 수정하기

```
box = (1, 3, 5, 4, 2)
box = list(box)
box.append(10)
print(box)
```

[실행 결과]

[1, 3, 5, 4, 2, 10]

리스트로 변환된 튜플을 다시 튜플로 변환해 주려면 tuple 함수를 사용해서 변환해 준다.

예시 코드 34 tuple() 함수 사용하기

```
box = [1, 3, 5, 4, 2]
box = tuple(box)

print(box)
```

[실행 결과]

(1, 3, 5, 4, 2)

딕셔너리 자료형

딕셔너리 자료형은 순서가 없는 자료 구조이다. 순서가 없는 자료 구조가 필요할지 의문이 들 수도 있다. 예를 한번 들어 보겠다. 아이스크림 메로나가 500원이고, 구구콘이 2,000원이라고 가정해 보자. 이런 정보를 파이썬으로 표현하려면 어떻게 해야 할까?

리스트나 튜플로는 가격 정보 또는 아이스크림 이름 정보는 각각 쉽게 저장할 수 있지만 메로나가 500원이고, 구구콘이 2,000원이라는 정보를 표현하기는 쉽지 않다. 단순히 다음과 같이 아이스크림 가격만 저장해 두면, icecream_price 리스트의 0번째에는 메로나의 가격, 1번째에는 구구콘의 가격이 저장된다는 것을 어딘가 적어 두지 않으면 알기 어렵다.

하지만 딕셔너리를 이용하면 이러한 문제를 쉽게 해결할 수 있다. 딕셔너리 자료형은 데이터에 레이블을 붙여 저장하는 자료 구조로 매우 활용도가 높으니 공부해 두자.

예시 코드 35 아이스크림 값이 저장된 리스트

```
icecream_price = [500, 2000]
```

딕셔너리 자료형은 { } 기호를 사용해서 만들 수 있다. 앞서 설명한 아이스크림의 가격을 딕셔너리로 표현해 보겠다.

예시 코드 36 딕셔너리로 아이스크림 값 저장하기

```
icecream_price = {"메로나" : 500, "구구콘" : 2000}
```

딕셔너리 자료형은 데이터를 Key : Value 형태로 데이터를 저장한다. 콜론(:)을 사용해서 Key 값과 Value 값을 정의한다. 그리고 데이터를 구분할 때는 콤마(,)를 사용해서 데이터들을 구분한다.

빈 딕셔너리 자료형을 만들어 보고 앞서 이야기한 아이스크림 데이터들을 추가시켜 보겠다. 딕셔너리는 순서가 없어 항상 Key 값을 사용해서 데이터에 인덱싱해야 한다. 딕셔너리에 어떤 값을 추가할 때도 추가하고 싶은 값을 인덱싱하고 그 값에 넣으려는 값을 할당해 준다. 주의해야 할 것은 딕셔너리 자료형은 같은 이름의 키 값이 2개 이상 존재할 수 없다.

```
icecream = {}

icecream['메로나'] = 500
icecream['구구콘'] = 2000

print(icecream)
```

[실행 결과]

```
{'메로나': 500, '구구콘': 2000}
```

딕셔너리 인덱싱

딕셔너리 안에 있는 값에 인덱싱하려면 딕셔너리 내 값의 Key 값에 접근한다. 다만, Value 값에는 인덱싱할 수 없고, 무조건 Key 값에만 인덱싱할 수 있다.

예시 코드 37 딕셔너리 Key 값 인넥싱

```
icecream = {"메로나" : 500, "구구콘" : 2000}
print(icecream['구구콘'])
```

[실행 결과]

```
2000
```

딕셔너리 값 수정하기

딕셔너리 안에 있는 값을 수정하는 것 역시 Key 값에 인덱싱한 후에 그 값에 변경하려는 값을 할당한다.

예시 코드 38 딕셔너리 값 수정하기

```
icecream = {"메로나" : 500, "구구콘" : 2000}
icecream['구구콘'] = 3500

print(icecream['구구콘'])
```

[실행 결과]

```
3500
```

딕셔너리 값 삭제하기

딕셔너리 내에 있는 값을 삭제하려면 del 키워드를 사용해 주어야 한다. del 키워드를 사용하고 그 옆에 삭제하고 싶은 Key 값에 인덱싱한다.

예시 코드 39 딕셔너리 값 삭제하기

```
icecream = {"메로나" : 500, "구구콘" : 2000}

del icecream['메로나']
print(icecream)
```

[실행 결과]

```
{'구구콘': 2000}
```

딕셔너리 전용 함수 사용하기

딕셔너리 역시 딕셔너리에만 사용하는 전용 함수들이 있다. 딕셔너리 전용 함수를 사용하려면 리스트 자료형과 마찬가지로 딕셔너리 자료형 옆에 점을 찍고 함수 이름을 적어서 사용한다. 딕셔너리에서 Key 값만 얻으려면 keys 함수를 사용한다.

예시 코드 40 딕셔너리 key 함수

```
icecream = {"메로나" : 500, "구구콘" : 2000}
print(icecream.keys())
```

[실행 결과]

```
dict_keys(['메로나', '구구콘'])
```

딕셔너리 자료형에서 Value 값만 얻으려면 values 함수를 사용한다.

예시 코드 41 딕셔너리 values 함수

```
icecream = {"메로나" : 500, "구구콘" : 2000}
print(icecream.values())
```

[실행 결과]

```
dict_values([500, 2000])
```

Key 값과 Value 값을 묶어서 얻을 수도 있다. Key 값과 Value 값을 묶어서 얻으려면 items 함수를 사용한다.

예시 코드 42 딕셔너리 items 함수

```
icecream = {"메로나" : 500, "구구콘" : 2000}
print(icecream.items())
```

[실행 결과]

```
dict_items([('메로나', 500), ('구구콘', 2000)])
```

집합 자료형

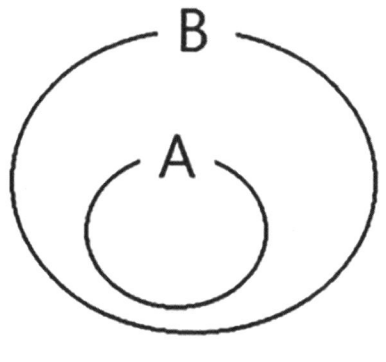

그림 94 집합 자료형

집합 자료형은 우리가 중고등학생 때 배웠던 그 집합이 맞다. 집합은 수학 용어로 어떤 조건에 따라 결정되는 요소의 모임을 말하며, 그 요소를 집합의 원소라고 한다. 집합에는 중요한 2가지 성질이 있다.

1. 순서가 없다.
2. 중복을 허용하지 않는다.

이러한 집합의 성질 덕분에 프로그래밍에서 중복된 데이터를 모두 지우고 싶을 때, 집합을 사용하면 굉장히 편리하게 중복 데이터를 처리할 수 있다. 집합은 set라는 내장 함수를 사용해서 만들 수 있다.

예시 코드 43 집합 만들기

```
a = set([1, 2, 3, 1, 1, 1])
print(a)

b = set('Hello World!')
print(b)
```

[실행 결과]

```
{1, 2, 3}
{'l', 'r', 'd', '!', 'o', 'W', 'e', 'H', ' '}
```

* 순서는 랜덤이므로 출력되는 결과가 다를 수 있다.

합집합, 교집합, 차집합

파이썬으로 집합의 교집합, 합집합, 차집합을 표현할 수 있다. 만약 두 개의 A, B 집합이 있다면 교집합이란 두 개의 집합의 공통적인 요소를 이야기하며, 합집합은 두 개의 집합의 모든 요소를 말하고, 차집합은 각 집합을 서로 뺀 것을 말한다. 파이썬으로 교집합을 표현하려면 "&" 모양을 사용해야 하며, 합집합은 "|", 차집합은 뺄셈 표시로 처리해 준다.

예시 코드 44 교집합, 합집합, 차집합 표현하기

```
a = set([1, 2, 3, 4, 5, 6])
b = set([4, 5, 6, 7, 8, 9])

print(a & b)        # a와 b의 교집합
print(a | b)        # a와 b의 합집합
print(a - b)        # a와 b의 차집합
print(b - a)        # b와 a의 차집합
```

[실행 결과]

```
{4, 5, 6}
{1, 2, 3, 4, 5, 6, 7, 8, 9}
```

```
{1, 2, 3}
{8, 9, 7}
```

집합 전용 함수

집합 자료형 역시 집합 전용 함수를 사용할 수 있다. 집합 자료형에 어떤 특정한 값을 추가하려고 한다면, add 함수, update 함수를 사용한다. add 함수는 한 개의 값을 추가할 때 사용하며, update 함수는 여러 개의 값을 추가할 때 사용한다. 그리고 특정 값을 지울 때는 remove 함수를 사용한다.

예시 코드 45 집합 자료형에 값 추가하기

```
a = set([1, 2, 3, 4, 5, 6])
a.add(7)                  # 값 하나 추가하기
print(a)

a.update([7, 8, 9])       # 값 여러 개 추가하기
print(a)
```

[실행 결과]

```
{1, 2, 3, 4, 5, 6, 7}
{1, 2, 3, 4, 5, 6, 7, 8, 9}
```

집합 자료형 안에 있는 값을 지우려면 remove 함수를 사용한다.

예시 코드 46 집합 자료형 값 삭제하기

```
a = set([1, 2, 3, 4, 5, 6])
a.remove(1)
print(a)
```

[실행 결과]

```
{2, 3, 4, 5, 6}
```

Bool 자료형

Bool 자료형은 참과 거짓을 의미하는 자료형이다. True, False로 표현할 수 있다(Bool 자료형은 문자열 자료형이 아니므로 True, False에 따옴표를 붙이지 않고, 맨 앞은 항상 대문자여야 한다). 파이썬에서 기본적인 연산을 수행하면 결괏값은 Bool 자료형을 반환해 준다. 예시를 한번 보자.

예시 코드 47 불 자료형 연산 결과

```
print(5 > 3)
print(3 > 5)
```

[실행 결과]

```
True
False
```

Bool 자료형은 비어 있는 값을 항상 거짓으로 판단한다. 숫자일 때 0은 비어 있는 느낌이 있다. 하지만 다른 숫자는 비어 있는 느낌이 없다. 따라서 숫자의 경우 0은 거짓으로 판단하고 나머지 모든 숫자는 참으로 판단한다.

만약 리스트일 때 비어 있는 리스트라면 거짓, 리스트 안에 값이 하나라도 존재한다면 참으로 판단한다. 문자열, 딕셔너리, 튜플 모두 마찬가지이다. 참인지 거짓인지 확인하려면 bool 내장 함수를 사용하면 확인할 수 있다.

bool 함수

예시 코드 48 bool() 함수 사용하기

```
print(bool(5))
print(bool(0))
print(bool(-5))
print(bool([]))
print(bool([3]))
print(bool(""))
print(bool("t"))
```

[실행 결과]

```
True
False
True
False
True
False
True
```

조건문 IF문

if문

앞서 우리는 값을 효과적으로 저장하는 방법으로 변수와 자료 구조에 대해 배웠다. 이번에는 변수 및 자료 구조에 저장된 데이터를 제어하는 방법에 대해서 알아보겠다. 프로그래밍에서는 보통 조건문을 사용해서 데이터를 제어한다. 파이썬에서 조건문을 표현하려고 할 때 사용하는 키워드는 if이다. 파이썬에서 if문의 구조는 아래와 같다.

예시 코드 49 조건문 IF문 기본 구조

```
if 조건:
    실행할 코드1
    실행할 코드2
    ...
```

조건을 모두 적은 후 뒤에 콜론(:)을 적어서 조건이 끝났음을 파이썬 if문에 알려 주어야 한다. 콜론을 적고 Enter 키를 누르면 자동으로 4칸이 띄어쓰기 되는 것을 볼 수 있다. 이것의 의미는 실행할 코드 1과 2는 if문 안에 속함을 의미한다. 간략하게 if문 예시를 하나 알아보자.

예시 코드 50 IF문 활용 예시

```
money = 2000
if money > 1000:
    print("Taxi")
```

[실행 결과]

```
Taxi
```

위의 코드를 해석해 보면 money 변수에 숫자 2000이 할당되어 있다. 그리고 조건문 if 문을 이용해서 변수 money가 1000보다 큰지 확인하고 만약 크다면 화면에 Taxi를 출력하라는 의미이다. if문의 조건에서 위의 코드처럼 큰지, 작은지 비교하는 연산자를 비교 연산자라고 한다. 비교 연산자에 대한 자세한 내용은 조금 뒤에서 다루겠다.

else문

조건이 참일 때는 문장 1을 실행하고, 거짓일 때는 문장 2를 수행해야 하는 경우를 생각해 보자. 만약 삼성전자 주가가 3% 이상 상승하면 매도하고, 그렇지 않으면 보유한다고 가정해 보자. 이처럼 조건이 참일 때 수행하는 문장과 조건이 거짓일 때 수행하는 문장을 기술하고 싶다면 if문과 else문을 사용한다.

예시 코드 51 if/else문 구조

```
if 조건:
    실행할 코드1
    실행할 코드2
    ...
else:
    실행할 코드1
    실행할 코드2
    ...
```

위의 코드는 조건이 참일 때는 if문 밑에 들여쓰기 된 코드들이 실행되고, 조건이 거짓일 때는 else문 밑에 들여쓰기 된 코드들이 실행된다. 파이썬에서는 이렇게 어디에 속하는지 표현할 때는 들여쓰기를 활용해서 표현한다. 다음 코드를 눈으로 살펴보면서 어떤 실행 결과가 나올지 생각해 보자.

예시 코드 52 if/else문 활용 예시

```
money = 2000
if money >= 3000:
```

```
        print("Taxi")
    else:
        print('Walk')
```

[실행 결과]

```
Walk
```

elif문

if와 else를 사용하면 두 경우에 대한 조건을 기술할 수 있다. 그런데 만약 조건이 두 가지가 아니라 더 많으면 어떻게 해야 할까? 이때는 if/elif/else 구문을 사용해야 한다. 기본 구조는 아래와 같다.

예시 코드 53 if/elif/else문 구조

```
if 조건1:
    조건1이 참일 때 수행할 문장
    ...
elif 조건2:
    조건2가 참일 때 수행할 문장
    ...
else:
    조건1과 조건2가 모두 참이 아닐 때 수행할 문장
```

if/elif/else 구문은 위에서부터 하나씩 비교를 수행하는데, 참인 조건을 만나면 해당하는 코드를 실행하고 비교를 중지한다. 간단한 예제를 통해서 if/elif/else 구문을 익혀 보자.

예시 코드 54 if/elif/else문 활용 예시

```
pocket = ['paper', 'cellphone']
card = 1

if 'money' in pocket:
    print('Taxi')
elif card == 1:
    print('Taxi')
```

```
else:
    print('Walk')
```

[실행 결과]

Taxi

위의 코드를 해석해 보면 조건문 if문에서 "money"라는 단어가 pocket 리스트 안에 있는지 물어본다. 이러한 연산자를 멤버 연산자라고 한다. 하지만 없으므로 if문은 실행되지 않는다. if문이 참이 아니므로 아래에 있는 elif문으로 이동한다. elif문에서 card 변수가 1과 같은지 물어본다. card 변수와 1이 같아 elif문의 조건은 참이다. 따라서 화면에 Taxi가 출력되고, 조건문은 더 이상 내려가지 않고 끝난다.

비교 연산자, 논리 연산자, 멤버 연산자

조건식을 작성할 때 비교 연산자와 논리 연산자를 사용한다. 비교 연산자는 어떤 값들을 비교할 때 사용한다. 비교 연산자는 큰지, 작은지, 같은지, 다른지에 대한 비교를 수행한다.

비교 연산자	의미
==	같다
!=	다르다
>	크다
<	작다
>=	크거나 같다
<=	작거나 같다

Table 1 비교 연산자

조건문을 사용할 때 비교 연산자 말고도 논리 연산자도 많이 사용한다. 논리 연산자는 복잡한 조건을 표현할 때 사용한다. and는 모든 조건이 참일 때 코드가 실행된다. or는 연결한 코드가 하나라도 참이면 코드가 실행된다. not은 조건이 거짓일 때만 if문에 연결된 코드가 실행된다.

논리 연산자	의미
and	그리고
or	또는
not	~아닌

Table 2 논리 연산자

예시를 보면서 논리 연산자를 익혀 보자.

예시 코드 55 논리 연산자 and 사용 예시

```
money = 2000
card = 1
if money >= 3000 and card == 1:
    print('Taxi')
else:
    print('Walk')
```

[실행 결과]

```
Walk
```

위 코드의 if문 조건을 보면 and를 기준으로 왼쪽, 오른쪽 2개의 조건이 있다. and 논리 연산자는 모든 조건이 참이어야 참으로 판단하지만 위의 코드는 money, card 2가지 조건이 모두 참이 아니므로 if문 조건은 거짓이고, else문이 실행된다.

예시 코드 56 논리 연산자 or 사용 예시

```
money = 2000
card = 1
if money >= 3000 or card == 1:
    print('Taxi')
else:
    print('Walk')
```

[실행 결과]

```
Taxi
```

위 코드의 조건문에도 2가지 조건이 있지만 or 논리 연산자는 하나만 참이어도 참으로 판단하므로 2가지 조건 중 card가 1과 같다는 조건이 참이므로 나머지 한쪽이 틀려도 if문의 조건은 참이다.

멤버 연산자는 어떤 값이 어디에 속하는지 속하지 않는지 확인하는 연산자이다. in은 안에 있는지 확인하며, not in은 안에 없는지 확인한다.

멤버 연산자	의미
in	속한다
not in	속하지 않는다

Table 3 멤버 연산자

반복문

컴퓨터가 사람보다 빠르고 정확하게 잘하는 것 중 하나가 "반복"이다. 사람은 반복적인 작업을 시키면 지루해하고, 쉽게 피곤해하지만, 컴퓨터는 쉬지 않고 실수 없이 똑같은 일을 반복한다.

for문

파이썬 반복문에서 for문은 주로 자료 구조와 같이 사용한다. for문을 사용하면 자료 구조에 들어 있는 값을 하나씩 순서대로 가져올 수 있다. for문의 기본 구조는 아래와 같다.

예시 코드 57 반복문 for문 기본 구조

```
for 변수 이름 in 반복하고 싶은 것(문자열, 리스트, 튜플, 딕셔너리 등):
    수행할 코드
```

반복문 for문 역시 콜론으로 마무리지어야 하며, 들여쓰기를 통해 수행할 코드를 for문 안에 넣어 줘야 한다. 예시를 통해 for문의 기본 역할을 익혀 보자.

예시 코드 58 리스트 값 순서대로 반복하기

```
box = ['홍길동', '이순신', '강동원', '아이유']
for name in box:
    print(name)
```

[실행 결과]

홍길동
이순신
강동원
아이유

리스트 변수 box에 4명의 이름이 들어 있다. for문의 코드를 해석해 보면 box 안에 있는 것을 순서대로 name이라는 변수에 넣으라는 뜻이다. 반복문이 실행되면 box 안에 있는 홍길동부터 아이유까지 순차적으로 name이라는 변수에 들어가고, for문 안에 있는 코드 print(name)가 순서대로 실행된다.

for문을 사용해서 화면에 1부터 10을 출력해 보자. 앞서 for문은 자료 구조와 같이 주로 사용된다고 말했다. 따라서 1부터 10까지 출력하려면 1부터 10까지의 값을 자료 구조에 저장해야 한다. 보통은 다음과 같이 리스트를 사용해서 코딩했을 것이다.

예시 코드 59 1부터 10까지 for문 반복하기

```
for num in [1, 2, 3, 4, 5, 6, 7, 8, 9, 10]:
    print(num)
```

[실행 결과]

1
2
3
4
5
6
7
8
9
10

만약 1부터 10까지가 아니라 1부터 100까지라면 어떻게 해야 할까? 물론 1부터 100까지 리스트에 연속된 숫자를 넣는다. 하지만 너무 번거로운 작업이다. 이러한 작업으로 진행한다면 100까지는 어떻게 해 본다고 쳐도, 1부터 10만까지는 사람이 하나하나 연

속해서 숫자를 넣기에는 불가능에 가까울 것이다. 이럴 때는 for문과 range 함수를 같이 사용하면 편리하게 이 문제를 해결할 수 있다.

range 함수도 print, len 함수와 같이 파이썬에서 기본적으로 제공하는 내장 함수다. range() 함수는 어떤 범위를 표현할 때, 1~10까지 표현하려고 한다면, range(1, 11)이라고 적어 준다. 주의할 점은 range(시작, 끝)에서 끝의 값에서 1을 뺀 값까지가 범위이다. range 함수를 사용하면 앞서 1부터 10까지 출력한 코드를 아래와 같이 표현할 수 있다.

예시 코드 60 range 함수 활용한 1부터 10까지 출력하기

```
for num in range(1, 11):
    print(num)
```

[실행 결과]

```
1
2
3
4
5
6
7
8
9
10
```

range 함수는 시작과 끝 값에 추가로 증감 값을 줄 수도 있다. 예를 들어 1, 4, 7, 10이라는 값을 보면 1부터 10까지 3씩 증가한 것을 알 수 있다. range 함수로 이렇게 숫자를 표현하려면 range(1, 11, 3)을 표현해 준다.

예시 코드 61 range 함수 구조

```
range(시작 값, 끝 값, 증감 값)
```

for문에 Key 값과 Value 값이 쌍으로 구성된 딕셔너리 안에 있는 값들을 순차적으로 반복한다면, 딕셔너리의 Key 값만이 변수에 들어간다.

예시 코드 62 딕셔너리 값 for문 반복하기

```
dic = {"구구콘" : 2000, "붕어싸만코" : 3000, "메로나" : 1500}

for i in dic:
    print(i)
```

[실행 결과]
```
구구콘
붕어싸만코
메로나
```

딕셔너리에 대해 반복을 수행할 때, Key 값과 Value 값을 동시에 접근하려면 딕셔너리의 items 함수를 이용해 for문에 2가지 변수를 할당할 수도 있다.

예시 코드 63 딕셔너리 items 함수를 활용한 for문 반복하기

```
dic = {"구구콘" : 2000, "붕어싸만코" : 3000, "메로나" : 1500}

for key, value in dic.items():
    print(key, value)
```

[실행 결과]
```
구구콘 2000
붕어싸만코 3000
메로나 1500
```

while문

for문은 반복할 횟수가 이미 정해졌을 때 사용한다. while문은 조건이 참인 동안 반복적인 작업을 수행하는 반복문이다. 주로 반복할 횟수가 명확하게 정해지지 않을 때 주로 사용한다. while문의 기본 구조는 아래와 같다.

예시 코드 64 while문 기본 구조

```
while 조건:
    수행할 코드
```

반복문 while문을 사용할 때는 주의할 점이 있다. while문은 조건이 참인 동안 반복하는 반복문이므로 조건이 항상 참이라면 무한 반복하는 문제가 일어난다. 다음 while문의 실행 결과를 확인해 보자.

예시 코드 65 무한 루프 돌아가는 반복문 코드 예시

```
num = 0
while num < 10:
    print("Hello")
```

[실행 결과]

```
Hello
Hello
Hello
Hello
Hello
Hello
...
[무한 반복...]
```

따라서 while문을 사용할 때는 무한 반복 실행이 되지 않게 조심해야 한다. 반복문 while문의 사용 예시를 한번 익혀 보자.

예시 코드 66 while문 활용 예시

```
hit = 0
while hit < 10:
    hit = hit + 1
    print("나무를 {}번 찍었습니다.".format(hit))
    if hit == 10:
        print("나무가 쓰러졌습니다.")
```

[실행 결과]

```
나무를 1번 찍었습니다.
나무를 2번 찍었습니다.
나무를 3번 찍었습니다.
나무를 4번 찍었습니다.
나무를 5번 찍었습니다.
나무를 6번 찍었습니다.
```

```
나무를 7번 찍었습니다.
나무를 8번 찍었습니다.
나무를 9번 찍었습니다.
나무를 10번 찍었습니다.
나무가 쓰러졌습니다.
```

위 코드를 해석해 보자. hit는 처음에 0이므로 while 조건이 부합한다. 그리고 while문이 한 번 실행될 때마다 hit에 1을 더한 값을 다시 hit에 덮어씌우면서 while문이 영원히 돌아가지 않게 예방한다(hit는 언젠가 10과 같아지면서 while문의 조건이 거짓이 된다). hit가 10보다 작다는 조건을 줌으로써, 정확히 10번 돌아가는 while문이 된다.

하지만 while문을 사용할 때는 대부분 조건을 참(True)으로 둘 때가 많다. 왜냐하면 몇 번 반복해야 할지 모를 때 주로 사용하는 것이 while문이기 때문이다(몇 번 반복해야 할지 알았다면 while문을 쓰지 않고 for문을 썼을 것이다).

그렇다면 조건을 항상 참이 되도록 해야 하는데 이렇게 하면 영원히 반복하지 않을까? 이러한 문제는 break 키워드를 통해서 해결할 수 있다. break 키워드는 반복문과 함께 쓰는 키워드인데, 반복문 수행 중 break 키워드를 만나면 반복문을 강제로 나간다.

예시 코드 67 break 키워드를 활용한 while문

```
coffee = 10
while True:
    coffee = coffee - 1
    print("커피를 한 잔 팔고, {}잔 남았습니다.".format(coffee))
    if coffee == 0:
        print("매진되었습니다.")
        break
```

[실행 결과]

```
커피를 한 잔 팔고, 9잔 남았습니다.
커피를 한 잔 팔고, 8잔 남았습니다.
커피를 한 잔 팔고, 7잔 남았습니다.
커피를 한 잔 팔고, 6잔 남았습니다.
커피를 한 잔 팔고, 5잔 남았습니다.
커피를 한 잔 팔고, 4잔 남았습니다.
커피를 한 잔 팔고, 3잔 남았습니다.
커피를 한 잔 팔고, 2잔 남았습니다.
```

```
커피를 한 잔 팔고, 1잔 남았습니다.
커피를 한 잔 팔고, 0잔 남았습니다.
매진되었습니다.
```

위 코드를 해석해 보면 coffee가 처음에는 10이 할당되었지만 while문이 한 번 실행될 때마다 1씩 줄어든다. 하지만 while문의 조건은 항상 True이므로 영원히 돌아가는 코드가 되므로 coffee가 0이 되었다고 해서 while문이 멈추진 않을 것이다.

이 문제를 해결하도록 if문 조건에 coffee가 0일 때, break 키워드를 만나게 했다. 따라서 위 코드는 coffee가 0일 때, break 코드를 만나고 반복문이 멈춘다.

break 키워드처럼 반복문에서 함께 사용되는 키워드가 하나 더 있는데 continue 키워드이다. continue 키워드는 반복문 수행 중 만나면 반복문의 시작 위치로 이동한다. 이후 if 조건문을 다시 만나게 된다.

예시 코드 68 continue 키워드를 활용한 while문

```python
a = 0
while a < 10:
    a = a + 1
    if a % 2 == 0:
        continue
    print(a)
```

[실행 결과]

```
1
3
5
7
9
```

위 코드를 해석해 보자. a가 10보다 작으므로 while문의 조건은 참이다. 그리고 while문이 한 번 실행될 때마다 a는 1씩 증가한다. 1씩 증가하면서 if문을 통해서 a가 짝수인지 묻는다(a를 2로 나눈 나머지가 0이면 항상 짝수다). 짝수일 때마다 continue를 만나게 한다. continue 키워드는 만나면 그 즉시 while문의 시작 위치로 이동하므로 밑에 있는 print(a)를 절대 만날 수 없다. 따라서 위 코드는 홀수만 출력되는 코드다.

함수

우리는 앞서 print, len 등의 함수를 이미 사용해 봤다. 함수는 아래 그림과 같이 어떤 입력값을 받으면 어떤 기능을 수행한 후 결괏값을 돌려주는 것을 의미한다.

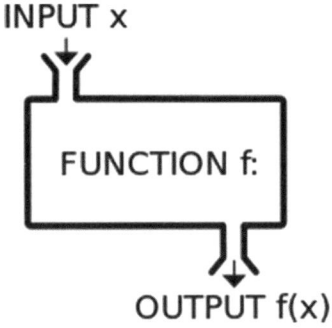

그림 95 함수의 개념

print("hello")라는 코드에서 "hello"라는 문자열을 print라는 함수의 입력으로 넘겨주면 "hello"라는 문자열이 화면에 출력되는데, 이러한 동작이 바로 함수의 기능이다. 함수를 사용하는 이유는 프로그램 내에서 반복적으로 사용되는 코드에 대해 "이름표" 같은 것을 붙여 준 후 그 기능이 또 필요할 때 쉽게 사용하도록 하려는 것이다.

파이썬에서 함수를 만들 때는 def 키워드를 사용해서 만든다. 함수를 만드는 기본 구조는 아래와 같다.

예시 코드 69 함수의 기본 구조

```
def 함수명(입력값):
    수행할 코드
    ...
    return 반환 값
```

간단한 함수를 한번 만들어 보자. 두 값을 입력받으면 두 값을 더한 값을 출력하는 add() 함수를 만들어 보자.

예시 코드 70 2개의 값을 더해 주는 함수 만들기

```
def add(num1, num2):
    return num1 + num2
a = add(3, 4)
print(a)
```

[실행 결과]

7

add 함수는 num1, num2라는 2개의 값을 받는다. 그리고 2개의 값을 받으면 그 둘을 더한 값을 반환한다. add 함수를 만들고 만든 add 함수에 숫자 3과 4를 넣으면, 3은 num1에 들어가고, 4는 num2에 들어간다. 3과 4가 더해져서 7이라는 숫자가 반환된다. 반환된 7은 변수 a에 들어간다. 하지만 함수를 만들 때, 꼭 입력값이 있어야 하는 것은 아니다. 입력값이 없는 함수를 만들 수도 있다.

입력값이 없는 함수

예시 코드 71 입력값이 없는 함수 만들기

```
def say():
    return "Hi~!"
a = say()
print(a)
```

[실행 결과]

```
Hi~!
```

입력값이 없는 것처럼 반환 값이 없는 함수도 만들 수 있다. 앞서 만든 add() 함수를 반환 값이 없고, 화면에 더한 값만 출력해 주는 함수로 만들어 보자.

반환 값이 없는 함수

예시 코드 72 반환 값이 없는 함수 만들기

```python
def add(num1, num2):
    print(num1 + num2)


a = add(3, 7)
print(a)
```

[실행 결과]

```
10
None
```

반환 값이 없는 함수를 사용할 때 주의할 점이 있다. 위 코드를 보면 반환 값이 없는 함수에 3, 7 입력값을 넣어서 실행하고 실행한 결과를 변수 a에 넣는다. 하지만 출력해 보면 숫자 10이 변수 a에 들어 있는 것이 아니라 None이 변수 a에 들어 있는 것을 볼 수 있다.

여기서 None이란 아무것도 없는 것을 의미한다(화면에 출력된 10은 add() 함수 안에 있는 print() 함수 때문에 그렇다). 즉, 반환 값이 없는 함수는 어떤 변수에 할당하더라도 반환 값 자체가 없어 None 값을 줄 수밖에 없다.

함수에는 중요한 성질이 있는데, 함수 안에서 사용되는 변수는 함수 안에서만 영향을 미친다는 것이다. 아래 코드를 한번 보자.

전역 변수와 지역 변수

예시 코드 73 전역 변수와 지역 변수

```
def test():
    a = 5

a = 0
test()
print(a)
```

[실행 결과]

```
0
```

위의 코드를 한번 살펴보자. test() 함수는 변수 a에 5를 넣는 함수이다. test() 함수를 정의하고 나서, 변수 a에 0을 넣고, test() 함수를 실행했으니, 변수 a에는 5가 들어가야 한다. 하지만 변수 a 안에는 5가 들어 있는 것이 아니라, 0이 들어 있는 것을 확인할 수 있다. 그 이유는 함수 안에서 사용되는 변수는 함수 안에서만 영향을 끼치기 때문이다.

사실 우리 눈에는 밖에 있는 변수 a와 함수 안에 있는 변수 a가 같은 변수라고 생각할 수 있지만 컴퓨터 눈에는 밖에 있는 변수 a와 함수 안에 있는 변수 a를 따로 취급한다. 따라서 함수 안에 있는 변수는 함수 안에서만 영향을 미친다고 해서 "지역 변수"라고 부르며, 밖에 있는 변수는 전역에 영향을 미친다고 해서 "전역 변수"라고 부른다. 즉 2개의 변수 a는 서로 다른 변수라고 이해하도록 한다.

그렇다면 서로 같은 변수 a 취급을 받게 하려면 어떻게 해야 할까? global 키워드를 통해 함수에 사용되는 변수가 전역 변수라는 것을 명시하자.

예시 코드 74 global 키워드를 활용해서 지역 변수 전역 변수로 변환하기

```
def test():
    global a
    a = 5

a = 0
test()
print(a)
```

[실행 결과]

5

global 키워드 옆에 변수를 적어 주면 적은 그 변수는 함수 안에서만 사용되는 지역 변수가 아니라 전역 변수이므로 밖에 있는 변수와 같은 취급을 해 달라는 의미이다.

함수의 입력값에는 기본값을 할당할 수도 있다.

기본값 할당하기

예시 코드 75 함수에 기본값 할당하기

```
def intro(name, age, sex=5):
    print("나의 이름은 {}이며, 나이는 {}살입니다.".format(name, age))
    if sex == 5:
        print("저는 남자입니다.")
    else:
        print("저는 여자입니다.")

intro("홍길동", 30)
intro("아이유", 20, 3)
```

[실행 결과]

```
나의 이름은 홍길동이며, 나이는 30살입니다.
저는 남자입니다.
나의 이름은 아이유이며, 나이는 20살입니다.
저는 여자입니다.
```

생성한 intro() 함수 안에는 name, age, sex 이렇게 3개의 입력값이 들어가야 한다. 그런데 입력값 sex 옆에는 숫자 5가 할당되어 있다. 이 의미는 intro() 함수를 호출할 때, 입력값 sex를 입력해 주지 않으면 컴퓨터가 자동으로 입력값 sex에 숫자 5를 할당하겠다는 의미이다. 따라서 intro() 함수를 호출할 때, 입력값 sex를 입력해 주지 않았다고 해서 에러가 발생하지는 않는다.

클래스

사실 클래스를 몰라도 어떤 프로그램을 개발하는 데 문제가 생기지 않는다. 따라서 우리가 클래스를 만들고 사용할 필요는 없어 잘 몰라도 괜찮다. 하지만 파이썬에서 다루는 모든 자료형(문자열, 리스트, 딕셔너리 등)은 클래스 형태로 구성된다. 우리가 나중에 다룰 모듈들도 대부분 클래스로 구현될 가능성이 높다.

따라서 클래스를 어느 정도 이해해야만 우리가 뒤에서 다룰 다양한 모듈이 작동하는 원리를 조금 이해할 수 있어 클래스의 핵심 내용에 대해서 간략히 파악만 해 보자.

만약 슈퍼 마리오 게임을 만든다고 생각해 보자. 슈퍼 마리오 게임을 생각해 보니 이동하며 위치를 변경하는 캐릭터인 마리오의 위치를 저장할 필요가 있다. 그리고 방향키를 눌렀을 때 이동하는 기능이 필요하다. 이를 코드로 구현해 보면 아래와 같다.

예시 코드 76 슈퍼 마리오 움직임 구현하기

```
def forward(pos):
    return pos + 20

position = 0

pos = forward(position)
print(pos)
```

[실행 결과]

20

위 코드를 해석해 보면, position 변수에 슈퍼 마리오의 위치를 저장하고, forward() 함수를 만들어서 슈퍼 마리오의 위치를 입력받은 후, 슈퍼 마리오의 위치를 20만큼 이동한 위치를 반환하여, pos 변수에 할당한다. 그리고 화면에 pos를 출력한다.

이번에는 아직 배우지 않았지만 클래스를 이용해서 위와 같은 코드를 구현해 보자. 클래스 문법은 아직 배우지 않아 문법보다는 프로그램의 흐름에 집중해 보자.

예시 코드 77 클래스로 슈퍼 마리오 움직임 구현하기

```
class SuperMario:

    def __init__(self):
        self.position = 0

    def forward(self):
        self.position = self.position + 20

mario = SuperMario()
mario.forward()
print(mario.position)
```

[실행 결과]

20

위 두 예시의 슈퍼 마리오 코드의 기능은 동일하다. 아무래도 객체 지향 프로그래밍 방식의 코드가 낯설어 어렵게 느껴질 수는 있다. 하지만 다음 3줄의 코드만 본다면 첫 번째 기존 방식보다 더 읽기 좋다는 것을 느낄 수 있다.

1. mario = SuperMario()
2. mario.forward()
3. print(mario.position)

위 3줄의 코드를 해석해 보자.

1. mario 변수에 SuperMario 클래스가 할당되면 모든 self라는 곳에 mario라는 이름이 들어가며, mario 변수는 SuperMario에 있는 모든 함수를 쓸 권한을 가지며, 클래스가 할당될 때, 자동으로 __init__() 함수가 한 번 실행된다.
2. mario 변수는 SuperMario() 함수를 자유롭게 쓸 권한이 있으므로 클래스 내의 forward() 함수를 자유롭게 쓰고, 사용하면, mario.position에 20이 더해진다.
3. 그 결괏값을 출력해 보면, mario.postion에 들어 있는 20이 출력된다.
4. 2개의 슈퍼마리오가 있는 경우 클래스를 사용하지 않고 함수를 사용하면 여러 개의 변수를 할당해야 하기 때문에 코드가 훨씬 더 복잡해질 수 있다.

예시 코드 78 2개의 슈퍼 마리오 움직임 다루기

```
def forward(pos):
    return pos + 20

position1 = 0
position2 = 0

pos1 = forward(position1)
pos2 = forward(position2)
```

이번에는 클래스를 통해서 2개의 슈퍼 마리오를 구현해 보자. 클래스를 이용하면 슈퍼 마리오 2명이 필요할 때 단순히 슈퍼 마리오 객체를 2번 생성한다. 객체가 생성되었다면 해당 객체를 통해 앞으로 이동하는 함수인 forward 함수를 호출할 수 있다.

예시 코드 79 클래스로 2개의 슈퍼 마리오 객체 다루기

```
class SuperMario:

    def __init__(self):
        self.position = 0

    def forward(self):
        self.position = self.position + 20
```

```
mario1 = SuperMario()
mario2 = SuperMario()

mario1.forward()

print(mario1.position)
print(mario2.position)
```

[실행 결과]

```
20
0
```

앞서 문자열, 리스트, 딕셔너리 모두 클래스로 구현된다고 설명했다. 위의 코드를 통해 클래스 개념을 이해해 보면, 만약 num = [1, 3, 5, 4, 2]처럼 5개의 숫자가 들어 있는 리스트를 num 변수에 할당하면, num 변수는 리스트 클래스에서 제공하는 모든 함수를 쓸 권한을 받은 것이다. 따라서 num 변수는 리스트 클래스 안에 있는 append, sort 함수 등 다양한 함수를 쓸 수 있다.

따라서 클래스는 쉽게 설명하면 어떤 객체를 만드는 도구이며, 함수와 변수들을 모아 놓은 주머니 같은 것이라고 볼 수 있다. 이번에는 클래스 상속에 대해서 알아보자. Parent 클래스를 하나 정의해 보자. Parent 클래스에는 노래하는 기능이 있는 sing() 함수가 있다.

예시 코드 80 Parent 클래스 만들기

```
class Parent:
    def sing(self):
        print("sing a song~!")
```

클래스를 정의했다면 클래스에서 객체를 만들 수 있을 것이다. Parent 클래스를 통해 객체를 하나 만들어 보자. 클래스에서 객체를 생성하려면 클래스 이름을 적고 ()를 적는다.

예시 코드 81 Parent 클래스로 객체 만들기

```
father = Parent()
father.sing()
```

[실행 결과]

```
sing a song~!
```

상속

여기까지가 우리가 배운 내용이다. 이번에는 Parent 클래스를 상속받는 Child 클래스를 만들어 보자. 클래스를 정의할 때 다른 클래스에서 상속받으려면 ()를 적고 상속받으려는 클래스 이름을 적는다. Child 클래스는 Parent 클래스에서 상속받았지만 정작 자기 자신은 아무런 기능이 없다.

예시 코드 82 Parent 클래스를 상속받은 Child 클래스 만들기

```
class Parent:
    def sing(self):
        print("sing a song~!")


class Child(Parent):
    pass
```

Child 클래스를 정의했으니 Child 클래스에서 객체를 만들어 보자. 그리고 점을 찍고 sing() 함수를 실행해 보자. 상속받지 않았다면 Child 클래스 안에는 아무것도 없어 sing() 함수를 실행하면 Child 클래스 안에는 sing() 함수가 없어 에러가 날 것이다.

예시 코드 83 Child 클래스로 객체를 만들고 sing() 함수 실행하기

```
boy = Child()
boy.sing()
```

[실행 결과]

```
sing a song~!
```

하지만 "sing a song~!"이 출력되는 것을 볼 수 있다. 에러가 나지 않고, sing() 함수가 잘 출력되는 이유는 Child 클래스가 Parent 클래스를 상속받았기 때문이다. 따라서 Parent 클래스 안에는 sing() 함수가 있어 Child로 만들어진 객체는 sing() 함수를 사용할 수 있다.

클래스를 깊게 이해하려면 책 한 권이 필요할 정도로 배워야 할 내용이 많다. 우리가 앞으로 다룰 내용을 진행할 때 이 정도의 클래스 개념만 알아도 무방하므로 클래스는 이 정도로만 진행하겠다.

모듈

모듈이란 파이썬 파일을 의미한다. 예를 들어 stock.py라는 파일에 주식과 관련된 함수들이 구현되어 있다면 이를 stock 모듈이라고 부른다. 파이썬은 다른 프로그래밍 언어보다 다양한 모듈이 존재한다. 따라서 프로그램을 구현할 때 이러한 모듈을 잘 활용하는 것이 좋다.

모듈은 이미 누군가가 어떤 기능을 구현해 둔 코드이므로 모듈만 잘 사용해도 쉽게 프로그램을 개발할 수 있다(구글에 아주 친절한 실력자들이 굉장한 모듈들을 무료로 공유하여 검색만 잘하면 힘들이지 않고 멋진 프로그램을 개발할 수 있다).

파이썬에서 기본적으로 제공하는 모듈들도 있고, 따로 파이썬에 설치해야만 사용할 수 있는 모듈들도 있다. 파이썬에서 모듈을 가져오는 방법은 4가지 방식이 주로 사용된다.

1. import 모듈 이름
2. import 모듈 이름 as 새 이름
3. from 모듈 이름 import 함수
4. from 모듈 이름 import *

만약 우리가 달력을 개발하는 상황이라고 가정해 보자. 달력은 생각보다 매우 많은 수학적 내용이 들어가서 개발하는 데 정말 많은 어려움을 겪을 것이다. 그런데 누군가가 완벽한 달력 모듈을 무료로 공유한다면 달력을 개발하는 데 필요한 엄청난 시간을 절약할 것이다. 실제로 파이썬에서는 달력에 대한 모듈을 공유한다. 달력 모듈을 가져와서 2025년 달력을 화면에 출력해 보자.

예시 코드 84 calendar 모듈 사용하기

```
import calendar
print(calendar.calendar(2025))
```

[실행 결과]

```
2025

      January                   February                    March
Mo Tu We Th Fr Sa Su      Mo Tu We Th Fr Sa Su      Mo Tu We Th Fr Sa Su
       1  2  3  4  5                      1  2                      1  2
 6  7  8  9 10 11 12       3  4  5  6  7  8  9       3  4  5  6  7  8  9
13 14 15 16 17 18 19      10 11 12 13 14 15 16      10 11 12 13 14 15 16
20 21 22 23 24 25 26      17 18 19 20 21 22 23      17 18 19 20 21 22 23
27 28 29 30 31            24 25 26 27 28            24 25 26 27 28 29 30
                                                    31

       April                      May                        June
Mo Tu We Th Fr Sa Su      Mo Tu We Th Fr Sa Su      Mo Tu We Th Fr Sa Su
    1  2  3  4  5  6                1  2  3  4                          1
 7  8  9 10 11 12 13       5  6  7  8  9 10 11       2  3  4  5  6  7  8
14 15 16 17 18 19 20      12 13 14 15 16 17 18       9 10 11 12 13 14 15
21 22 23 24 25 26 27      19 20 21 22 23 24 25      16 17 18 19 20 21 22
28 29 30                  26 27 28 29 30 31         23 24 25 26 27 28 29
                                                    30
```

…[생략]

이렇게 누군가가 만든 모듈을 사용한다면 달력을 만들거나 인공지능을 만드는 프로그램을 단 몇 줄로 구현할 수 있다.

기본 모듈 알아보기

파이썬에서 Pandas, Numpy, Tensorflow 등 인기 많은 모듈이 아주 많지만, 꼭 알아야 하는 기본 모듈들도 존재한다. 다양한 곳에 활용할 만한 유용한 모듈을 몇 개 소개해보겠다. 다만, 파이썬에서 제공하는 모듈은 셀 수도 없이 많다. 따라서 앞으로 다룰 기본 모듈 위주로 몇 개만 소개하고, 나머지는 앞으로 진행하면서 차차 소개하겠다.

time 모듈은 시간에 관한 기능이 담긴 모듈이다. 현재 시간이 몇 시, 몇 분, 몇 초인지 자세하게 표현할 수 있으며, 코드 수행 중 강제로 멈춰서 코드 수행 시간을 조정하는 기능이 많이 사용된다.

예시 코드 85 현재 시각 출력하기

```
import time
print(time.ctime())
```

[실행 결과]

```
Thu Nov 17 02:03:56 2022
```

프로그램 수행 도중 강제로 원하는 시간만큼 프로그램을 멈추는 sleep() 함수도 있다. sleep() 함수는 주로 데이터를 크롤링할 때 사용하는데, 너무 빠르게 정보를 수집하면 IP 차단을 당할 수도 있고, 페이지 정보가 다 뜨지도 않았는데, 정보를 수집하려고 하면 정보를 못 가져오거나 에러를 발생시킨다. 따라서 데이터를 크롤링할 때는 천천히 정보를 수집하는 것이 좋다.

예시 코드 86 1초씩 쉬면서 1부터 10까지 출력하기

```
import time

for i in range(1, 11):
    print(i)
    time.sleep(1)
```

[실행 결과]

```
1
2
3
4
```

```
5
6
7
8
9
10
```

random 모듈은 이름 그대로 random한 값을 사용해야 할 때 사용하는 모듈이다. 모집단 데이터에서 데이터를 섞어서 표본 집단을 추출해야 하거나, 게임에서 랜덤 확률이 들어가는 기능을 만들 때 주로 사용되는 모듈이다.

예시 코드 87 리스트 값 랜덤으로 섞기

```
import random

box = [1, 2, 3, 4, 5, 6, 7, 8, 9, 10]
random.shuffle(box)
print(box)
```

[실행 결과]

```
[3, 1, 2, 8, 7, 6, 9, 4, 10, 5]
```

리스트, 튜플 등 값이 여러 개 들어 있는 데이터에서 무작위로 샘플을 추출하려면 sample() 함수를 사용한다.

예시 코드 88 무작위로 3개 샘플 추출하기

```
import random

box = [1,2,3,4,5,6,7,8,9,10]
print(random.sample(box, 3))
```

[실행 결과]

```
[9, 2, 7]
```

무작위로 어떤 정수를 추출하려면 randint 함수를 사용한다. randint 함수에는 시작 숫자와 끝 숫자를 입력하면 시작 숫자, 끝 숫자 사이에 있는 무작위의 정수를 추출할 수 있다.

예시 코드 89 1에서 10 사이의 무작위 정수 추출하기

```
import random
print(random.randint(1, 10))
```

[실행 결과]

2

pickle 모듈은 파이썬에서 저장했던 문자열, 리스트, 딕셔너리, 클래스 등 객체 자체를 파일로 저장하고, 불러오게 해 주는 모듈이다. pickle 모듈 안에 있는 dump 함수를 사용하면 객체를 저장할 수 있으며, load 함수를 사용하면 저장했던 객체를 불러와서 파이썬에서 사용할 수 있다. 숫자 5개가 포함된 리스트를 pickle 모듈로 저장해 보자.

예시 코드 90 pickle 모듈로 파일 저장하기

```
import pickle

box = [1, 3, 5, 4, 2]

f = open("my_data.dat", 'wb')
pickle.dump(box, f)
f.close()
```

pickle 모듈을 통해서 객체를 파일로 저장하고, 불러올 수 있다. 파이썬에서 제공하는 open() 함수를 통해 파일을 먼저 생성하고, 생성한 파일 안에 리스트 객체 그 자체를 저장할 수 있다.

open 함수 안에 파일의 이름과 타입을 할당해야 하는데, 여기서 "wb"란 write binary 의 의미로 이진법으로 쓴다. 즉, "컴퓨터가 이해하는 언어로 저장한다."고 이해하도록 한다.

객체를 저장할 때는 pickle 모듈의 dump 함수를 사용해서 매개 변수에 객체와 파일을 할당한다. 위 코드를 실행하면, 같은 폴더 내에 my_data.dat 파일이 생성된 것을 확인할 수 있다. 이 파일 안에 우리가 만든 숫자 5개가 들어 있는 리스트가 저장되어 있다.

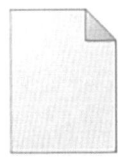

그림 96 pickle 모듈로 생성한 .dat 파일

저장된 파일을 불러와서 객체로 가져올 때도 pickle 모듈 안에 load 함수를 사용해서 불러올 수 있다.

예시 코드 91 pickle 모듈로 파일 불러오기

```
import pickle

f = open("my_data.dat", 'rb')
data = pickle.load(f)
f.close()

print(data)
```

[실행 결과]

[1, 3, 5, 4, 2]

time, random, pickle 모듈 말고도 꼭 알아야 하는 필수 모듈들이 몇 개 더 있지만, 그러한 모듈들은 점차 진행하면서 함께 같이 알아보겠다.

CHAPTER 04

데이터 분석과 가공

데이터 분석과 가공
데이터 프레임
누락 값 처리하기
데이터 시각화하는 방법

데이터 분석과 가공

시리즈

지금까지 파이썬 자료 구조에는 리스트, 튜플, 딕셔너리가 있었다. 파이썬은 자료 구조를 기본적으로 제공하므로 다른 프로그래밍 언어보다 더욱 쉽게 프로그램을 작성할 수 있다. 하지만 지금까지 배운 리스트, 튜플, 딕셔너리만 사용해서는 2차원 형태의 데이터를 다루는 데 불편한 점이 있다.

날짜	종가	전일비	시가	고가	저가	거래량
2022.11.11	62,900	▲ 2,500	63,100	63,200	62,300	19,811,559
2022.11.10	60,400	▼ 1,600	61,400	61,500	60,400	21,087,633
2022.11.09	62,000	▲ 200	62,000	62,200	61,300	14,045,592
2022.11.08	61,800	▲ 1,600	60,500	61,900	60,500	18,273,898
2022.11.07	60,200	▲ 800	59,700	60,300	59,400	12,437,246
2022.11.04	59,400	▲ 200	59,100	59,500	58,400	12,445,841
2022.11.03	59,200	▼ 400	58,600	59,800	58,100	17,492,162
2022.11.02	59,600	▼ 400	59,700	60,000	59,300	13,202,919
2022.11.01	60,000	▲ 600	59,900	60,300	59,500	17,201,647
2022.10.31	59,400	▲ 2,100	58,100	59,900	58,000	18,999,514

그림 97 2차원 데이터의 예

판다스(Pandas)라는 모듈은 1차원 데이터를 다루는 Series 타입과 2차원 데이터를 다루는 DataFrame 타입을 제공한다. Series와 DataFrame을 사용하면 데이터를 엑셀에 저장하거나 그래프로 시각화하는 일을 쉽게 처리할 수 있다. 또한 판다스는 데이터 분석, 데이터를 가공하는 다양한 함수를 제공한다.

판다스 모듈 불러오기

판다스의 시리즈를 다루려면 가장 먼저 판다스 모듈을 불러와야 한다. 우리가 만든 가상 환경 안에는 아직 판다스가 설치되어 있지 않다. 시작 메뉴에서 Anaconda Prompt를 실행시키고 검은 창에 `activate stock`을 입력해서 우리가 만든 stock 가상 환경을 실행시키고, `pip install pandas`를 입력해서 가상 환경에 판다스를 설치해 주자.

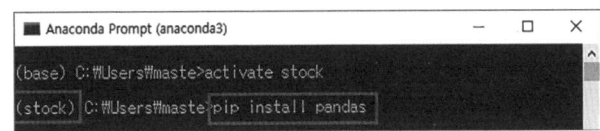

그림 98 stock 가상 환경에 판다스 설치하기

그리고 파이참에서 아래 코드를 적고 실행시켜 보자. 판다스가 설치되어 있지 않다는 에러가 나지 않는다면 stock 가상 환경에 판다스를 잘 설치한 것이다!

예시 코드 92 판다스 모듈 불러오기

```
import pandas as pd
```

판다스 시리즈는 1차원 데이터를 저장하기에 효과적인 자료 구조다. 여기서 1차원 데이터라는 것은 엑셀 시트에 있는 한 행 또는 한 열에 있는 데이터를 가리킨다.

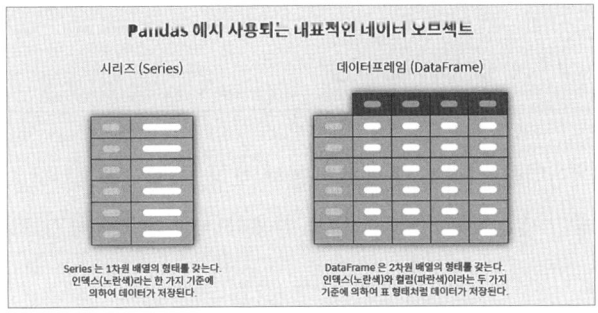

그림 99 시리즈와 데이터 프레임

시리즈 만들기

판다스 모듈의 Series() 함수를 활용하면 쉽게 시리즈를 만들 수 있다.

예시 코드 93 시리즈 만들기

```
s = pd.Series([100, 200, 300])
print(s)
```

[실행 결과]

```
0    100
1    200
2    300
dtype: int64
```

위 코드를 실행하면 0에서 시작하는 정수 인덱스와 함께 리스트의 데이터가 출력된다. 0에서 시작하는 정수 인덱스에 값이 매칭되는 것을 보면 파이썬의 리스트와 비슷해 보인다.

시리즈를 생성할 때, index 매개 변수를 통해 행 이름도 다른 값으로 수정할 수 있다.

예시 코드 94 시리즈에 행 이름 설정하기

```
s = pd.Series([100, 200, 300], index = ['가', '나', '다'])
print(s)
```

[실행 결과]

```
가    100
나    200
다    300
dtype: int64
```

삼성전자 종가 데이터를 시리즈 객체로 표현해 보자. 저장해야 할 정보는 날짜와 해당 일의 삼성전자 종가이다. 파이썬 리스트를 활용하면 삼성전자 종가 또는 날짜만 저장할 수 있다.

앞에서 사용한 것과 같이 시리즈 객체를 생성하면 날짜를 표현할 수 없다. 날짜별로 삼성전자의 종가를 저장하려면 Series 객체를 생성할 때 Index 파라미터로 날짜를 넘겨 준다.

예시 코드 95 삼성전자 종가 시리즈로 만들기

```
date = ['2022/11/07', '2022/11/08', '2022/11/09', '2022/11/10', '2022/11/11']
date = pd.to_datetime(date, format = '%Y/%m/%d')

price = [60300, 61900, 62200, 61500, 63200]

samsung = pd.Series(price, index=date)
print(samsung)
```

[실행 결과]

```
2022-11-07    60300
2022-11-08    61900
2022-11-09    62200
2022-11-10    61500
2022-11-11    63200
dtype: int64
```

현재 가져온 삼성전자 주가 데이터는 실제 데이터를 참고해서 가져온 것이다. 리스트 변수 date를 만들고 안에 문자열로 날짜 데이터를 넣는다. 하지만 날짜처럼 생겼지만 날짜가 아닌 문자열 데이터이다.

판다스에 이 데이터가 날짜 데이터라는 것을 알려 주려면 판다스의 to_datetime() 함수를 사용하면 날짜처럼 생긴 문자열 데이터를 진짜 날짜로 인식하게 할 수 있다.

다만 날짜로 변환할 때, 날짜 데이터가 어떻게 생겼는지 format 옵션 값을 통해서 날짜 데이터가 어떤 형태로 되어 있는지 적어 주어야 한다. 날짜 데이터가 "연도/월/일" 형태로 되어 있어 format 옵션 값에 "%Y/%m/%d"로 설정해 주어야 한다.

Y가 대문자인 이유는 연도가 4자리 숫자라서 그렇다. 만약 연도가 2자리로 표현되어 있다면 소문자로 표현해 준다. 그리고 종가 데이터를 리스트 price 변수에 할당한 후, 판다스의 Series() 함수를 사용해서 종가 데이터를 넣어 주고, index 옵션 값에 앞서 만든 date 변수를 할당하면 인덱스가 날짜로 변환되어 시리즈가 생성된다.

이렇게 index 옵션 값을 지정하면, 딕셔너리의 key-value의 관계처럼 index-value 관계를 갖고 저장된다.

시리즈 index, value 값 가져오기

시리즈 객체에 저장된 값은 인덱스를 사용해서 얻어 올 수 있다. 시리즈 객체의 인덱스 값과 인덱스에 해당하는 값을 얻어 오려면 시리즈 객체의 index, values를 입력해 준다.

```
print(samsung.index)
print(samsung.values)
```

[실행 결과]

```
DatetimeIndex(['2022-11-07', '2022-11-08', '2022-11-09', '2022-11-10',
'2022-11-11'],
dtype='datetime64[ns]', freq=None)
[60300 61900 62200 61500 63200]
```

판다스로 파일 불러오기

데이터 분석을 할 때, 대부분 데이터를 만드는 것이 아니라 어디선가 데이터를 다운로드받거나 크롤링한 데이터를 파이썬으로 가져와서 대부분 분석할 것이다(크롤링이란 인터넷에서 데이터를 수집하는 기술을 말한다). 판다스 모듈을 사용하면, csv 파일이나, 엑셀 파일을 쉽게 불러와서 데이터 분석을 할 수 있다.

이 책과 함께 제공된 실습 파일 samsung.xlsx 파일을 불러와 보자. samsung.xlsx 파일을 불러오려면 해당 파일이 지금 우리가 실행시키는 파이참에서 실행하는 test.py와 같은 폴더에 위치해야 한다(사실 다른 곳에 위치해도 가져올 방법이 있지만, 입문자가 활용하기에는 번거로울 수 있다. 같은 폴더에 파일이 있으면 따로 작업할 것이 없어 편하다).

파이참 프로젝트 폴더는 C 드라이브 → 사용자 → maste(사용자) 폴더 → Pycharm Projects 폴더 안에 stock 폴더가 있을 것이다. 그곳에 samsung.xlsx 파일을 옮겨 주자.

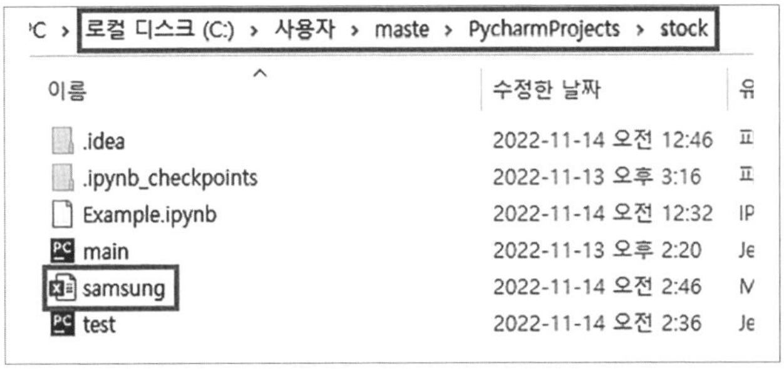

그림 100 같은 폴더에 파일이 있어야 불러올 수 있다

그리고 가상 환경에 엑셀 파일을 잘 불러오는 함수가 설치되지 않았을 것이다. stock 가상 환경에 `pip install openpyxl`을 입력해서 필요 모듈을 설치하자. 그리고 판다스의 read_excel() 함수를 사용하면 해당 엑셀 파일을 불러올 수 있다.

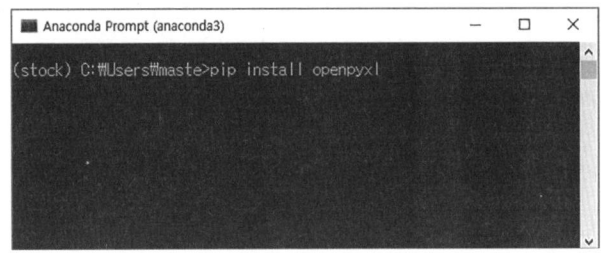

그림 101 가상 환경 stock에 openpyxl 모듈 설치하기

가상 환경 stock에 openpyxl 모듈을 설치했다면, samsung.xlsx 파일을 불러올 수 있다(하나의 모듈은 다른 모듈과 결합하여 있을 수 있다. 판다스 모듈을 설치해도, 다른 모듈이 설치되지 않으면 실행이 원활하지 않을 수 있다).

예시 코드 96 samsung.xlsx 파일 불러오기

```
import pandas as pd

df = pd.read_excel("samsung.xlsx")
print(df)
```

[실행 결과]

```
        날짜        종가    전일비     시가      고가      저가       거래량
1   2022.11.11   62900.0  2500.0  63100.0  63200.0  62300.0  19811559.0
2   2022.11.10   60400.0  1600.0  61400.0  61500.0  60400.0  21087633.0
3   2022.11.09   62000.0   200.0  62000.0  62200.0  61300.0  14045592.0
4   2022.11.08   61800.0  1600.0  60500.0  61900.0  60500.0  18273898.0
5   2022.11.07   60200.0   800.0  59700.0  60300.0  59400.0  12437246.0
9   2022.11.04   59400.0   200.0  59100.0  59500.0  58400.0  12445841.0
10  2022.11.03   59200.0   400.0  58600.0  59800.0  58100.0  17492162.0
11  2022.11.02   59600.0   400.0  59700.0  60000.0  59300.0  13202919.0
12  2022.11.01   60000.0   600.0  59900.0  60300.0  59500.0  17201647.0
13  2022.10.31   59400.0  2100.0  58100.0  59900.0  58000.0  18999514.0
```

csv 파일과 tsv 파일의 차이

csv 파일은 데이터를 콤마(,)로 구분 지어 표현한 데이터의 형태를 말한다. 그리고 tsv 파일은 데이터를 탭(\t)으로 구분 지어 표현한 데이터의 형태이다.

판다스는 read_csv() 함수를 통해서 csv 파일을 불러올 수 있지만, tsv 파일은 불러올 수가 없다. 하지만 csv 파일과 tsv 파일의 차이는 콤마인지, 탭인지 구분하는 차이밖에 없어 read_csv() 함수를 조금만 조정하면 tsv 파일도 잘 불러올 수가 있다.

실습 파일 중 country_timeseries.csv 파일과 gapminder.tsv 파일을 한번 불러와 보자(실습 파일은 앞서 우리가 samsung.xlsx 파일을 파이참 프로젝트 폴더 안에 넣어 준 것처럼 실행 중인 파일과 같은 폴더 안에 넣어 주어야 한다).

예시 코드 97 csv 파일, tsv 파일 불러오기

```
import pandas as pd

df = pd.read_csv("country_timeseries.csv")
df = pd.read_csv("gapminder.tsv", sep = '\t')
```

read_csv() 함수 안에는 기본값으로 sep = ','가 입력되어 있다. 따라서 우리가 따로 무언가를 지정하지 않아도 기본적으로 콤마(,)를 기준으로 데이터를 분할해서 불러온다.

하지만 tsv 파일은 콤마(,)로 데이터가 구분되어 표시된 데이터가 아니므로 따로 무언가를 지정해 주어야 한다. read_csv() 함수 안에 매개 변수 sep에 "\t"를 넣어 주면, "\t"를 기준으로 데이터를 구분 지어서 표시해 달라는 뜻인데, "\t"의 의미는 탭 키를 의미한다.

앞서 가져온 gapminder.tsv 파일 데이터가 들어 있는 변수 df를 활용해서 다양한 판다스 기능을 알아보자. 먼저 변수 df에서 "lifeExp" 열을 가져와서 시리즈로 만들어 보자.

예시 코드 98 데이터 프레임으로 하나의 열 가져오기

```
df = pd.read_csv("gapminder.tsv", sep = '\t')

lifeExp = df['lifeExp']
print(lifeExp)
```

[실행 결과]
```
0       28.801
1       30.332
2       31.997
3       34.020
4       36.088
         ...
1699    62.351
1700    60.377
1701    46.809
1702    39.989
1703    43.487
Name: lifeExp, Length: 1704, dtype: float64
```

시리즈 통계 함수 알아보기

시리즈 안에 있는 값이 정수 형태 또는 실수 형태의 데이터라면, 시리즈에 다양한 통계 함수를 적용할 수 있다.

시리즈의 평균, 중앙값, 최솟값, 최댓값, 표준 편차는 각각 mean, median, min, max, std 함수를 통해 표현할 수 있다. 앞에서 가져온 시리즈 lifeExp를 활용해서 값에 대한 기초 통계치를 구해 보자.

예시 코드 99 시리즈 기초 통계 함수

```
print(lifeExp.mean())     # 평균
print(lifeExp.median())   # 중앙값
print(lifeExp.min())      # 최솟값
print(lifeExp.max())      # 최댓값
print(lifeExp.std())      # 표준 편차
```

[실행 결과]

```
59.47443936619714
60.7125
23.599
82.603
12.917107415241187
```

요약 통계량을 한 번에 볼 수 있는 describe() 함수도 있다.

예시 코드 100 시리즈 요약 통계량 보기

```
print(lifeExp.describe())
```

[실행 결과]

```
count    1704.000000
mean       59.474439
std        12.917107
min        23.599000
25%        48.198000
50%        60.712500
75%        70.845500
max        82.603000
Name: lifeExp, dtype: float64
```

describe() 함수를 사용하면, 데이터의 개수, 평균, 표준 편차, 최솟값, 최댓값, 중앙값, 그 외 사분위수 등을 알 수 있다.

시리즈 안에 있는 값 중 중복된 값을 모두 없애고 고유한 값들만 확인하려고 할 때는 drop_duplicates() 함수를 사용한다.

예시 코드 101 시리즈 중복된 값 삭제하기

```
print(lifeExp.drop_duplicates())
```

[실행 결과]

```
0       28.801
1       30.332
2       31.997
3       34.020
4       36.088
         ...
1699    62.351
1700    60.377
1701    46.809
1702    39.989
1703    43.487
Name: lifeExp, Length: 1626, dtype: float64
```

실행 결과를 보니 데이터가 원래는 1,704개였지만, 중복된 값이 모두 삭제되어, 1,626개의 값만 남은 것을 확인할 수 있다.

시리즈에서 내가 원하는 값만 보려면 어떻게 해야 할까? 예를 들어 시리즈 lifeExp에서 lifeExp 값의 평균보다 더 큰 값들만 보고 싶다고 가정해 보자. 이럴 때는 시리즈에 접근하고 안에 원하는 조건을 적어 준다.

예시 코드 102 lifeExp 값 중 lifeExp 평균값보다 큰 값만 가져오기

```
print(lifeExp[lifeExp > lifeExp.mean()])
```

[실행 결과]

```
14      64.820
15      66.220
16      67.690
17      68.930
18      70.420
         ...
1678    60.308
1679    62.698
```

```
1698    60.363
1699    62.351
1700    60.377
Name: lifeExp, Length: 895, dtype: float64
```

시리즈 안에 있는 값들을 정렬해서 보려고 한다면, sort_values 함수를 사용한다. 기본적으로는 오름차순을 기준으로 정렬해서 보여 준다. 내림차순으로 보려고 한다면 sort_values 함수 안에 ascending=False를 입력해 준다.

예시 코드 103 시리즈 값 정렬하기

```
print(lifeExp.sort_values())
print(lifeExp.sort_values(ascending=False))
```

[실행 결과]

```
1292    23.599
0       28.801
552     30.000
36      30.015
1344    30.331
         ...
1487    81.701
695     81.757
802     82.000
671     82.208
803     82.603
Name: lifeExp, Length: 1704, dtype: float64
803     82.603
671     82.208
802     82.000
695     81.757
1487    81.701
         ...
1344    30.331
36      30.015
552     30.000
0       28.801
1292    23.599
Name: lifeExp, Length: 1704, dtype: float64
```

시리즈 내에 있는 값은 병렬 계산이 가능한 형태로 되어 있다. 예를 들어 숫자로 이루어진 시리즈에 숫자 100을 더해 준다면, 동시에 시리즈 안에 있는 모든 값에 100을 더할 수 있다.

예시 코드 104 시리즈에 100 더하기

```
print(lifeExp + 100)
```

[실행 결과]

```
0       128.801
1       130.332
2       131.997
3       134.020
4       136.088
         ...
1699    162.351
1700    160.377
1701    146.809
1702    139.989
1703    143.487
Name: lifeExp, Length: 1704, dtype: float64
```

데이터 프레임

이번에는 데이터 프레임을 다루는 다양한 방법에 대해서 알아보자. 앞서 가져온 gapminder.tsv 파일 데이터가 있는 변수 df를 사용하겠다.

데이터 프레임의 특정 열 추출하기

데이터 프레임에서 열을 추출해서 시리즈로 가져올 수가 있다. 데이터 프레임의 특정 열을 가져오려면 해당 데이터 프레임의 특정 열에 인덱싱한다.

예시 코드 105 하나의 열 추출하기

```
df = pd.read_csv("gapminder.tsv", sep = '\t')
print(df['country'])
```

[실행 결과]

```
0       Afghanistan
1       Afghanistan
2       Afghanistan
3       Afghanistan
4       Afghanistan
           ...
1699       Zimbabwe
1700       Zimbabwe
1701       Zimbabwe
1702       Zimbabwe
```

```
1703        Zimbabwe
Name: country, Length: 1704, dtype: object
```

특정 열을 가져오려면 위의 코드처럼 데이터 프레임의 특정 열에 인덱싱해 준다. 만약 여러 개의 열을 추출하려고 한다면, 리스트로 묶어서 여러 개의 열에 인덱싱해 준다.

예시 코드 106 여러 개의 열 추출하기

```
df = pd.read_csv("gapminder.tsv", sep = '\t')
print(df[['country', 'year']])
```

[실행 결과]

```
          country  year
0     Afghanistan  1952
1     Afghanistan  1957
2     Afghanistan  1962
3     Afghanistan  1967
4     Afghanistan  1972
...           ...   ...
1699     Zimbabwe  1987
1700     Zimbabwe  1992
1701     Zimbabwe  1997
1702     Zimbabwe  2002
1703     Zimbabwe  2007

[1704 rows x 2 columns]
```

데이터 프레임의 특정 행 추출하기

데이터 프레임의 행에 인덱싱할 때는 loc 또는 iloc 기능을 이용해야 한다. 각 기능은 아래와 같은 성격을 가진다.

1. loc : 이름으로 인덱싱
2. iloc : 순서로 인덱싱

예시 코드 107 loc, iloc 사용하기

```
print(df.loc[0])     # 0이라고 적힌 행 가져오기
print(df.iloc[0])    # 0번째 행 가져오기
```

[실행 결과]

```
country      Afghanistan
continent           Asia
year                1952
lifeExp           28.801
pop              8425333
gdpPercap     779.445314
Name: 0, dtype: object
country      Afghanistan
continent           Asia
year                1952
lifeExp           28.801
pop              8425333
gdpPercap     779.445314
Name: 0, dtype: object
```

위의 코드 결과를 보면 같은 결과를 가져왔지만, 의미는 다르다. df.loc[0]은 0이라고 적힌 행을 가져온 것이고, df.iloc[0]은 0번째 행을 가져왔다는 점에서 의미가 다르다.

여러 개의 행을 추출할 때는 여러 개의 열을 추출한 것처럼 가져오려고 하는 행들을 리스트로 묶어서 loc 또는 iloc에 입력해 준다.

예시 코드 108 여러 개의 행 추출하기

```
print(df.loc[[0, 10, 100, 1000]])
print(df.iloc[[0, 10, 100, 1000]])
```

[실행 결과]

```
          country continent  year  lifeExp       pop    gdpPercap
0     Afghanistan      Asia  1952   28.801   8425333   779.445314
10    Afghanistan      Asia  2002   42.129  25268405   726.734055
100    Bangladesh      Asia  1972   45.252  70759295   630.233627
1000     Mongolia      Asia  1972   53.754   1320500  1421.741975
```

```
     country continent  year  lifeExp       pop   gdpPercap
0    Afghanistan   Asia  1952   28.801   8425333   779.445314
10   Afghanistan   Asia  2002   42.129  25268405   726.734055
100   Bangladesh   Asia  1972   45.252  70759295   630.233627
1000     Mongolia   Asia  1972   53.754   1320500  1421.741975
```

loc과 iloc은 행에만 접근하는 것이 아니라 열에도 같이 접근할 수도 있다. loc 또는 iloc을 통해서 인덱싱할 때 콤마(,)를 사용해서 첫 번째에는 행 정보, 두 번째에는 열 정보를 적어 준다.

예시 코드 109 loc, iloc을 통해서 원하는 행, 열 추출하기

```
print(df.loc[[0, 10, 100, 1000], ['country', 'year']])
print(df.iloc[[0, 10, 100, 1000], [0, 2]])
```

[실행 결과]

```
         country  year
0    Afghanistan  1952
10   Afghanistan  2002
100   Bangladesh  1972
1000     Mongolia  1972
         country  year
0    Afghanistan  1952
10   Afghanistan  2002
100   Bangladesh  1972
1000     Mongolia  1972
```

이제 loc과 iloc의 차이점이 명확하게 이해될 것이다. loc은 열에 접근할 때도 열의 이름을 적어서 접근해야 한다. 하지만 iloc은 열에 접근할 때도 순서로 접근해야 하는 점에서 차이가 있다.

데이터 프레임에서 원하는 행만 추출하려면 앞서 시리즈에서 원하는 값에 접근한 것처럼 데이터 프레임에 접근해서 안에 원하는 조건을 적어 준다. 데이터 프레임 df에서 year 열의 값이 year 값의 평균보다 더 큰 행들만 추출해 보자.

예시 코드 110 데이터 프레임에서 원하는 행만 추출하기

```
print(df[df['year'] > df['year'].mean()])
```

[실행 결과]

```
       country continent  year  lifeExp       pop   gdpPercap
6   Afghanistan      Asia  1982   39.854  12881816  978.011439
7   Afghanistan      Asia  1987   40.822  13867957  852.395945
8   Afghanistan      Asia  1992   41.674  16317921  649.341395
9   Afghanistan      Asia  1997   41.763  22227415  635.341351
10  Afghanistan      Asia  2002   42.129  25268405  726.734055
...          ...       ...   ...      ...       ...         ...
1699   Zimbabwe    Africa  1987   62.351   9216418  706.157306
1700   Zimbabwe    Africa  1992   60.377  10704340  693.420786
1701   Zimbabwe    Africa  1997   46.809  11404948  792.449960
1702   Zimbabwe    Africa  2002   39.989  11926563  672.038623
1703   Zimbabwe    Africa  2007   43.487  12311143  469.709298

[852 rows x 6 columns]
```

만약 원하는 조건이 여러 개라면 () 안에 조건을 주고 사이에 특수 문자 "&" 또는 "|" 모양을 사용해서 데이터 프레임에 접근한다.

특수 문자 "&"는 and의 개념을 가져 조건을 모두 만족해야 참이며, 특수 문자 "|"는 or의 의미를 가져 조건 중 하나만 참이어도 참이다.

데이터 프레임 df에서 year 값이 year 값의 평균보다 크고, 국가는 Afghanistan인 행만 추출해 보자.

예시 코드 111 2개의 조건을 모두 만족하는 행 추출하기

```python
print(df[(df['year'] > df['year'].mean()) & (df['country'] == 'Afghanistan')])
```

[실행 결과]

```
       country continent  year  lifeExp       pop   gdpPercap
6   Afghanistan      Asia  1982   39.854  12881816  978.011439
7   Afghanistan      Asia  1987   40.822  13867957  852.395945
8   Afghanistan      Asia  1992   41.674  16317921  649.341395
9   Afghanistan      Asia  1997   41.763  22227415  635.341351
10  Afghanistan      Asia  2002   42.129  25268405  726.734055
11  Afghanistan      Asia  2007   43.828  31889923  974.580338
```

이번엔 특수 문자 "|"을 사용해서 두 개의 조건 중 하나라도 참인 행을 추출해 보자.

예시 코드 112 2개의 조건 중 하나라도 만족하는 행 추출하기

```
print(df[(df['year'] > df['year'].mean()) | (df['country'] == 'Afghanistan')])
```

[실행 결과]

```
         country continent  year  lifeExp       pop   gdpPercap
0    Afghanistan      Asia  1952   28.801   8425333  779.445314
1    Afghanistan      Asia  1957   30.332   9240934  820.853030
2    Afghanistan      Asia  1962   31.997  10267083  853.100710
3    Afghanistan      Asia  1967   34.020  11537966  836.197138
4    Afghanistan      Asia  1972   36.088  13079460  739.981106
...          ...       ...   ...      ...       ...         ...
1699    Zimbabwe    Africa  1987   62.351   9216418  706.157306
1700    Zimbabwe    Africa  1992   60.377  10704340  693.420786
1701    Zimbabwe    Africa  1997   46.809  11404948  792.449960
1702    Zimbabwe    Africa  2002   39.989  11926563  672.038623
1703    Zimbabwe    Africa  2007   43.487  12311143  469.709298

[858 rows x 6 columns]
```

여러 개의 데이터 프레임 합치는 방법

같은 열 데이터를 가졌지만, 데이터 프레임이 값만 다르고 여러 개라고 가정해 보자. 이럴 때는 따로따로 분석하기보다 같은 열을 가진 여러 개의 데이터 프레임을 하나의 데이터 프레임으로 합쳐서 분석한다면, 데이터를 훨씬 편하게 분석할 것이다.

여러 개의 데이터 프레임을 하나의 데이터 프레임으로 합치려면 판다스의 concat() 함수를 사용한다. 제공된 실습 데이터(concat_1.csv, concat_2.csv, concat_3.csv) 파일을 불러와 하나씩 출력해 보자.

예시 코드 113 concat 데이터 불러오기

```
import pandas as pd

df1 = pd.read_csv("concat_1.csv")
df2 = pd.read_csv("concat_2.csv")
```

```
df3 = pd.read_csv("concat_3.csv")

print(df1)
print(df2)
print(df3)
```

[실행 결과]

```
    A   B   C   D
0   1   2   3   4
1   5   6   7   8
2   9  10  11  12
3  13  14  15  16

    A   B   C   D
0  16  17  18  19
1  20  21  22  23
2  24  25  26  27
3  28  29  30  31

    A   B   C   D
0  32  33  34  35
1  36  37  38  39
2  40  41  42  43
3  44  45  46  47
```

결과를 확인해 보면 알겠지만, df1, df2, df3는 모두 열(A, B, C, D)이 같고, 모두 행(0, 1, 2, 3)의 이름이 같다.

판다스의 concat() 함수 안에 여러 개의 데이터 프레임을 리스트로 묶어서 전달하면, 기본적으로는 같은 열 이름을 기준으로 데이터 프레임을 합쳐 준다.

예시 코드 114 concat() 함수로 여러 개의 데이터 프레임 합치기

```
result = pd.concat([df1, df2, df3])
print(result)
```

[실행 결과]

```
    A   B   C   D
0   1   2   3   4
```

```
1    5   6   7   8
2    9  10  11  12
3   13  14  15  16
0   16  17  18  19
1   20  21  22  23
2   24  25  26  27
3   28  29  30  31
0   32  33  34  35
1   36  37  38  39
2   40  41  42  43
3   44  45  46  47
```

위의 결과를 확인해 보면, 같은 열 이름을 기준으로 데이터 프레임을 아래로 계속 합쳐 나가는 것을 볼 수 있다. 다만 왼쪽의 행 이름을 보면, 데이터 프레임을 단순히 아래에서 위로 합쳐 행 이름이 처음에 가진 행 이름 그대로 되어 있는 것을 알 수 있다.

행 이름도 초기화해서 순서대로 표시하고 싶다면, concat() 함수 안에 ignore_index=True를 입력해서 실행한다.

예시 코드 115 행 번호 순서대로 여러 데이터 프레임 합치기

```python
import pandas as pd

df1 = pd.read_csv("concat_1.csv")
df2 = pd.read_csv("concat_2.csv")
df3 = pd.read_csv("concat_3.csv")

result = pd.concat([df1, df2, df3], ignore_index=True)
print(result)
```

[실행 결과]

```
     A   B   C   D
0    1   2   3   4
1    5   6   7   8
2    9  10  11  12
3   13  14  15  16
4   16  17  18  19
5   20  21  22  23
6   24  25  26  27
7   28  29  30  31
```

```
8   32  33  34  35
9   36  37  38  39
10  40  41  42  43
11  44  45  46  47
```

데이터 프레임 df1, df2, df3는 열 이름만 같은 것이 아니라 행 이름도 같다. 만약 열 이름을 기준으로 데이터 프레임을 합치는 것이 아니라, 행 이름을 기준으로 여러 데이터 프레임을 합치려면 어떻게 해야 할까? concat() 함수 안에 axis=1을 입력해 준다.

여기서 axis는 행 방향으로 합칠지, 열 방향으로 합칠지 설정하는 옵션 값인데, axis 값이 1이면 열 방향을 뜻하고, 0이면 행 방향을 뜻한다.

기본값은 행 방향이므로 axis 값을 넣지 않아도 자동으로 axis를 0으로 설정한다. 하지만 이것을 강제로 1로 바꾸면 열 방향으로 합친다는 의미이므로 열 방향 즉, 행 번호를 기준으로 여러 데이터 프레임을 합칠 수 있다.

예시 코드 116 열 방향으로 여러 데이터 프레임 합치기

```
import pandas as pd

df1 = pd.read_csv("concat_1.csv")
df2 = pd.read_csv("concat_2.csv")
df3 = pd.read_csv("concat_3.csv")

result = pd.concat([df1, df2, df3], axis = 1)
print(result)
```

[실행 결과]

```
   A   B   C   D   A   B   C   D   A   B   C   D
0  1   2   3   4   16  17  18  19  32  33  34  35
1  5   6   7   8   20  21  22  23  36  37  38  39
2  9   10  11  12  24  25  26  27  40  41  42  43
3  13  14  15  16  28  29  30  31  44  45  46  47
```

열 방향으로 데이터 프레임을 합치면 위의 결과처럼 행 이름을 기준으로 여러 데이터 프레임을 합쳐 준다. 하지만 열의 이름을 보면, 단순히 데이터 프레임을 붙여 준 것으로

열 이름이 A, B, C, D, A, B, C, D 반복하는 것을 볼 수 있다. 이 문제를 해결하려면 역시 concat 함수 옵션 값 안에 ignore_index=True를 입력해서 실행한다.

예시 코드 117 ignore_index를 통한 인덱스 초기화

```
import pandas as pd

df1 = pd.read_csv("concat_1.csv")
df2 = pd.read_csv("concat_2.csv")
df3 = pd.read_csv("concat_3.csv")

result = pd.concat([df1, df2, df3], ignore_index = True, axis = 1)
print(result)
```

[실행 결과]

	0	1	2	3	4	5	6	7	8	9	10	11
0	1	2	3	4	16	17	18	19	32	33	34	35
1	5	6	7	8	20	21	22	23	36	37	38	39
2	9	10	11	12	24	25	26	27	40	41	42	43
3	13	14	15	16	28	29	30	31	44	45	46	47

스마트하게 데이터 프레임 합치기

concat 함수는 열 이름을 기준으로 또는 행 이름을 기준으로 단순히 데이터 프레임을 합쳐 주는 기능을 한다. 이번에는 좀 더 스마트하게 데이터 프레임을 합치는 방법을 알아보자. 실습하도록 2개의 데이터를 불러오자. site.csv 파일과, visited.csv 파일을 불러오겠다.

예시 코드 118 site.csv, visited.csv 파일 불러오기

```
import pandas as pd

site = pd.read_csv("site.csv")
visited = pd.read_csv("visited.csv")

print(site)
print(visited)
```

[실행 결과]

```
    name    lat    long
0   DR-1  -49.85 -128.57
1   DR-3  -47.15 -126.72
2  MSK-4  -48.87 -123.40

   ident   site       dated
0    619   DR-1  1927-02-08
1    622   DR-1  1927-02-10
2    734   DR-3  1939-01-07
3    735   DR-3  1930-01-12
4    751   DR-3  1930-02-26
5    752   DR-3         NaN
6    837  MSK-4  1932-01-14
7    844   DR-1  1932-03-22
```

위 2개의 데이터 프레임은 특정 위치의 날씨 정보에 필요한 데이터 집합이다. site는 날씨를 측정한 관측 위치이며, visited는 관측 날짜 데이터이다.

불러온 두 개의 데이터 프레임을 자세히 보면, 데이터 프레임 visited의 site 특성에 데이터 프레임 site에 있는 위치 값이 있고, 데이터 프레임 site에는 위치에 대한 자세한 위도, 경도 데이터가 표시되어 있다.

데이터 프레임 site의 name 열과 데이터 프레임 visited의 site 열을 기준으로 잡고 데이터 프레임을 합치려고 한다면 특정 열을 기준으로 데이터 프레임을 합칠 수 있는 merge() 함수를 사용한다.

예시 코드 119 merge 함수를 사용해서 데이터 프레임 합치기

```
import pandas as pd

site = pd.read_csv("site.csv")
visited = pd.read_csv("visited.csv")

result = visited.merge(site, left_on = "site", right_on = 'name')
print(result)
```

[실행 결과]

```
   ident  site       dated   name    lat    long
0    619  DR-1  1927-02-08   DR-1 -49.85 -128.57
1    622  DR-1  1927-02-10   DR-1 -49.85 -128.57
2    844  DR-1  1932-03-22   DR-1 -49.85 -128.57
3    734  DR-3  1939-01-07   DR-3 -47.15 -126.72
4    735  DR-3  1930-01-12   DR-3 -47.15 -126.72
5    751  DR-3  1930-02-26   DR-3 -47.15 -126.72
6    752  DR-3         NaN   DR-3 -47.15 -126.72
7    837  MSK-4 1932-01-14  MSK-4 -48.87 -123.40
```

누락 값 처리하기

누락 값이란 말 그대로 누락된 데이터를 말한다. 누락 값을 처리하는 일은 매우 중요하다. 만약 누락 값이 있다면 제대로 된 연산이 힘들 것이고, 뒤에서 다룰 머신러닝에서도 누락 값이 있으면 학습이 불가능하다. 누락 값은 NaN, nan, NAN과 같은 방법으로 표기한다. 이 책에서는 누락 값을 NaN이라고 표기하겠다.

먼저 누락 값을 만드는 방법도 있는데, 누락 값을 만들려면 numpy 모듈이 필요하다. stock 가상 환경에 numpy 모듈을 먼저 설치하자.

그림 102 stock 가상 환경에 numpy 모듈 설치하기

numpy 모듈을 잘 설치했다면, 먼저 누락 값을 사용하도록 numpy 모듈에서 누락 값을 불러오자.

예시 코드 120 누락 값 가져오기

```
from numpy import NaN, NAN, nan
```

학창 시절에 무한대에 대해서 배웠다면, 무한대끼리는 비교가 불가능하다는 것을 알 것이다. 같은 무한대지만 어느 무한대가 더 큰 무한대인지 확실하게 이야기할 수 없기 때문이다.

누락 값도 마찬가지다. 존재하지 않는 것이라 누락 값 역시 비교가 불가능하다. 하지만 많은 사람이 누락 값을 처리하려고 누락 값인지 IF문을 통해서 비교하는 실수를 저지른다.

누락 값은 0이나 ""와 같은 값과는 다른 개념이다. 누락 값은 말 그대로 데이터 자체가 없다는 의미이다. 그래서 "같다"는 개념도 없다. 아래 코드는 누락 값과 True, False, 0, ""를 비교한 결과이다.

예시 코드 121 누락 값 비교하기

```
print(nan == True)
print(nan == False)
print(nan == nan)
print(nan == 0)
print(nan == "")
```

[실행 결과]

```
False
False
False
False
False
```

누락 값 확인하기

값이 누락 값인지 누락 값이 아닌지 확인하려면 판다스의 isnull() 함수를 사용해야만 한다.

예시 코드 122 isnull() 함수 사용해서 누락 값 확인하기

```
print(pd.isnull(nan))
print(pd.isnull(5))
```

[실행 결과]

```
True
False
```

누락 값이 아닌 경우도 확인할 수 있다. 누락 값이 아닌지 확인하려면 isnull() 함수의 반대인 notnull() 함수도 있다.

예시 코드 123 notnull() 함수 사용해서 누락 값이 아닌 값 확인하기

```
print(pd.notnull(nan))
print(pd.notnull(5))
```

[실행 결과]

```
False
True
```

누락 값 개수 구하기

데이터 프레임의 각 열 누락 값의 개수를 구할 때는 info() 함수를 사용한다. info() 함수는 누락 값뿐만 아니라 각 열의 타입도 확인할 수 있어 데이터 프레임을 불러오면 사실 가장 먼저 실행해 봐야 하는 함수이다.

예시 코드 124 info() 함수를 통해 누락 값 개수 확인하기

```
import pandas as pd

df = pd.read_csv("country_timeseries.csv")
df.info()
```

[실행 결과]

```
<class 'pandas.core.frame.DataFrame'>
RangeIndex: 122 entries, 0 to 121
Data columns (total 18 columns):
 #   Column          Non-Null Count  Dtype
---  ------          --------------  -----
```

```
 0   Date                  122 non-null    object
 1   Day                   122 non-null    int64
 2   Cases_Guinea           93 non-null    float64
 3   Cases_Liberia          83 non-null    float64
 4   Cases_SierraLeone      87 non-null    float64
 5   Cases_Nigeria          38 non-null    float64
 6   Cases_Senegal          25 non-null    float64
 7   Cases_UnitedStates     18 non-null    float64
 8   Cases_Spain            16 non-null    float64
 9   Cases_Mali             12 non-null    float64
 10  Deaths_Guinea          92 non-null    float64
 11  Deaths_Liberia         81 non-null    float64
 12  Deaths_SierraLeone     87 non-null    float64
 13  Deaths_Nigeria         38 non-null    float64
 14  Deaths_Senegal         22 non-null    float64
 15  Deaths_UnitedStates    18 non-null    float64
 16  Deaths_Spain           16 non-null    float64
 17  Deaths_Mali            12 non-null    float64
dtypes: float64(16), int64(1), object(1)
memory usage: 17.3+ KB
```

결과의 Column을 보면 각 열이 있고 그 옆에 Non-Null Count 열에 데이터의 개수가 있다. 그리고 그 옆에 Dtype 열로는 각 열의 타입을 확인할 수 있는데, object는 객체가 아니라 문자열이라는 의미이다. int64는 정수인 데이터를 말하며, float64 실수 형태의 데이터를 말한다.

불러온 country_timeseries.csv 파일에 누락 값이 아주 많은 것을 확인했다.

예시 코드 125 country_timeseries.csv 파일 확인하기

```
import pandas as pd

df = pd.read_csv("country_timeseries.csv")
print(df.iloc[:5, :5])
```

[실행 결과]

```
        Date  Day  Cases_Guinea  Cases_Liberia  Cases_SierraLeone
0   1/5/2015  289        2776.0            NaN            10030.0
1   1/4/2015  288        2775.0            NaN             9780.0
```

2	1/3/2015	287	2769.0	8166.0	9722.0
3	1/2/2015	286	NaN	8157.0	NaN
4	12/31/2014	284	2730.0	8115.0	9633.0

누락 값 채우기

누락 값은 누락 값을 임의의 값으로 변경하거나 데이터 프레임에 이미 있는 값으로 대신 채우는 방법 등으로 처리할 수 있다. 누락 값을 채우려면 판다스의 fillna() 함수를 사용한다. fillna() 함수 안에 값을 넣으면 모든 누락 값을 입력한 값으로 채울 수 있다.

예시 코드 126 누락 값 0으로 채우기

```
import pandas as pd

df = pd.read_csv("country_timeseries.csv")
print(df.fillna(0).iloc[:5, :5])
```

[실행 결과]

	Date	Day	Cases_Guinea	Cases_Liberia	Cases_SierraLeone
0	1/5/2015	289	2776.0	0.0	10030.0
1	1/4/2015	288	2775.0	0.0	9780.0
2	1/3/2015	287	2769.0	8166.0	9722.0
3	1/2/2015	286	0.0	8157.0	0.0
4	12/31/2014	284	2730.0	8115.0	9633.0

fillna() 함수 안 매개 변수 method에 "ffill"을 설정하면 누락 값이 나타나기 전의 값으로 즉, 바로 앞에 있는 값으로 누락 값을 처리할 수 있다. 하지만 앞에 데이터가 없다면, 채울 수 없다는 단점이 있다.

예시 코드 127 앞에 있는 값으로 누락 값 채우기

```
import pandas as pd

df = pd.read_csv("country_timeseries.csv")
print(df.fillna(method='ffill').iloc[:5, :5])
```

[실행 결과]

```
     Date       Day   Cases_Guinea   Cases_Liberia   Cases_SierraLeone
0    1/5/2015   289   2776.0         NaN             10030.0
1    1/4/2015   288   2775.0         NaN             9780.0
2    1/3/2015   287   2769.0         8166.0          9722.0
3    1/2/2015   286   2769.0         8157.0          9722.0
4    12/31/2014 284   2730.0         8115.0          9633.0
```

fillna() 함수의 method 옵션 값을 "bfill"로 설정하면 "ffill"과는 반대로 뒤에 있는 값을 가져온다. 이 역시 뒤에 데이터가 없다면 값을 채울 수 없다는 단점이 있다.

예시 코드 128 뒤에 있는 값으로 누락 값 채우기

```
import pandas as pd

df = pd.read_csv("country_timeseries.csv")
print(df.fillna(method='bfill').iloc[:5, :5])
```

[실행 결과]

```
     Date       Day   Cases_Guinea   Cases_Liberia   Cases_SierraLeone
0    1/5/2015   289   2776.0         8166.0          10030.0
1    1/4/2015   288   2775.0         8166.0          9780.0
2    1/3/2015   287   2769.0         8166.0          9722.0
3    1/2/2015   286   2730.0         8157.0          9633.0
4    12/31/2014 284   2730.0         8115.0          9633.0
```

만약 각각의 열의 평균값으로 각각의 누락 값을 채울 때는 fillna 함수에 df.mean 함수를 넣어 준다.

예시 코드 129 각 열의 평균값으로 각 열의 누락 값 채우기

```
import pandas as pd

df = pd.read_csv("country_timeseries.csv")
print(df.fillna(df.mean()).iloc[:5, :5])
```

[실행 결과]

```
      Date  Day  Cases_Guinea  Cases_Liberia  Cases_SierraLeone
0  1/5/2015  289   2776.000000    2335.337349        10030.000000
1  1/4/2015  288   2775.000000    2335.337349         9780.000000
2  1/3/2015  287   2769.000000    8166.000000         9722.000000
3  1/2/2015  286    911.064516    8157.000000         2427.367816
4 12/31/2014 284   2730.000000    8115.000000         9633.000000
```

interpolate 함수는 누락 값을 데이터의 흐름에 맞게 채울 수 있다. 흐름에 맞게 채우는 방법은 두 가지인데, 데이터의 흐름에 맞게 채우는 방법 또는 시간의 흐름에 맞게 채우는 방법이다.

예시 코드 130 누락 값을 가진 시리즈 만들기

```
import pandas as pd
from numpy import nan

date = ['2022/12/01', '2022/12/02', '2022/12/09', '2022/12/10']
date = pd.to_datetime(date, format = '%Y/%m/%d')

values = [1, nan, nan, 10]

series = pd.Series(values, index = date)
print(series)
```

[실행 결과]

```
2022-12-01    1.0
2022-12-02    NaN
2022-12-09    NaN
2022-12-10   10.0
dtype: float64
```

1과 10 사이에 누락 값이 2개이다. 그냥 누락 값을 평균값 5.5로 채우기에는 흐름에 맞지 않아 보인다. interpolate() 함수를 사용하면 데이터의 흐름에 맞게 자동으로 채울 수 있다.

예시 코드 131 흐름에 맞게 누락 값 채우기

```python
import pandas as pd
from numpy import nan

date = ['2022/12/01', '2022/12/02', '2022/12/09', '2022/12/10']
date = pd.to_datetime(date, format = '%Y/%m/%d')

values = [1, nan, nan, 10]

series = pd.Series(values, index = date)
series = series.interpolate()
print(series)
```

[실행 결과]

```
2022-12-01    1.0
2022-12-02    4.0
2022-12-09    7.0
2022-12-10    10.0
dtype: float64
```

위의 결과처럼 interpolate() 함수를 사용하면 데이터의 흐름에 맞게 자동으로 채워 준다. 하지만 날짜를 자세히 보자. 12월 1일에는 값이 1이고, 12월 10일에는 값이 10이다. 그렇다면 왠지 12월 2일에는 값이 2일 것 같고, 12월 9일에는 값이 9일 것 같다.

정말 시간에 따른 데이터가 맞다면 데이터의 흐름에 맞게 누락 값을 채우면 안 된다. 이런 경우 interpolate() 함수 안에 옵션 값으로 method="time"을 입력해 준다.

예시 코드 132 시간의 흐름에 맞게 누락 값 채우기

```python
import pandas as pd
from numpy import nan

date = ['2022/12/01', '2022/12/02', '2022/12/09', '2022/12/10']
date = pd.to_datetime(date, format = '%Y/%m/%d')

values = [1, nan, nan, 10]

series = pd.Series(values, index = date)
series = series.interpolate(method='time')
print(series)
```

[실행 결과]

```
2022-12-01    1.0
2022-12-02    2.0
2022-12-09    9.0
2022-12-10   10.0
dtype: float64
```

누락 값 삭제하기

데이터 프레임의 행에 있는 값 중 누락 값이 단 한 개라도 있으면 그 행 자체를 삭제해 버리는 dropna() 함수가 있다.

예시 코드 133 누락 값 있는 행 삭제하기

```
import pandas as pd

df = pd.read_csv("country_timeseries.csv")
print(df.dropna())
```

[실행 결과]

```
            Date  Day  ...  Deaths_Spain  Deaths_Mali
19    11/18/2014  241  ...           0.0          6.0

[1 rows x 18 columns]
```

만약 조건을 만족하는 값을 가진 행을 없애려면 해당하는 열 값에 인덱싱한 후, 조건을 적고 index 기능을 이용해 위치 값을 가져와서 drop() 함수에 얻은 인덱스 값을 넣어 준다. 예를 들어 데이터 프레임 df에서 Day 열의 값 중 100이 넘는 값을 가진 모든 행을 삭제해 보자.

예시 코드 134 Day 열의 값이 100을 초과하는 행 삭제하기

```
import pandas as pd

df = pd.read_csv("country_timeseries.csv")
idx = df[df['Day'] > 100].index
```

```
print(df.drop(idx).iloc[:, :3])
```

[실행 결과]

```
          Date  Day  Cases_Guinea
79   6/30/2014  100         413.0
80   6/22/2014   92           NaN
81   6/20/2014   90         390.0
...중략
119  3/25/2014    3          86.0
120  3/24/2014    2          86.0
121  3/22/2014    0          49.0
```

데이터 시각화하는 방법

파이썬에서는 데이터를 시각화하는 아주 많은 모듈을 제공한다. 인기가 많은 모듈로는 matplotlib, seaborn 등이 있다. matplotlib 모듈은 그래프를 그리는 데 유용한 함수들을 많이 제공해 원하는 형태의 그림을 자유자재로 그릴 수 있으며, seaborn 모듈은 사실 데이터 분석 연습용 모듈인데, 예쁜 그림을 그려 주는 고급 함수들을 많이 제공해 seaborn 모듈 역시 많이 사용된다.

seaborn 모듈은 데이터 분석 연습용 모듈답게 연습용 데이터도 많이 제공한다. seaborn 모듈 안에 있는 tips 데이터 집합을 가져와 보자. tips 데이터 집합은 어떤 식당에서 팁을 지급한 손님의 정보를 모아 둔 데이터이다.

이번 실습에서는 tips 데이터 집합을 사용해 다양한 그래프를 그려 보자. 그래프를 이해하는 데 필요한 개념은 그래프를 그리기 전에 설명하겠다.

가장 먼저 stock 가상 환경에 matplotlib와 seaborn 모듈을 설치해 주자. Anaconda Prompt 창을 열어 stock 가상 환경을 실행시키고, 검은 창에 `pip install matplotlib`를 입력해서 matplotlib 모듈을 설치해 주고, 설치가 완료되면, `pip install seaborn`을 입력해서 seaborn 모듈을 설치해 주자.

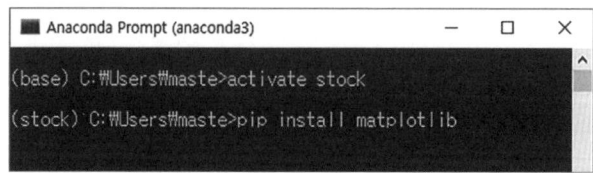

그림 103 stock 가상 환경에 matplotlib 모듈 설치하기

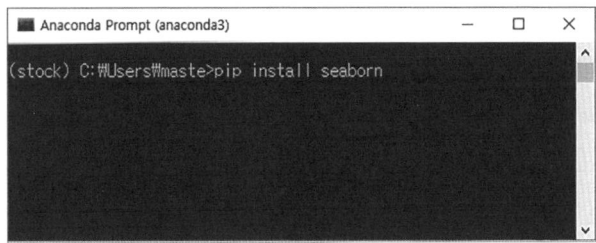

그림 104 stock 가상 환경에 seaborn 모듈 설치하기

tips 데이터 집합을 불러와 변수 tips에 저장하자. tips 데이터 프레임은 음식 지불 금액(total_bill), 팁은 얼마 주었는지(tip), 어떤 성별이 계산했는지(sex), 흡연하는 테이블인지 아닌지(smoker), 어떤 요일에 왔는지(day), 점심에 왔는지 저녁에 왔는지(time), 몇 명이서 왔는지(size)에 대한 정보가 담겨 있다.

예시 코드 135 tips 데이터 프레임 불러오기

```
import seaborn as sns

tips = sns.load_dataset("tips")
print(tips)
```

[실행 결과]

```
     total_bill   tip     sex smoker   day    time  size
0         16.99  1.01  Female     No   Sun  Dinner     2
1         10.34  1.66    Male     No   Sun  Dinner     3
2         21.01  3.50    Male     No   Sun  Dinner     3
3         23.68  3.31    Male     No   Sun  Dinner     2
4         24.59  3.61  Female     No   Sun  Dinner     4
..          ...   ...     ...    ...   ...     ...   ...
239       29.03  5.92    Male     No   Sat  Dinner     3
240       27.18  2.00  Female    Yes   Sat  Dinner     2
241       22.67  2.00    Male    Yes   Sat  Dinner     2
242       17.82  1.75    Male     No   Sat  Dinner     2
243       18.78  3.00  Female     No  Thur  Dinner     2

[244 rows x 7 columns]
```

matplotlib 모듈을 활용해서 그래프 그리기

히스토그램은 데이터 프레임의 열 데이터 분포와 빈도를 살펴보는 용도로 자주 사용하는 그래프이다. 이때 데이터 프레임의 total_bill, tip 등의 열을 변수라고 부르기도 한다. 그리고 변수를 하나만 사용해서 그린 그래프를 "일변량 그래프"라고 한다. matplotlib 모듈을 사용해서 히스토그램을 그려 보자.

예시 코드 136 matplotlib 모듈로 히스토그램 그리기

```
import matplotlib.pyplot as plt
import seaborn as sns

tips = sns.load_dataset("tips")

fig = plt.figure()
ax = fig.add_subplot(1, 1, 1)

ax.hist(tips['total_bill'], bins=10)

ax.set_title("Histogram")
ax.set_xlabel("Total Bill")
ax.set_ylabel("Freq")

plt.show()
```

[실행 결과]

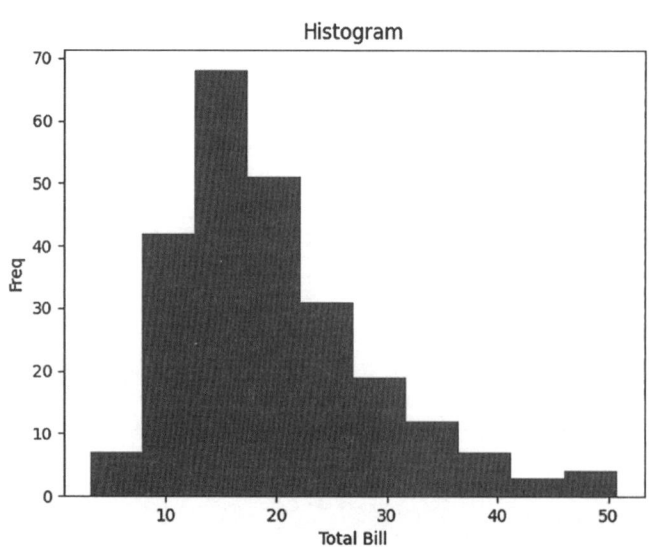

hist() 함수 안 매개 변수 bins는 막대기 개수를 설정하는 옵션 값이다.

이번에는 산점도 그래프를 그려 보자. 산점도 그래프는 변수 2개를 사용해서 만드는 그래프이다. 2개의 특성을 사용해 통계 용어로 "이변량 그래프"라고 부른다. tips 데이터 프레임에서 x축은 total_bill을 표현하고, y축은 tip을 표현해서 산점도를 그려 보자.

예시 코드 137 matplotlib 모듈로 산점도 그리기

```
import matplotlib.pyplot as plt
import seaborn as sns

tips = sns.load_dataset("tips")
fig = plt.figure()
ax = fig.add_subplot(1, 1, 1)

ax.scatter(tips['total_bill'], tips['tip'])
ax.set_title("Scatter Plot")
ax.set_xlabel("Total Bill")
ax.set_ylabel("Tip")

plt.show()
```

[실행 결과]

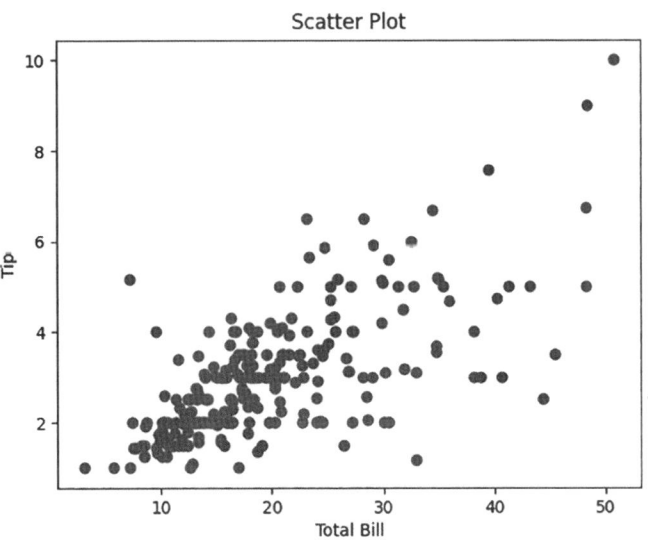

matplotlib 모듈은 원하는 대로 그림을 그리는 많은 유용한 함수와 옵션들을 제공한다. 앞서 그린 산점도도 몇 가지 매개 변수를 더 추가하면 더 예쁜 그림을 그릴 수 있다.

예시 코드 138 산점도 꾸미기

```
import matplotlib.pyplot as plt
import seaborn as sns

tips = sns.load_dataset("tips")

fig = plt.figure()
ax = fig.add_subplot(1, 1, 1)

ax.scatter(tips['total_bill'], tips['tip'], c = tips['size'], s = tips['size'] *
20, alpha = 0.5)
ax.set_title("Scatter Plot")
ax.set_xlabel("Total Bill")
ax.set_ylabel("Tip")

plt.show()
```

[실행 결과]

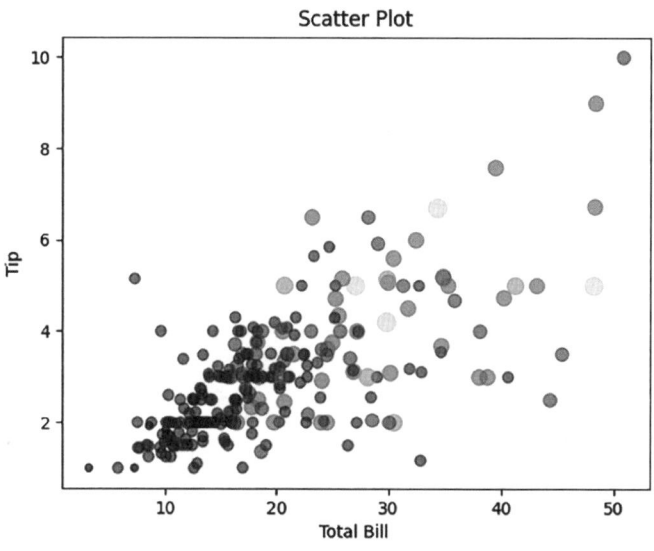

scatter() 함수 안에 매개 변수 c, s, alpha를 추가했다. x축은 Total Bill, y축은 Tip, 색깔로 Size 특성을 표현해 3가지 특성을 표현했다. 2개의 특성을 넘어가는 이러한 그래프를 "다변량 그래프"라고 부른다. 여기서 c는 색깔을 의미하고, s는 점의 사이즈, alpha는 투명도를 의미한다. matplotlib() 함수에 대해서 조금 더 자세히 알고 싶으면 matplotlib 공식 사이트를 참고해 보는 것을 추천한다(https://matplotlib.org/).

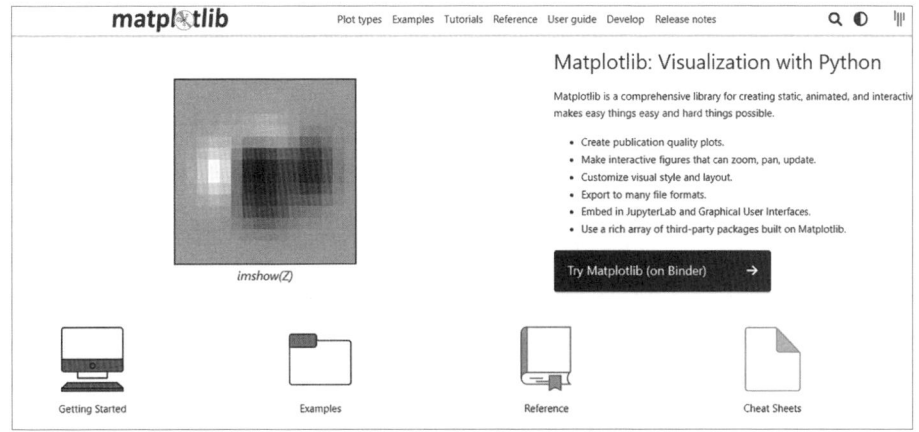

그림 105 matplotlib 공식 사이트

seaborn 모듈을 활용해서 그래프 그리기

seaborn 모듈을 사용해서 tips 데이터 집합만 사용했지만, 이번에는 seaborn 모듈 자체를 활용해서 그래프를 그려 보자(seaborn 모듈은 쉬운 짧은 코드로 화려한 그래프를 그릴 수 있어서 필자가 애용하는 모듈이다).

seaborn 모듈은 대부분 "sns"라는 이름으로 줄여서 사용한다. scaborn 모듈로 히스토그램을 그리려면 histplot()을 사용하다.

예시 코드 139 seaborn 모듈로 히스토그램 그리기

```
import matplotlib.pyplot as plt
import seaborn as sns

tips = sns.load_dataset("tips")
sns.histplot(tips['total_bill'])
plt.show()
```

[실행 결과]

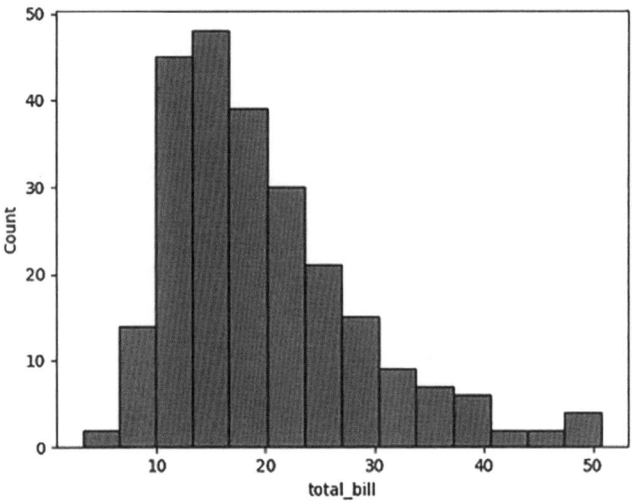

이번에는 히스토그램과 비슷하게 생긴 count 그래프를 그려 보자. count 그래프는 특정 열 안에 있는 값이 몇 개인지 세어 주는 그래프이다.

예시 코드 140 seaborn 모듈로 countplot 그리기

```python
import matplotlib.pyplot as plt
import seaborn as sns

tips = sns.load_dataset("tips")
sns.countplot(x=tips['day'], data=tips)
plt.show()
```

[실행 결과]

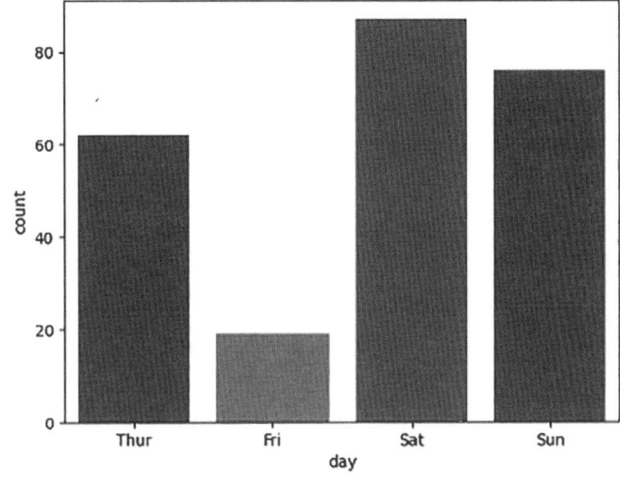

seaborn 모듈에서는 matplotlib 모듈보다 훨씬 더 쉬운 방법으로 산점도를 그릴 수 있을 뿐 아니라 회귀선도 함께 그릴 수 있다.

예시 코드 141 seaborn 모듈로 lmplot 그리기

```python
import matplotlib.pyplot as plt
import seaborn as sns

tips = sns.load_dataset("tips")
sns.lmplot(x='total_bill', y='tip', data=tips)
plt.show()
```

[실행 결과]

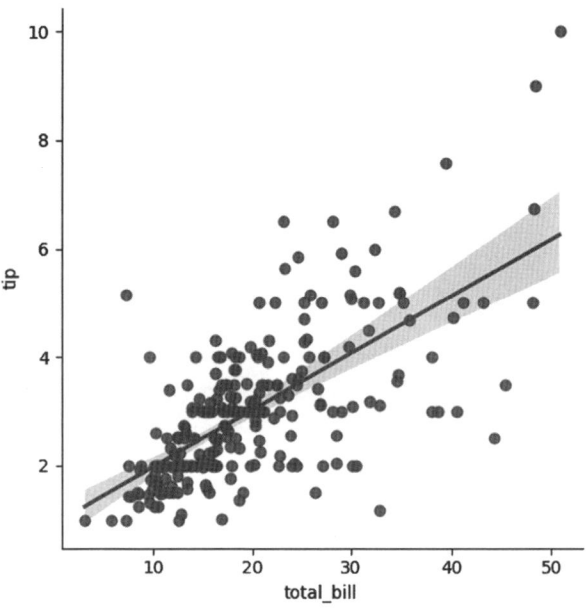

만약 seaborn 모듈의 산점도에서 회귀선을 제거하고 싶다면, lmplot() 함수 내에 있는 매개 변수에 fit_reg=False를 입력해 준다.

예시 코드 142 회귀선 지우기

```
import matplotlib.pyplot as plt
import seaborn as sns

tips = sns.load_dataset("tips")
sns.lmplot(x='total_bill', y='tip', data=tips, fit_reg=False)
plt.show()
```

[실행 결과]

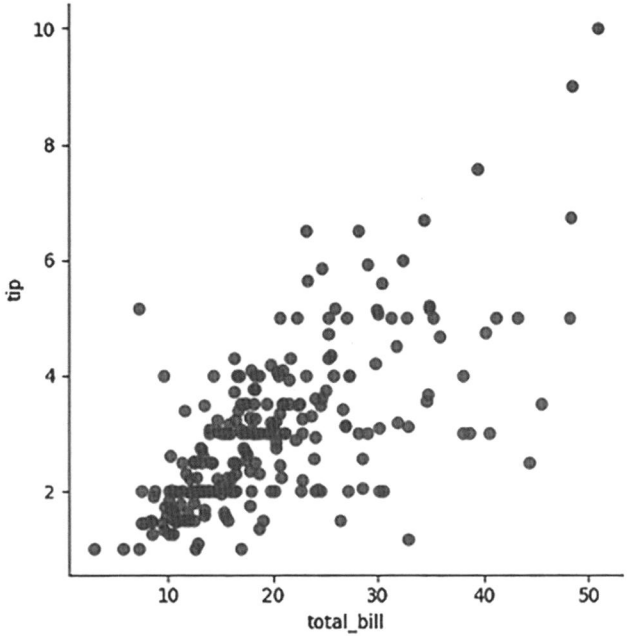

seaborn 모듈에는 산점도 그래프와 히스토그램을 같이 한 번에 그려 주는 jointplot 그래프도 있다. 사용법은 산점도 그래프를 그리는 것과 같다.

예시 코드 143 seaborn 모듈로 jointplot 그래프 그리기

```
import matplotlib.pyplot as plt
import seaborn as sns

tips = sns.load_dataset("tips")
sns.jointplot(x='total_bill', y='tip', data=tips)
plt.show()
```

[실행 결과]

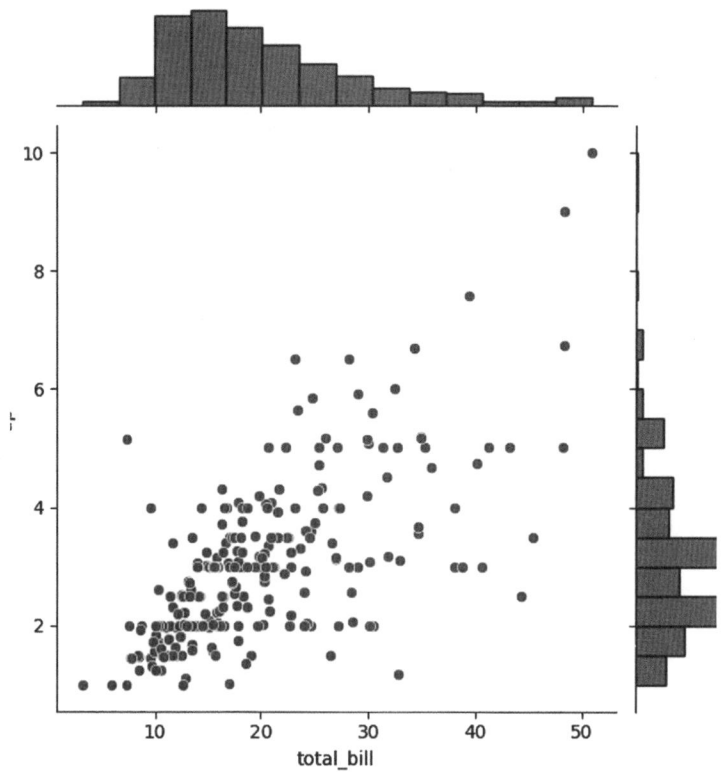

산점도 그래프는 점이 겹쳐 보일 때 점이 몇 개인지 구분하기 어렵다는 단점이 있다. 만약 산점도 그래프의 데이터를 구분하기 쉽게 그리고 싶다면 육각 그래프(hexbin)를 사용한다. 육각 그래프는 2차원 표면에 육각형으로 데이터를 쌓아 표현하는 그래프이다. 그래서 특정 데이터의 개수가 많아지면 점점 진한 색으로 표현된다.

육각 그래프는 jointplot 그래프를 그릴 때 설정해 줄 수 있다. joinplot() 그래프 함수 안에 kind='hex'로 설정한다.

예시 코드 144 jointplot 그래프에 육각 그래프 그리기

```python
import matplotlib.pyplot as plt
import seaborn as sns

tips = sns.load_dataset("tips")
sns.jointplot(x='total_bill', y='tip', data=tips, kind='hex')
plt.show()
```

[실행 결과]

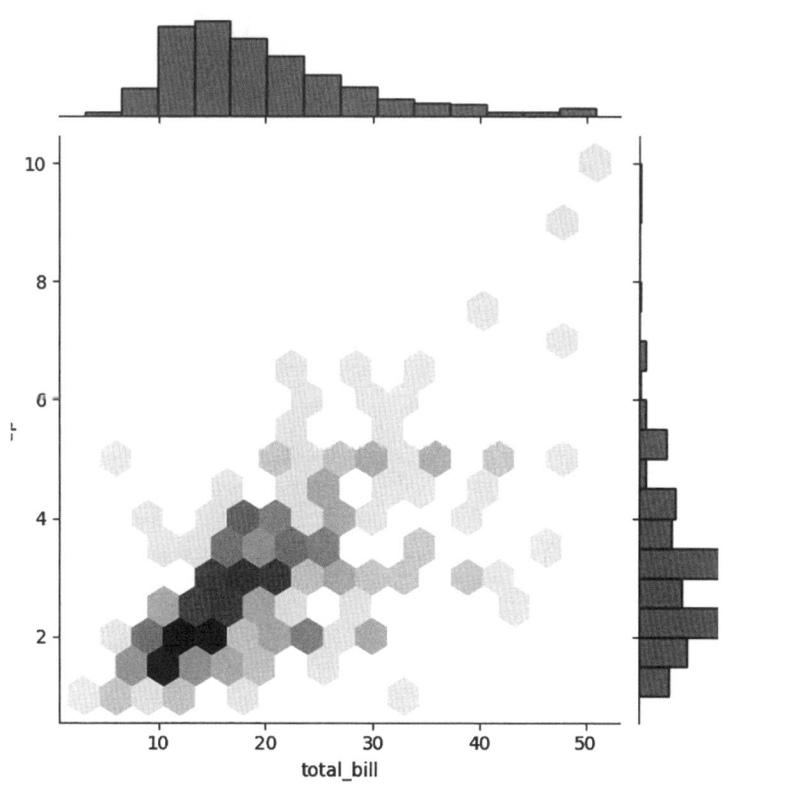

이번에는 바 그래프를 그려 보자. 바 그래프는 지정한 변수의 평균을 계산해서 그릴 수 있다. 시간에 따라 지급한 비용의 평균을 바 그래프로 그려 보자.

예시 코드 145 seaborn 모듈로 barplot 그래프 그리기

```python
import matplotlib.pyplot as plt
import seaborn as sns

tips = sns.load_dataset("tips")
sns.barplot(x='time', y='total_bill', data=tips)
plt.show()
```

[실행 결과]

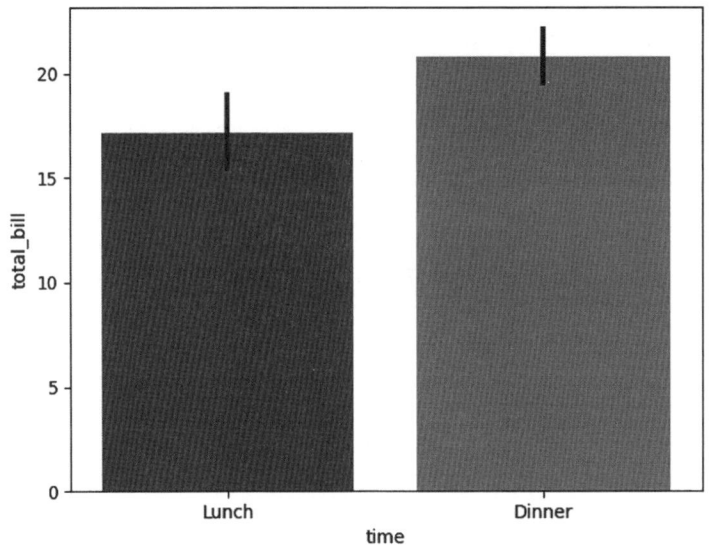

이번에는 박스 그래프를 그려 보자. 박스 그래프는 최솟값, 1분위수, 중앙값, 3분위수, 최댓값, 이상치 등을 알 수 있다. 다양한 통계량을 한 번에 표현하는 그래프이며, 특히 이상치가 있는지 판단하기 좋은 그래프로 가장 사랑받는 그래프 중 하나이다.

예시 코드 146 seaborn 모듈로 boxplot 그래프 그리기

```
import matplotlib.pyplot as plt
import seaborn as sns

tips = sns.load_dataset("tips")
sns.boxplot(x='time', y='total_bill', data=tips)
plt.show()
```

[실행 결과]

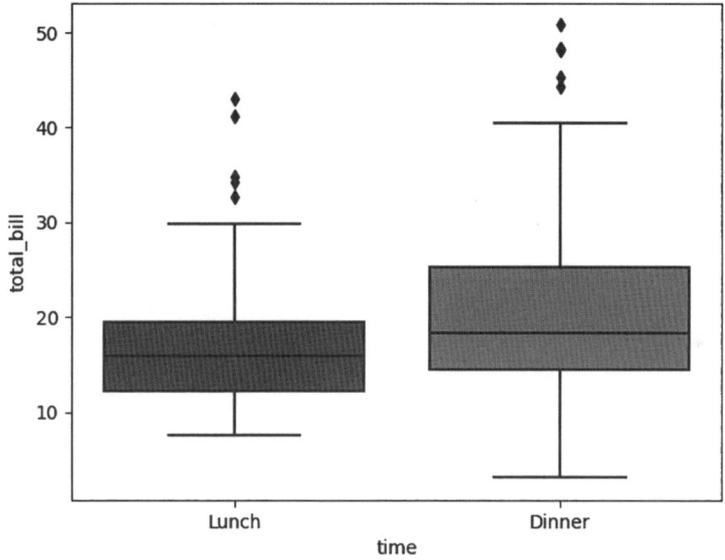

박스 그래프는 다양한 통계 수치를 확인할 때 자주 사용되는 그래프이지만, 단순히 네모 모양으로 그래프를 표현해 데이터 분산이 모호하게 표현되어 데이터들이 어디에 밀집되어 있는지 자세한 내용을 알기 어렵다.

이럴 때는 커널 밀도를 추정한 바이올린 그래프를 사용해서 문제를 해결할 수 있다. 하지만 이상치를 확인하기가 어렵다는 단점이 있다.

예시 코드 147 seaborn 모듈로 violinplot 그래프 그리기

```python
import matplotlib.pyplot as plt
import seaborn as sns

tips = sns.load_dataset("tips")
sns.violinplot(x='time', y='total_bill', data=tips)
plt.show()
```

[실행 결과]

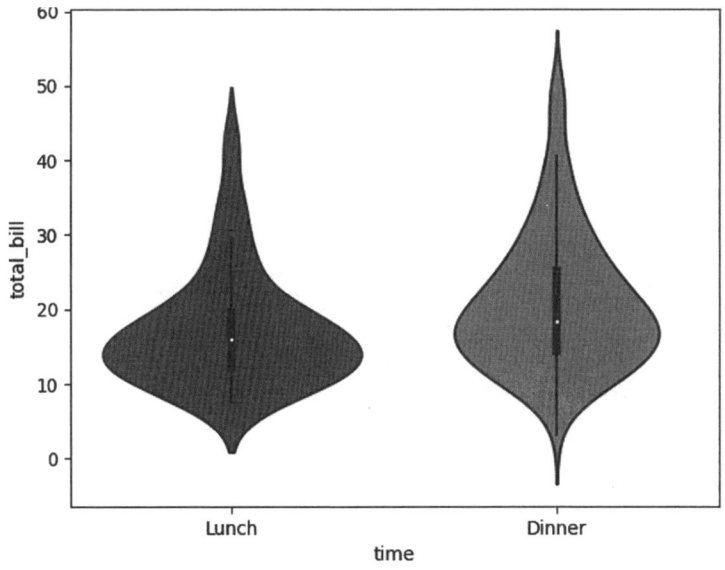

마지막으로 관계 그래프를 그려 보자. 관계 그래프는 여러 개 특성의 상관관계를 한 번에 알아보기 쉽게 산점도로 비교할 수 있는 모든 열을 비교해서 보여 준다.

예시 코드 148 seaborn 모듈로 관계 그래프 그리기

```python
import matplotlib.pyplot as plt
import seaborn as sns

tips = sns.load_dataset("tips")
sns.pairplot(tips)
plt.show()
```

[실행 결과]

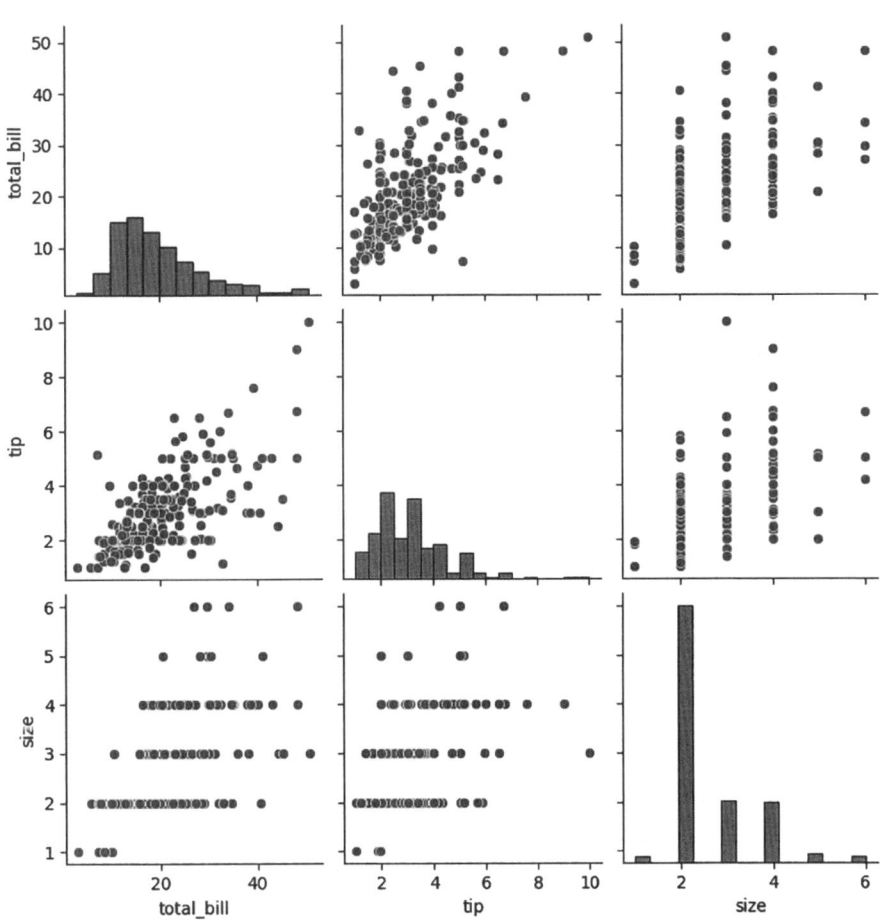

이번에는 seaborn 모듈을 활용해서 이변량 이상의 다변량 그래프를 그려 보자. 2차원 그래프를 그릴 때, 2개의 특성을 넘어가는 그래프를 그리려면 색깔을 조정해 주는 방법을 사용할 수 있다. 특성을 추가할 때 색으로 표현하려면 그래프 함수 안에 매개 변수 hue에 추가하고 싶은 특성을 입력해 준다.

예시 코드 149 그래프에 색상 추가하기 1

```
import matplotlib.pyplot as plt
import seaborn as sns

tips = sns.load_dataset("tips")
sns.lmplot(x='total_bill', y='tip', data=tips, hue='sex', fit_reg=False)
plt.show()
```

[실행 결과]

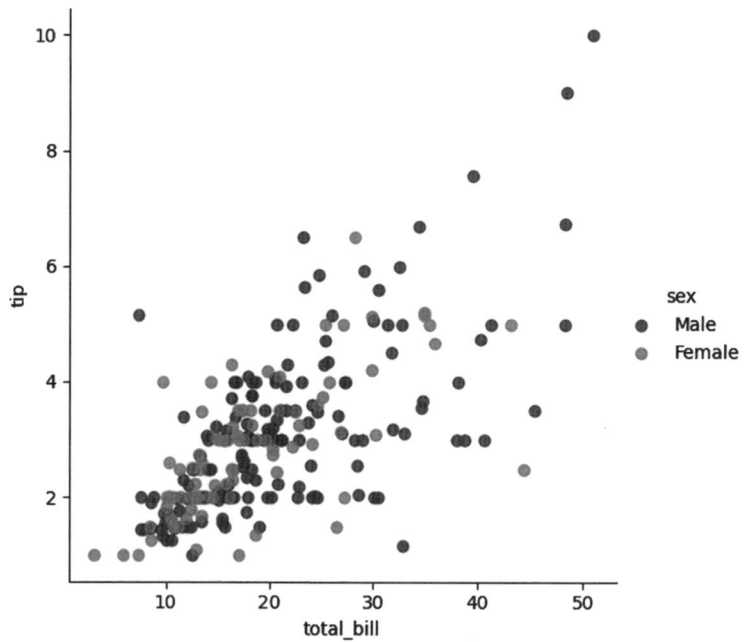

예시 코드 150 그래프에 색상 추가하기 2

```python
import matplotlib.pyplot as plt
import seaborn as sns

tips = sns.load_dataset("tips")
sns.boxplot(x='time', y='tip', data=tips, hue='sex')
plt.show()
```

[실행 결과]

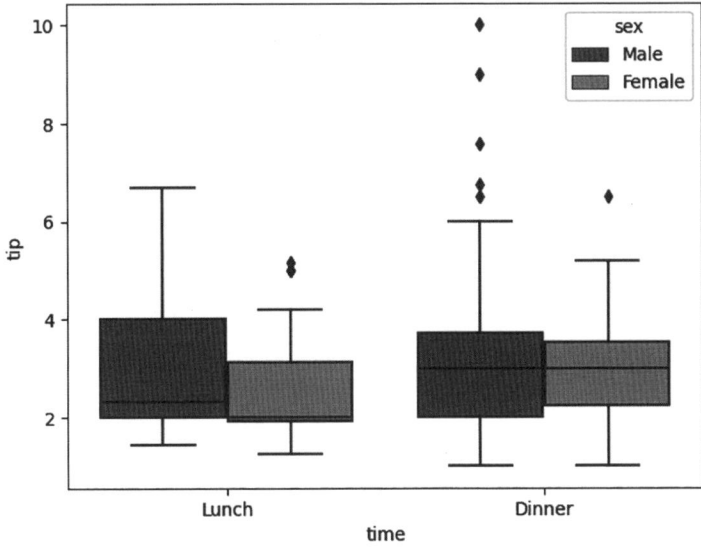

색깔을 추가하고 2차원 그래프에 3가지의 특성을 표현할 수 있다. 이제 x축도, y축도, 색깔도 사용했는데, 4가지 특성을 2차원 그래프에 표현이 가능할까? 가능하다. 매개 변수 col에 특성을 추가하여 열 단위로 그래프를 분할해서 그리는 방법으로 특성을 추가할 수 있다.

예시 코드 151 매개 변수 col을 사용해서 그래프 열 방향으로 분할하기

```
import matplotlib.pyplot as plt
import seaborn as sns

tips = sns.load_dataset("tips")
sns.lmplot(x='total_bill', y='tip', data=tips, fit_reg=False, hue='sex',
col = 'time')
plt.show()
```

[실행 결과]

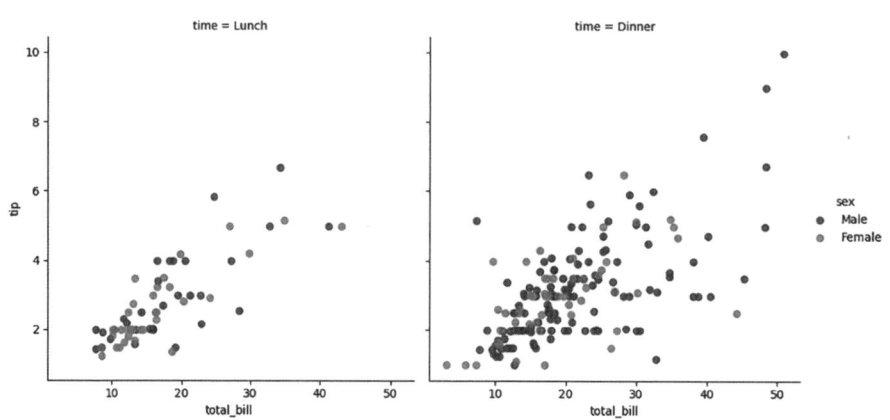

위의 결과처럼 특성마다 그래프를 열 방향으로 분할해서 특성을 추가할 수 있다. 그렇다면 2차원 그래프에 5가지 특성을 표현하려면 어떻게 해야 할까? 열 방향에 그래프를 분할해서 그린 것처럼 행 방향으로 데이터를 분할해서 그린다.

예시 코드 152 매개 변수 row를 활용해서 행 방향으로 그래프 분할하기

```python
import matplotlib.pyplot as plt
import seaborn as sns

tips = sns.load_dataset("tips")
sns.lmplot(x='total_bill', y='tip', data=tips, fit_reg=False, hue='sex',
col = 'time', row = 'smoker')
plt.show()
```

[실행 결과]

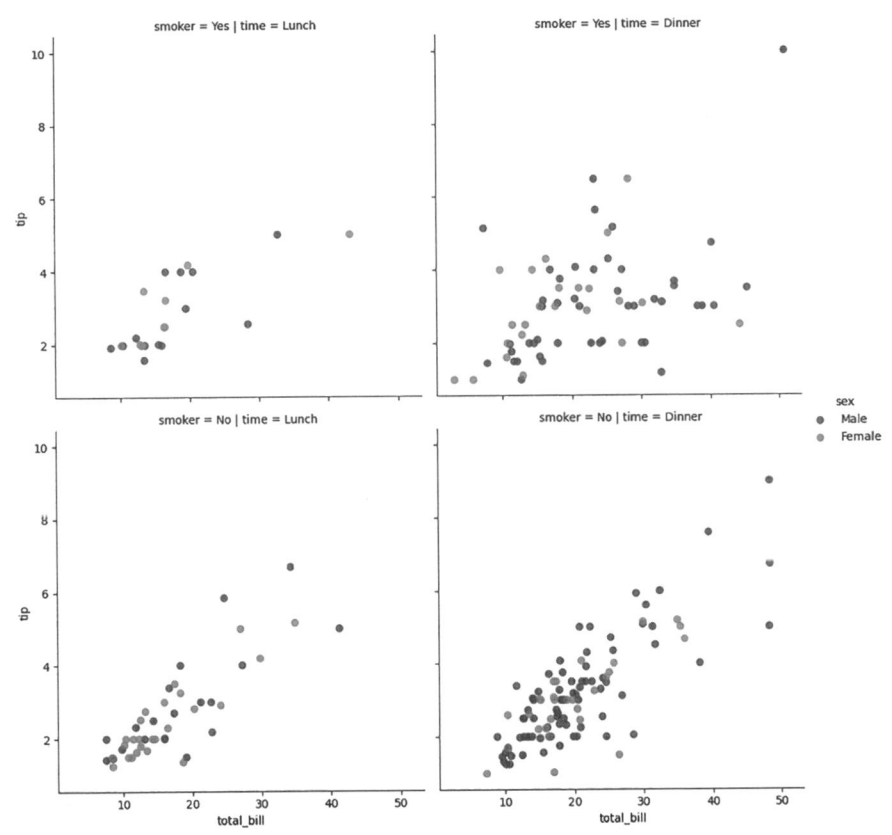

pandas 모듈을 활용해서 그래프 그리기

우리가 데이터 분석에 활용하는 판다스 모듈을 통해서도 그래프를 그릴 수 있다. 판다스 모듈을 사용해서 그래프를 그릴 때는 주로 간단한 그래프를 그릴 때 사용한다. 이번에는 판다스 모듈을 사용해서 몇 가지 그래프를 그려 보자. 이번에도 seaborn 모듈에서 제공하는 tips 데이터를 사용해서 그래프를 그려 보겠다.

예시 코드 153 시리즈를 활용해서 히스토그램 그래프 그리기

```
import matplotlib.pyplot as plt
import seaborn as sns
import pandas as pd

tips = sns.load_dataset("tips")
tips['total_bill'].plot.hist()
plt.show()
```

[실행 결과]

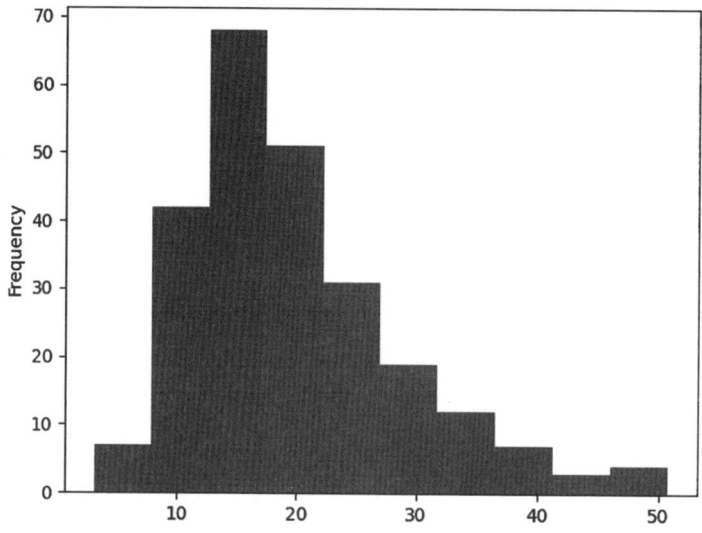

데이터 프레임의 특정 시리즈에 접근해서 시리즈 뒤에 점(.)을 찍고, 그래프 함수 이름을 적어서 그래프를 그릴 수 있다. 한 개의 시리즈뿐만 아니라 여러 개의 시리즈를 통해서 위와 같이 히스토그램을 그릴 수도 있다.

예시 코드 154 여러 개의 시리즈 값을 히스토그램으로 그리기

```
import matplotlib.pyplot as plt
import seaborn as sns
import pandas as pd

tips = sns.load_dataset("tips")
tips[['total_bill', 'tip']].plot.hist(bins=20, alpha = 0.5)
plt.show()
```

[실행 결과]

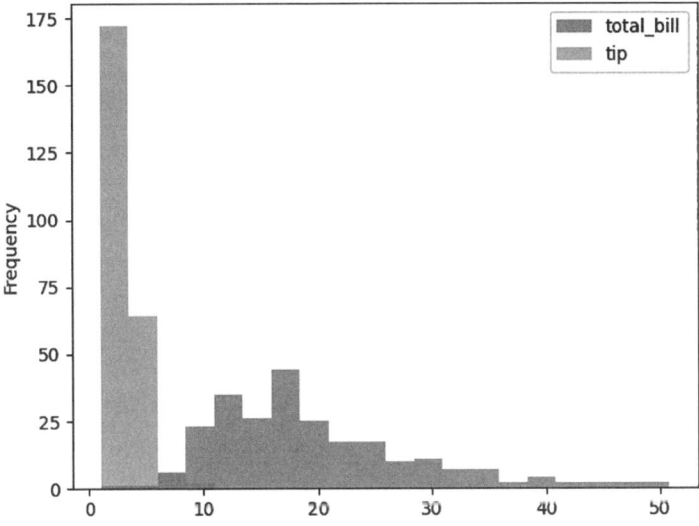

판다스를 통해 히스토그램을 그릴 때, 매개 변수로 bins 값을 설정하면 히스토그램에 표현되는 막대기 개수를 표현할 수 있으며, alpha 값으로 투명도를 설정할 수도 있다.

특정 시리즈를 선택해서 그래프를 그릴 수 있을 뿐만 아니라 데이터 프레임 그 자체에서 그림을 그릴 수도 있다.

예시 코드 155 데이터 프레임으로 박스 그래프 그리기

```
import matplotlib.pyplot as plt
import seaborn as sns
import pandas as pd

tips = sns.load_dataset("tips")
tips.plot.box()
plt.show()
```

[실행 결과]

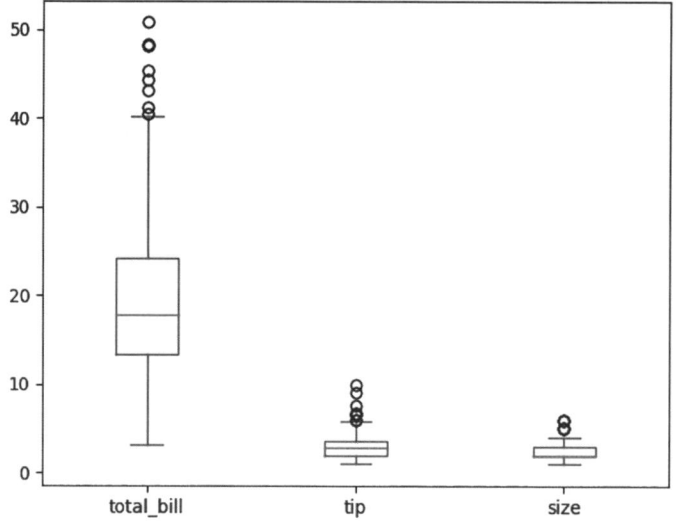

간단하게 판다스 모듈을 통해서 시리즈를 활용한 히스토그램, 데이터 프레임을 활용한 박스 그래프를 그려 보았다. 판다스 모듈은 그 외에 다양한 그래프를 그리는 함수들을 제공한다.

판다스 모듈을 통해서 그래프를 그리는 자세한 내용을 알고 싶은 독자가 있다면, 판다스 공식 사이트(https://pandas.pydata.org/docs/reference/index.html)에 가 보면 자세하게 코드 예시와 그림이 나와 있다.

CHAPTER 05

데이터와 인공지능

늘어나는 종이 소비량
인공지능을 배워야 하는 이유
IT와 DT
빅 데이터
인공지능과 관련된 학문과 기술 분야
인공지능, 머신러닝, 딥러닝의 관계
실전 매매 프로젝트 준비

데이터와 인공지능

키움증권 API 사용법에서 데이터 가공하는 방법까지 모두 익혔으니, 이번에는 인공지능을 활용하는 방법을 배워 보자. 사실 정확한 표현은 인공지능이 아니라 머신러닝이다. 인공지능과 머신러닝에 대한 차이점은 뒤에서 좀 더 자세히 다루어 보겠다.

가장 먼저 인공지능에 대해서 이해하려면, 데이터에 대해서 자세히 알아야 한다. 이번 장에서는 데이터에 대한 내용과 인공지능을 배워야 하는 이유에 대해서 알아볼 것이다.

늘어나는 종이 소비량

필자는 초등학생 시절부터 선생님에게 항상 들었던 이야기가 있다. "미래에는 컴퓨터가 발전하고, 태블릿 PC가 보급되어 종이가 필요가 없어지고, 환경이 보호될 거야." 그리고 필자도 그 의견에 동의했다(필자는 1992년생이다).

과연 그럴까? 현재 2022년에는 과거에 예측했던 것처럼 정말로 컴퓨팅 성능이 말도 안 되게 좋아졌으며, 태블릿 PC도 보급화되었다. 그렇다면 정말로 종이 사용량이 줄었을까? 통계 자료를 한번 보자.

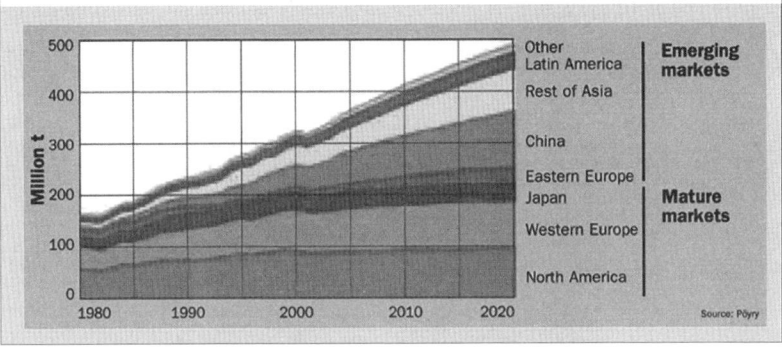

그림 106 종이 소비량 통계 자료(그림 출처: Poyry)

위의 그림은 1980년에서 2020년까지의 종이 소비량이다. 분명히 시대가 발전할수록 디지털 기술이 발전되고, 태블릿 PC가 보급되면서 종이 소비량이 떨어질 줄 알았는데, 종이 소비량은 오히려 급격하게 오르고 있다. 왜 그럴까?

왜냐하면 사람이 할 수 있는 일의 가짓수가 증가하기 때문이다. 예를 들어 한 사람이 하루에 10가지 일을 할 수 있고, 1가지 일을 하는 데 종이가 1장 필요하다고 가정해 보자. 그렇다면 이 사람은 하루에 필요한 종이가 10장일 것이다.

그리고 컴퓨터가 보급되면서 컴퓨터로 인해서 종이 소비량이 90% 줄었다고 가정하고 또 컴퓨터 덕분에 하루에 10가지 일을 할 수 있는 사람이 하루에 200가지 일을 하게 되었다고 가정해 보자.

그러면 이 사람은 원래 10가지 일을 할 수 있었는데, 컴퓨터 덕분에 200가지 일을 하게 되었고, 컴퓨터로 인해서 종이 소비량을 90% 줄일 수 있으니, 이 사람에게 필요한 종이는 20장이다. 즉, 위에 있는 통계 자료를 보면, 기술이 발전하면 할수록 "사람이 할 수 있는 일의 가짓수가 증가하는구나."라고 추론해 볼 수 있다.

인공지능을 배워야 하는 이유

그림 107 러다이트 운동

1차 산업 혁명 기계의 등장으로 인해 기계 장치가 산업 현장에 본격적으로 도입되면서 기계가 사람의 일자리를 빼앗는 것처럼 보였다. 위의 그림은 러다이트 운동 때 일어난 일을 그림으로 표현한 것인데, 러다이트 운동은 기계의 등장으로 일자리를 잃어버린 노동자들이 일자리를 되찾으려고 기계를 부수는 시위를 말한다.

하지만 기계를 부순다고 일자리를 다시 찾을 수 있을까? 기술의 발전은 절대로 막을 수가 없다. 결국 지금 우리는 기계와 아주 밀접하게 함께 살아가고 있다.

하지만 기계가 일자리를 없애기만 한 것은 아니다. 사람들이 기계에 관해서 공부하고 이해하기 시작하면서 기계가 만든 새로운 일자리들도 많이 생겨났다. 반대로 기계에 관해서 공부하지 않고 이해하지 않으려고 한 사람들은 자연스럽게 도태되었다.

여기서 기계에 관해서 공부하고 이해했다는 것은 전문가 수준으로 공부했다는 것이 아니다. 우리도 TV를 보다가 리모컨이 작동하지 않으면 건전지를 바꿔야 한다는 것을 알고, 핸드폰 배터리가 부족하면 충전 케이블을 꽂아야 한다는 것을 자연스럽게 안다. 우리가 기계에 대해서 어느 정도 이해하기 때문에 가능하다.

그 뒤에 3차 산업 혁명으로 컴퓨터가 등장하면서 뉴스에 컴퓨터로 인해서 일자리가 가파르게 사라진다는 뉴스를 본 적이 있다. 실제로 컴퓨터로 인해서 많은 일자리가 사라졌다. 하지만 컴퓨터가 일자리를 사라지게만 했을까?

아니다. 우리가 인터넷 검색을 통해서 지식을 습득하는 방법을 알고, 파워포인트나 워드를 통해서 보고서를 쓰는 등 컴퓨터에 관해 공부하고 이해하기 시작하면서 새로운 일자리들도 많이 생겨났다. 반대로 컴퓨터에 관해 공부하지 않은 사람들은 자연스럽게 도태되었다.

만약 인터넷 검색을 통해 자료를 얻지 못하고, 한글이나 워드를 통해 보고서를 작성하는 방법을 모른다면 받아 주는 회사가 있을까?

이제는 4차 산업 혁명 시대이다. 4차 산업 혁명의 핵심은 인공지능이다. 그렇다면 역사적으로 봤을 때, 우리가 인공지능에 관해서 공부하고 이해하려는 노력을 하지 않는다면, 자연스럽게 도태될 것이다.

따라서 이제는 인공지능에 관심이 없더라도, 미래에 대해 적응하려면 인공지능에 대해서 어느 정도 이해할 필요가 있다. 이 역시 우리가 인공지능에 대해서 전문가 정도로 공부해야 한다는 것은 아니다. 인공지능을 어느 정도 다루고, 인공지능을 사용해서 무언가를 예측할 정도면 충분하다.

IT와 DT

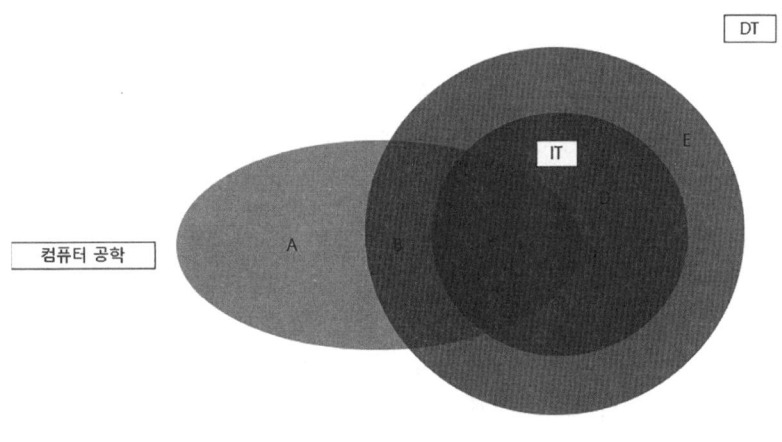

그림 108 IT와 DT

IT와 컴퓨터를 동일시하는 사람들이 많다. 위의 그림으로 컴퓨터 공학과 IT에 대한 내용을 그려 봤다. 여기서 A~E까지 내용은 아래와 같다.

    A. 자동 제어, 통신, 전기 공학
    B. 빅 데이터, 인공지능 PC, 스마트폰 등
    C. 인쇄술, 도서관 자료 분류 체계
    D. 컴퓨터 공학의 도움 없이 데이터를 처리하는 방법
    E. 그 밖의 모든 것

자동 제어, 통신, 전기 공학(A)은 컴퓨터 공학과 관련된 영역이지만 IT라고 할 수는 없다. 반면 도서관 분류 체계와 인쇄술(D)은 IT이지만 컴퓨터 공학이 존재하지 않던 때부터 있었던 영역이다. 만약 도서관에서 아무 체계나 기준도 없이 책들이 비치된다면 책을 찾는 일 자체가 불가능했을 것이다.

문헌 정보학이라는 것이 컴퓨터가 존재하기 훨씬 이전부터 책의 분류를 체계적으로 다루었다. 문헌 정보학이 했던 일이 바로 IT라고 할 수 있다. 컴퓨터가 없어도 그 역할을 다 할 수 있기 때문이다.

이렇게 IT라고 해서 모두 컴퓨터와 관련된 것은 아니다. 그리고 IT가 발전한 것을 DT(Data Technology)라고 한다. DT는 현재 우리가 마주친 4차 산업 혁명 그리고 인공지능과 밀접하게 관련되어 있다. 인공지능을 이해하려면 먼저 빅 데이터가 무엇인지 알아야 하며, 빅 데이터를 알려면 DT에 대해서 이해해야 한다.

먼저 DT는 IT가 발전한 형태를 말한다. IT는 어떤 데이터가 있다고 가정했을 때, 전문가가 데이터에서 선별해서 의미 있는 정보로 활용하는 것이다.

3차 산업 혁명 때까지는 데이터를 전문가가 선별해서 의미 있는 정보로 가공하고, 체계적으로 관리하여 활용해 왔다. 그러다가 1990년대 후반부터 인터넷이 대중화되고, 2000년대부터 인터넷이 더 발전하고 사람들이 인터넷에서 제삼자에게 정보를 공유하거나 글을 남기기도 하면서 데이터의 양이 폭발적으로 증가했다.

그렇게 수집하는 데이터의 양이 증가하면서 IT는 DT로 확대되었는데, DT란 데이터를 전문가가 수집하지 않고, 데이터 자체를 모두 저장해서 활용하는 것이다. 조금 더 이해하기 쉽게 설명해 보자면, 100개의 데이터가 발생했다면 이 중에서 쓸모 있고 의미 있는 것을 전문가가 선별한다.

만약에 전문가가 100개의 데이터에서 10개의 데이터를 선별했다면, 이 10개의 데이터는 인포메이션이라고 부른다. 이렇게 수집 단계에서 선별한 정보를 잘 저장하고 관리한 후에 전문가의 판단력으로 분류하고 관리, 활용하는 기술을 IT라고 하고, 100개의 데이터가 발생했을 때, 100개의 데이터를 모두 저장하고, 관리하고 활용하는 기술이 DT이다.

과거에 비해서 요즘엔 데이터 저장 장치가 저렴해졌고, 클라우드 컴퓨팅의 대중화로

굳이 데이터를 선별해서 저장할 필요가 없어졌다. 그리고 이렇게 저장한 데이터를 전문가가 분석하고 활용하는 것이 아니라, 데이터 분석이나 인공지능을 활용해서 데이터를 분석하는 것이 DT이다.

IT와 DT의 차이는 인간의 판단력이 중심이냐, 인간의 판단력에 대한 과신을 내려놓고 데이터 안에서 메시지와 패턴을 찾느냐의 차이다.

빅 데이터

그림 109 빅 데이터 워드 클라우드

필자는 대학원에 입학하기 전까지 빅 데이터라는 것이 막연히 아주 많은 데이터를 뜻하는 용어라고 생각했다. 대부분 필자와 같은 생각을 했을 것이다. 빅 데이터에 대한 흔한 오해는 데이터의 양이 많으면 빅 데이터이고, 그렇지 않으면 빅 데이터가 아니라고 생각하는데, 그렇지 않다.

제철소 용광로에 온도 센서가 있고, 이 온도 센서가 10분마다 온도 값을 송출하는 경우를 생각해 보자. 그러면 10분마다 1개의 온도 값이 측정될 것이고, 1시간에 6개의 온도 값이 들어오면서 온종일 수집되는 온도 값의 수는 144개일 것이다. 여기서 이 144개의 온도 값을 인포메이션으로 거르지 않고, 모두 저장한다면 이 144개의 데이터는 빅 데이터라고 할 수 있다.

반면에 어떤 연구자가 100억 개의 데이터 중에서 10억 개의 인포메이션을 선별했다면, 이 10억 개의 데이터는 데이터의 양이 아주 많아도 인포메이션이며, 빅 데이터라고 할 수 없다.

빅 데이터는 데이터의 양으로 구분하는 것이 아니라, 전체 데이터 중 일부를 인포메이션으로 선별했는지 여부이다. 그리고 빅 데이터의 양의 약 80%는 SNS나 웹과 같은 인터넷에서 수집되고, 나머지 20% 정도가 센서에서 수집된다.

전문가가 빅 데이터를 판단하여 데이터를 분석하는 것보다 인공지능으로 분석하는 것이 더 좋은 이유는 크게 2가지이다.

1. 사람의 판단으로 데이터를 처리하기에는 데이터의 양이 너무 많다.
2. 사람의 논리로 빅 데이터를 해석하면 일부의 데이터만 해석될 위험이 있다.

전체 데이터 중 인포메이션인 것과 그렇지 않은 것으로 선별한다면, 인간이 염두에 둔 논리와 관련이 있는 데이터는 인포메이션으로 선별하고, 그렇지 않은 것은 인포메이션으로 선별하지 않았을 가능성이 크다.

예를 들어 고등학생의 학습량과 성적의 관계를 연구하려는 연구자가 있다고 가정해 보자. 이 연구자는 성적의 관계를 찾아내려고 학생들의 데이터를 수집할 것이다. 학생들의 수면 시간, 통학 시간, 자율 학습 시간, IQ 등 성적에 영향을 만하다고 판단되는 데이터 위주로 선별할 것이다. 그리고 학생의 신발 사이즈나 학생이 어떤 연예인을 좋아하는지에 대한 데이터는 걸렀을 가능성이 크다.

하지만 이것은 모르는 것이다. 학생의 신발 사이즈가 성적에 큰 영향을 끼칠지 누가 알 수 있을까? 아무도 모를 것이다. 만약 학생의 신발 사이즈가 성적에 큰 영향을 미치는데, 이 데이터를 인포메이션으로 선별하지 않고 걸러 버렸다면 학생의 성적 관계를 찾아내기에는 큰 어려움이 생길 것이다.

이렇게 데이터에서 메시지나 패턴들이 있는 경우라면 기존의 IT로도 충분히 데이터를 분석할 수 있지만, 인포메이션이 아닌 데이터 안에 의미 있는 메시지나 패턴이 있을 때는 IT는 이것을 놓치게 된다.

바둑의 정석과 같이 인간의 논리로 생각할 수 있는 수들이 인포메이션 안에 포함되었다면 알파고가 바둑 기사 이세돌 9단과 바둑을 둘 때 마치 바둑의 정석에 벗어나는 희한한 수로 보였지만, 바둑 대국이 끝나고 돌이켜 봤을 때, 바둑 전체를 유리하게 만들었던 수들은 인포메이션이 아닌 데이터에 위치한 패턴에 해당한다.

이렇게 DT는 빅 데이터의 모든 가능성을 놓치지 않는다.

인공지능과 관련된 학문과 기술 분야

그림 110 인공지능과 관련된 학문

인공지능이 컴퓨터 공학하고만 관련된다고 생각하는 사람이 많은데 절대 그렇지 않다. 인공지능은 아주 다양한 학문과 긴밀하게 연결되어 있다. 미래에는 자동차를 사람이 운전하지 않고 인공지능이 운전하는 자율 자동차가 나오리라는 것은 대부분 예측할 것이다.

자율 주행 기술이 언제쯤 완벽하게 완성되어 상용화될까? 사실 자율 주행 기술은 기술적으로만 보면, 상용화될 정도로 세밀하고 완벽하게 구현되어 바로 상용화해도 상관없는 정도로 잘 구현되어 있다.

그런데 왜 상용화되지 않을까? 상용화되지 않는 이유는 기술적인 문제보다는 학문적인 문제에서 아직 상용화될 만하다고 설득되지 않기 때문이다. 즉, 자율 주행 기술의 상용화가 넘어야 할 장벽은 기술이 아니라 도덕 철학이라는 말이다.

미국 MIT 미디어랩 아이야드 라흐반 교수와 프랑스 툴루즈 고등 연구소장인 프랑수아 보네퐁 교수는 사람이 운전할 때와 비교해 교통사고 건수를 90% 줄일 것으로 보이는 자율 주행 자동차도 골치 아픈 상황에 놓일 수 있다고 주장했다.

사람 운전자와 달리 자율 주행 자동차는 각종 센서에서 입수한 정보를 인공지능이 순식간에 처리하므로 언제나 현재 처한 상황을 객관적으로 파악할 수 있다. 그런데도 차가 움직이는 것은 물리적인 현상이라 사고를 피하는 이상적인 대응이 매번 실행 가능한 대응인 것은 아니다. 즉 반대편 차선에서 갑자기 차가 중앙선을 넘어온다든지, 아이가 갑자기 도로로 뛰어든다든지 하는 상황이다.

이런 경우 사람 운전자는 상황을 온전히 파악하지 못한 채 사실상 반사 행동으로 보이는 대응을 하지만, 자율 주행 자동차는 실행 가능한 차선책을 택한다. 피해가 불가피한 상황일 때 피해를 최소화하는 방향으로 결정한다. 사람으로 치면 사고 직전의 상황이 슬로 모션으로 돌아가 어떻게 사고를 내야 할지 판단할 시간이 충분한 셈이다.

물론 인공지능은 각 상황에 대한 프로그램의 행동 지침을 따를 뿐이다. 이런 상황에서 어떻게 행동할지를 결정하는 것은 인공지능을 만든 사람이라는 말이다.

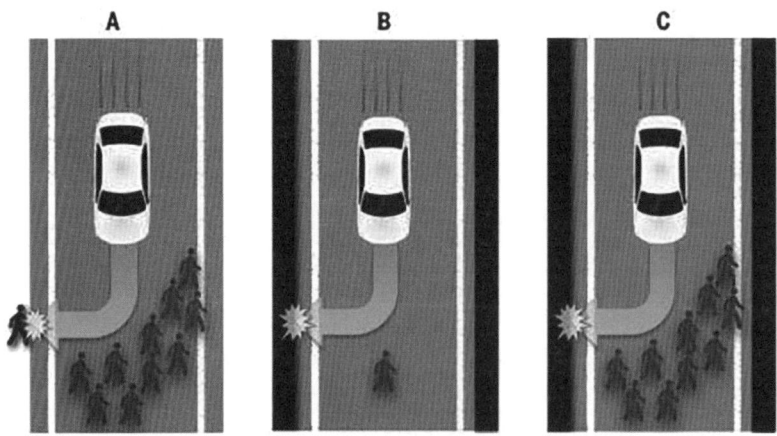

그림 111 자율 주행차의 윤리적 딜레마(그림 출처: The ScienceTimes)

위 그림을 보자. 연구자들은 인터넷을 통해 1,928명을 대상으로 자율 주행 자동차의 행동 지침에 대한 설문 조사를 했는데, 전방에 사람 열 명이 갑자기 나타났는데 그대로 가면 다 죽는다. 그런데 이들을 피해 핸들을 꺾으면 콘크리트 벽에 부딪혀 탑승자가 죽는다고 가정해 보자.

이런 상황에서 사람들 다수는 공리주의에 따른 결정을 선호했다. 76%가 보행자 열 명 대신 탑승자 한 명을 희생하는 쪽이 더 도덕적이라고 판단했다. 사람들은 자율 주행차의 인공지능이 이런 식으로, 즉 자기희생 모드로 프로그래밍 되는 것이 바람직하다고 평가했다.

그런데 이를 법적으로 강제해야 한다는 지점에 이르자 동의하는 빈도가 뚝 떨어졌다. 그리고 자기희생 모드와 자기 보호 모드(이 경우 보행자 열 명 사망) 두 가지로 차가 나오면 대다수는 후자를 살 것이라고 답했다. 그러면서도 다른 사람들은 전자를 사야 한다고 생각했다. 즉 사고가 나면 내가 사는 쪽으로 세팅돼야 한다는 말이다.

그렇다면 이런 상황에서 자율 주행차의 인공지능이 어떻게 결정해야 할지를 정하는 주체는 누가 돼야 할까? 여기서 어떤 것을 선택하든 모두 일리 있는 말이다.

하지만 여기서 중요한 문제는 인공지능이 누구를 죽여야 할지 선택하는 부분에서 인간의 존엄성이 훼손될 수 있다는 점에서 철학적인 문제가 발생한다.

이러한 철학 문제는 간단히 해결될 문제가 아니라서 앞으로 자율 주행 자동차의 상용화의 가장 큰 걸림돌이 될 거라고 본다. 이러한 철학적인 문제처럼 경제 문제, 심리 문제, 신경 과학 문제 등 많은 학문과 인공지능이 긴밀하게 연결되어 있으며, 이러한 문제들을 해결하려고 다양한 노력을 하고 있다.

그림 112 인공지능 기술 분야

인공지능을 활용하는 기술적인 분야도 다양하다. 우리가 흔히 아는 삼성 스마트폰의 빅스비, 구글의 구글 어시스턴트, 애플의 시리 등 인간의 언어를 학습시켜서 활용하는 자연어 처리, 확률적 추론을 통한 최적화 모델, 검색, 의사 결정 등 인공지능을 활용한 기술적인 분야가 다양하다.

따라서 누군가가 만약 인공지능 전문가라고 한다면 사실 의심의 눈초리로 볼 필요가 있다. 인공지능을 배울 때도 정확히 어떤 분야를 공부하고 싶은지 미리 방향을 설정하고 단계적으로 배우는 것이 좋다.

대부분은 머신러닝을 기반으로 분야가 나뉘어 처음 머신러닝에 입문할 때는 머신러닝의 지도 학습부터 먼저 공부하기를 추천한다.

인공지능, 머신러닝, 딥러닝의 관계

우리가 흔히 생각하는 인공지능은 마치 영화 "아이언맨"에 나오는 "자비스"라는 캐릭터나 영화 "her"에 나오는 연애 OS를 주로 떠올릴 것이다. 필자 생각에는 머지않아 정말로 영화에 나온 인공지능이 현실화할 거로 생각한다.

하지만 현재 사업에서 다루어지는 인공지능은 영화랑은 거리가 멀다. 단순하게 이야기하면 그냥 계산기일 뿐이다.

인공지능은 우리가 생각하는 모든 인공지능에 대한 폭넓은 개념이다. 그중 컴퓨터가 데이터를 보고 스스로 학습하고 판단하는 것이 머신러닝이다. 사실 이 책에서는 인공지능이라고 자주 말했지만, 정확하게 표현하면 머신러닝이라고 말하는 것이 더 맞다.

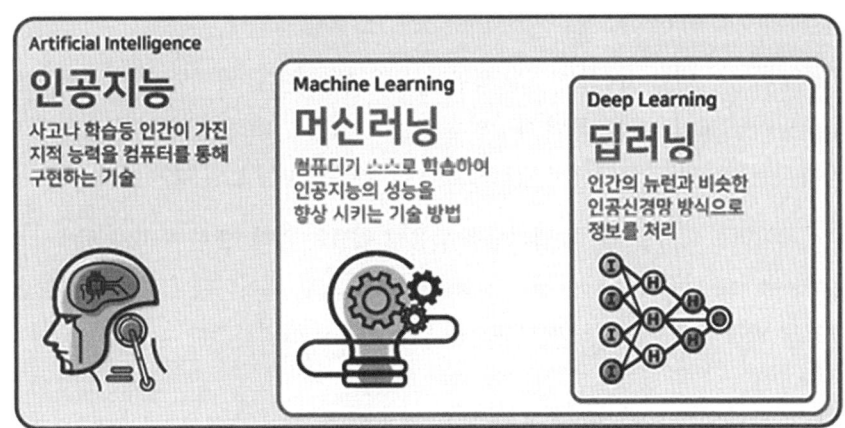

그림 113 인공지능, 머신러닝, 딥러닝 관계
(그림 출처: 네이버 블로그, LEE&JANG ECO ENG)

즉, 인공지능은 인공지능을 표현하는 폭넓은 개념이며, 인공지능의 많은 범위 안에 데이터를 보고 컴퓨터가 스스로 학습하는 머신러닝이 있다. 머신러닝에도 많은 모델이 있다. 그중 요즘 핫한 딥러닝도 머신러닝의 한 종류일 뿐이다.

여기서 딥러닝이라는 단어가 아주 핫해 인공지능에 관심 있는 사람 중 딥러닝을 모르는 사람은 없을 것이다. 하지만 딥러닝에 대해서 오해하는 사람이 아주 많다. 딥러닝이 머신러닝 모델 중에서 가장 성능이 좋다고 아는 사람들이 많다. 하지만 꼭 그렇지는 않다.

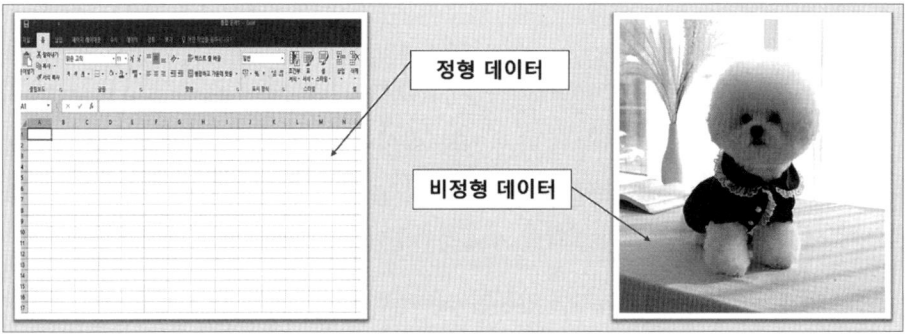

그림 114 정형 데이터와 비정형 데이터

데이터는 크게 2가지 종류이다. 정형 데이터, 비정형 데이터인데, 정형 데이터는 데이터 프레임 형태로 된 정형화된 데이터들을 말한다. 비정형 데이터는 위의 그림처럼 이미지, 텍스트, 음성과 같은 정형화되지 않은 데이터들을 말한다.

딥러닝은 비정형 데이터에서는 정말 좋은 성능을 보여 준다. 하지만 정형 데이터를 활용해서 딥러닝 모델을 사용하면 예상만큼 좋은 성능을 기대하기 힘들다. 오히려 딥러닝 외에 다른 머신러닝 모델에서 딥러닝보다 더 좋은 성능을 보일 때가 많다.

따라서 데이터를 학습할 때, 꼭 딥러닝을 활용할 필요는 없다. 또한 우리가 뒤에서 다룰 머신러닝에서도 학습하는 데이터가 정형 데이터라 정형 데이터에서 강력한 성능을 보이는 모델 또는 입문자도 편하게 사용하는 모델 위주로 설명하겠다.

_05_
데이터와 인공지능

실전 매매 프로젝트 준비

이제부터 본격적으로 인공지능을 활용해서 미래에 올라가는 주식을 예측하고 매매하는 프로그램을 만들어 보자. 가장 먼저 키움증권 API를 이용해서 주식 정보를 다루는 방법부터 차근차근 진행해 보자.

지금까지 차근차근 진행했다면 우리가 진행한 파이참 프로젝트 폴더에는 main.py와 그동안 같이 실습해 온 test.py 파일 그리고 데이터 분석을 연습한 csv, tsv 파일 등이 있을 것이다.

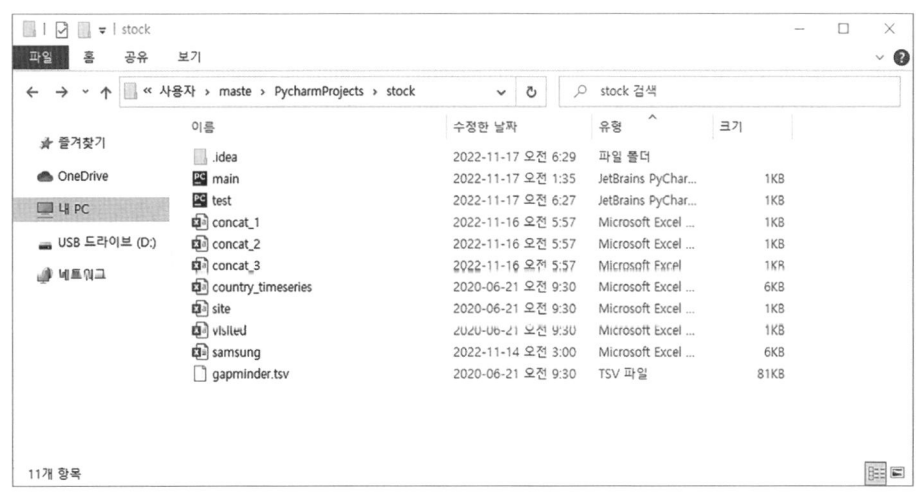

그림 115 파이참 stcok 프로젝트 폴더

05 데이터와 인공지능

파이참 프로젝트 폴더 안에 있는 main.py 파이썬 파일을 실행하자. 만약 main.py 파일 안에 어떤 코드를 적어 놨거나, 무언가 적혀 있다면 모두 지워 놓자.

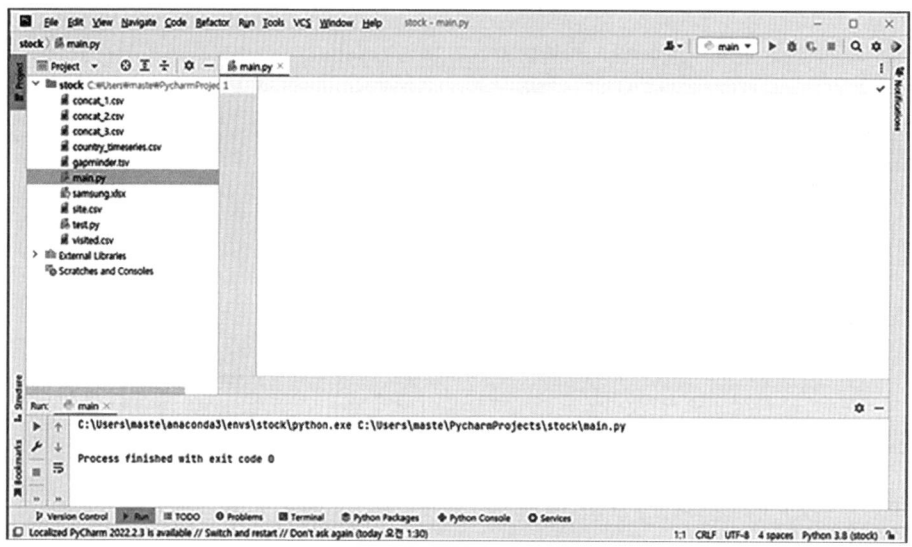

그림 116 main.py 파이참 프로젝트 창

이제부터 파이참을 이용해서 키움증권 API를 이용해 보겠다. 키움증권의 API는 비동기 방식으로 처리된다. 아마 프로그래밍 입문자라면 API를 사용하는 것이 굉장히 어려울 것이다.

이 책을 읽으면서 최대한 따라 적으면서 따라오되, 책을 자주 읽으면서 약간의 코드를 조금씩 수정해 보면서 반응을 지켜보고, 원리를 조금씩 이해한다면 프로그래밍 실력이 빨리 늘 것이므로, 따라오는 데 집중하고, API를 어떻게 호출하고, 응답받아 오는지 그 흐름에 집중해 주길 바란다.

먼저 비동기 방식에 대해서 간단히 알아보겠다. 만약 아래와 같이 코드를 작성하고 실행한다면 어떻게 될까?

예시 코드 156 ONE, TWO 화면에 출력하기

```
print('ONE')
print("TWO")
```

[실행 결과]

```
ONE
TWO
```

당연히 ONE, TWO 문자열이 순서대로 화면에 출력될 것이다. 이렇게 요청한 순서대로 출력하는 응답 방식을 동기식이라고 한다. 이는 프로그래밍에서 일반적으로 코드가 실행되는 방식이다. 그런데 아래와 같은 코드를 실행하면 어떤 순서로 실행될까?

예시 코드 157 ONE, TWO 화면에 출력하기

```python
import time

def long_time():
    for i in range(10):
        time.sleep(10)

print('ONE')
long_time()
print("THREE")
```

[실행 화면]

```
ONE
THREE
```

가장 먼저 화면에 ONE을 출력하고 long_time() 함수가 실행된다. long_time() 함수는 한번 실행되면 time 모듈의 sleep() 함수 때문에 100초가 딜레이된다. 100초가 지난 후 아래에 있는 print("THREE")를 실행하면서 화면에 THREE를 출력할 것이다.

여기서 보면 print("ONE")과 print("THREE")는 빠르게 실행되고 끝난다. 그런데 long_time() 함수 때문에 print("THREE")가 너무 늦게 실행된다.

여기서 이렇게 생각해 볼 수 있다. "long_time() 함수는 너무 오래 걸리니까 print("THREE")를 먼저 실행하고 나서 long_time() 함수를 실행하면 어떨까?" 하고 말이다. 잘 이해되지 않는다면, 식당을 예로 하나 더 들어 보자.

1. 손님 1: 계란프라이
2. 손님 2: 탕수육
3. 손님 3: 계란프라이

위의 예처럼 식당에서 손님 1, 2, 3이 순서대로 주문했을 때의 상황을 예로 들어 보겠다. 요리사가 '계란프라이', '탕수육', '계란프라이' 순서대로 요리해 준다면, 손님 3은 간단한 요리를 주문했는데도 탕수육 때문에 오래 기다려야 한다. 차라리 손님 1과 손님 3의 계란프라이부터 빨리 요리해 주고, 탕수육을 요리하는 것이 훨씬 효율적이다.

이렇게 요청한 순서대로 처리하지 않는 방식이 비동기식 방식이다. 키움증권의 API는 고객들의 요청을 비동기 방식으로 처리한다.

다시 정리해 보면, 중요한 사실은 우리가 키움증권에 보내는 요청에 대한 응답이 바로 오지 않을 수 있다는 것이다. 따라서 이런 점을 아는 우리도 요청을 보내고 나서 요청이 언제 처리되는지 마냥 기다리기보다는 다른 일을 하다가 API 서버에서 응답이 왔다는 신호가 오면 확인하는 것이 더 효율적으로 일을 처리하는 방식일 것이다.

이런 방식으로 응답을 주고받으려면 키움증권 API에 요청을 보내고 키움증권 API 서버에서 응답이 오면 이때 동작할 응답을 확인하는 기능을 가진 함수가 필요하며, 이를 슬롯(slot)이라고 부른다.

따라서 우리는 앞으로 서버에서 응답이 도착할 때 동작하는 슬롯은 응답이 오기 전에 미리 만들어 두어야 하고, 어느 슬롯을 통해 어떤 응답을 받을지 설정해야 한다. 요청을 보내기 전에 슬롯을 미리 만들지 않는다면 API에서 응답이 오더라도 슬롯이 없어 정상적으로 확인하지 못할 수도 있다.

CHAPTER 06

프로젝트 시작

키움증권 API에 로그인하기
종목 코드 가져오기
종목명 가져오기
주식 가격 정보 가져오기
예수금 가져오기
주문 접수 및 체결 확인하기
주문 정보 얻어 오기
잔고 얻어 오기
실시간 체결 정보 가져오기

키움증권 API에 로그인하기

키움증권 API를 통해 서버에 요청을 보내고 이에 대한 응답을 받는 파이썬 코드를 만들어 보자. stock 파이참 프로젝트 main.py 코드 창에 다음과 같은 코드를 작성해 보자.

예시 코드 158 키움증권에 로그인하기 1

```
from PyQt5.QAxContainer import *
from PyQt5.QtWidgets import *
from PyQt5.QtCore import *
import sys
import time
import pandas as pd

class Kiwoom(QAxWidget):
    def __init__(self):
        super().__init__()
```

파이썬 코드 위에 PyQt5 모듈에서 키움증권 API를 가져오기 위해 관련 도구를 가져와야 한다. 아래에 있는 코드가 키움증권 API를 사용할 수 있는 PyQt5 모듈들이다.

```
from PyQt5.QAxContainer import *
from PyQt5.QtWidgets import *
from PyQt5.QtCore import *
```

그 후 키움증권 API를 사용하는 클래스 객체를 만들어서 QAxWidget이라는 클래스를 상속받아야 한다. 이때 QAxWidget은 키움증권 Open API를 사용하도록 연결하는 기능을 제공한다. 상속받은 QAxWidget에서 제공하는 기능을 사용하려면 만든 클래스 안에 super().__init__()을 입력해 주어야 한다.

이어서 PC에서 Kiwoom API를 사용할 수 있도록 설정하는 _make_kiwoom_instance 함수를 만들어 보자. 앞서 작성한 main.py 파일에 이어서 작성하자.

예시 코드 159 키움증권에 로그인하기 2

```python
from PyQt5.QAxContainer import *
from PyQt5.QtWidgets import *
from PyQt5.QtCore import *
import sys
import time
import pandas as pd

class Kiwoom(QAxWidget):
    def __init__(self):
        super().__init__()
        self._make_kiwoom_instance()

    def _make_kiwoom_instance(self):
        self.setControl("KHOPENAPI.KHOpenAPICtrl.1")
```

_make_kiwoom_instance 함수 안에 있는 self.setControl 함수부터 알아보자. 안에 "KHOPENAPI.KHOpenAPICtrl.1"은 키움증권 API의 식별자 같은 것이다. 이 값이 있어야만 키움증권에 접속할 수가 있다.

그런 이제 키움증권 API를 사용할 준비를 마쳤으니 증권사 계정에 로그인해 보자. 로그인 과정도 결국 API 서버에 요청을 보낸 후 응답을 기다리는 것이다. 이제 로그인 처리에 대한 응답을 받을 slot 함수를 만들고, 로그인을 요청해 보자.

예시 코드 160 키움증권에 로그인하기 3

```python
from PyQt5.QAxContainer import *
from PyQt5.QtWidgets import *
from PyQt5.QtCore import *
```

```
import sys
import time
import pandas as pd

class Kiwoom(QAxWidget):
    def __init__(self):
        super().__init__()
        self._make_kiwoom_instance()
        self._set_signal_slots()

    def _make_kiwoom_instance(self):
        self.setControl("KHOPENAPI.KHOpenAPICtrl.1")

    def _set_signal_slots(self):
        self.OnEventConnect.connect(self._login_slot)

    def _login_slot(self, err_code):
        if err_code == 0:
            print("Connected!")
        else:
            print("Not Connected...")
        self.login_event_loop.exit()
```

여기서 새롭게 만들어진 _set_signal_slots는 슬롯들을 등록하는 함수이다. 등록할 슬롯이 하나가 아니라 여러 개인 이유는 API 서버로 보내는 요청들은 각각 종류와 성격이 다르고, 마찬가지로 slot 함수들도 요청에 따라 다르게 만들어야 하기 때문이다.

즉, API로 보내는 요청별(로그인, TR 조회, 실시간 데이터 등)로 다른 슬롯들이 필요하고, 어떤 응답을 받을 때 어떤 슬롯을 이용하겠다는 설정이 필요하다.

로그인 요청에 대한 응답을 받을 slot 함수는 self._login_slot이며, 이 함수로 로그인이 성공했는지 실패했는지에 대한 응답을 확인할 수 있다. 그리고 "로그인 응답 처리를 받을 때 사용하는 slot 함수는 이것이다."라고 지정해야 로그인 처리에 대한 결과를 해당 slot 함수로 알게 된다.

그 기능을 하는 코드가 바로 self.OnEventConnect.connect 함수이다. 매개 변수로 전달하는 이름(_login_slot)을 가진 함수를 로그인 처리에 대한 응답 slot 함수로 지정한다.

self_login_slot 함수는 매개 변수 err_code를 사용한다. 이 매개 변수를 통해 로그인 처리에 대한 성공과 실패 구분 값을 전달받는다. 여기서 err_code의 값이 0이면 로그인에 성공했다는 의미이고, 0이 아니면 로그인에 실패했다는 의미이다.

이제 self._login_slot 함수를 만들었다면, self.OnEventConnect.connect(self._login_slot)을 사용하여 로그인 응답 처리를 가능하게 하는 self._set_signal_slots() 함수를 호출해야 self._login_slot을 사용할 수 있다.

또 self._set_signal_slots() 함수 호출은 __init__() 함수 안에 넣어 놓자. __init__ 함수는 프로그램이 시작할 때, 자동으로 실행되는 함수이다.

여기서 Kiwoom 클래스 안에 있는 self._set_signal_slots 함수는 앞서 설명했듯 API로 보내는 여러 요청에 대한 응답 처리를 담당하는 slot 함수를 호출한다. 아직은 로그인만 다루어 보아 self.OnEventConnect.connect 외 다른 코드는 아직 없지만, 앞으로 _set_signal_slots 함수에 계속 코드를 추가할 예정이다.

여기까지 응답받을 준비를 마쳤다면 로그인을 요청하는 함수 _comm_connect 함수를 만들어 보자. 앞서 작성한 _login_slot 함수 아래에 다음 코드를 이어서 작성하자.

예시 코드 161 키움증권에 로그인하기 4

```python
from PyQt5.QAxContainer import *
from PyQt5.QtWidgets import *
from PyQt5.QtCore import *
import sys
import time
import pandas as pd

class Kiwoom(QAxWidget):
    def __init__(self):
        super().__init__()
        self._make_kiwoom_instance()
        self._set_signal_slots()
        self._comm_connect()

    def _make_kiwoom_instance(self):
        self.setControl("KHOPENAPI.KHOpenAPICtrl.1")

    def _set_signal_slots(self):
        self.OnEventConnect.connect(self._login_slot)
```

```
    def _login_slot(self, err_code):
        if err_code == 0:
            print("Connected!")
        else:
            print("Not Connected...")
        self.login_event_loop.exit()

    def _comm_connect(self):
        self.dynamicCall("CommConnect()")
        self.login_event_loop = QEventLoop()
        self.login_event_loop.exec_()
```

self.dynamicCall("CommConnect()")는 self.dynamicCall을 사용하여 CommConnect를 호출하는 코드로, 키움증권 API 서버로 로그인 요청을 보낸다.

여기서 dynamicCall() 함수는 Kiwoom 클래스가 상속받은 QAxWidget 클래스로 사용할 수 있다. CommConnect는 API에서 제공하는 함수로 키움증권 로그인 화면을 팝업하는 기능을 한다.

그리고 self.login_event_loop = QEventLoop()는 로그인 요청에 대한 응답을 받는 기능을 하도록 만든 것이고, self.login_event_loop.exec_()는 로그인 요청에 대한 응답을 기다리는 함수를 실행한다는 뜻이므로, 로그인 요청을 할 때까지 계속 대기한다는 뜻이다.

이렇게 로그인하는 코드를 모두 만들었다. 그럼 이제 만든 Kiwoom 클래스를 실행해보자.

예시 코드 162 키움증권에 로그인하기 5

```
from PyQt5.QAxContainer import *
from PyQt5.QtWidgets import *
from PyQt5.QtCore import *
import sys
import time
import pandas as pd

class Kiwoom(QAxWidget):
    def __init__(self):
        super().__init__()
```

```
        self._make_kiwoom_instance()
        self._set_signal_slots()
        self._comm_connect()

    def _make_kiwoom_instance(self):
        self.setControl("KHOPENAPI.KHOpenAPICtrl.1")

    def _set_signal_slots(self):
        self.OnEventConnect.connect(self._login_slot)

    def _login_slot(self, err_code):
        if err_code == 0:
            print("Connected!")
        else:
            print("Not Connected...")
        self.login_event_loop.exit()

    def _comm_connect(self):
        self.dynamicCall("CommConnect()")
        self.login_event_loop = QEventLoop()
        self.login_event_loop.exec_()

app = QApplication(sys.argv)
kiwoom = Kiwoom()
app.exec_()
```

[실행 결과]

```
Connected!
```

코드를 실행하면 키움증권에 로그인하는 창이 자동으로 뜰 것이다. 아이디와 비밀번호를 입력하고 로그인하고, 로그인이 완료되면 로그인이 완료되었다는 신호를 받아 화면에 "Connected!"가 출력될 것이다. 만약 오류가 나왔다면 python이 32bit가 아니라는 뜻이므로, 가상 환경 설치부터 다시해야 한다.

```
app = QApplication(sys.argv)
kiwoom = Kiwoom()
app.exec_()
```

위의 코드를 해석해 보자. 우리가 만든 Kiwoom 클래스를 kiwoom 변수에 할당한다. 그러면 kiwoom 변수는 Kiwoom 클래스에서 제공하는 모든 함수를 사용할 권한을 받는다. 그리고 위, 아래에 있는 app은 PyQt5를 이용하여 API를 제어하는 메인 루프이다. 이 코드를 통해 OCX 방식인 API를 사용할 수 있어 항상 입력하려는 코드 위, 아래에 넣어 주어야 한다.

항상 코드를 실행해야 할 때마다 아이디와 비밀번호를 입력해야 한다면, 자동이라고 말하기가 부끄럽다. 이번에는 자동으로 로그인하게 해 보자. 먼저 코드를 실행해서 아이디와 비밀번호를 입력해서 로그인하고, 화면에 Connected가 뜰 때까지 기다린다.

화면에 Connected가 떴다면, 컴퓨터 화면 아래쪽에 숨겨진 아이콘 표시를 클릭하여 현재 실행 중인 키움증권 API 프로그램을 마우스 오른쪽 버튼을 눌러서 "계좌비밀번호 저장" 버튼을 누르자.

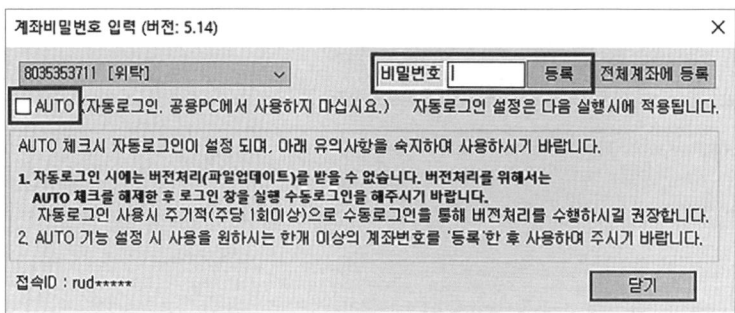

그림 117 [계좌비밀번호 저장] 메뉴 선택

계좌비밀번호 입력 화면이 나오면 비밀번호를 우선 입력하고 등록을 누르자. 그리고 AUTO에 체크한 후 닫기 버튼을 누르자(모의투자 환경에서는 비밀번호를 아무렇게나 입력해도 등록이 가능하다).

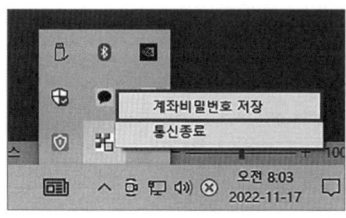

그림 118 비밀번호 등록 후, AUTO에 체크

여기까지 진행되었다면 다시 코드를 실행해 보자. 로그인하지 않고 자동으로 로그인되는 것을 확인할 수 있다(반드시 개인 PC에서 진행하자).

예시 코드 163 키움증권 자동 로그인 전체 코드

```python
from PyQt5.QAxContainer import *
from PyQt5.QtWidgets import *
from PyQt5.QtCore import *
import sys
import time
import pandas as pd

class Kiwoom(QAxWidget):
    def __init__(self):
        super().__init__()
        self._make_kiwoom_instance()
        self._set_signal_slots()
        self._comm_connect()

    def _make_kiwoom_instance(self):
        self.setControl("KHOPENAPI.KHOpenAPICtrl.1")

    def _set_signal_slots(self):
        self.OnEventConnect.connect(self._login_slot)

    def _login_slot(self, err_code):
        if err_code == 0:
            print("Connected!")
        else:
            print("Not Connected...")
        self.login_event_loop.exit()

    def _comm_connect(self):
        self.dynamicCall("CommConnect()")
        self.login_event_loop = QEventLoop()
        self.login_event_loop.exec_()

app = QApplication(sys.argv)
kiwoom = Kiwoom()
app.exec_()
```

계좌 정보 가져오기

로그인 후 계좌 정보를 얻어 오는 방법을 알아보자. 앞서 작성한 _comm_connect 함수에 이어서 다음 코드를 작성하자.

예시 코드 164 get_account_number() 함수

```python
def get_account_number(self):
    account_list = self.dynamicCall("GetLoginInfo(QString)", "ACCLIST")
    account_number = account_list.split(';')[0]
    print("나의계좌번호 :", account_number)
    return account_number
```

self.dynamicCall("GetLoginInfo(QString)", "ACCLIST") 코드는 dynamicCall을 이용하여 로그인에 성공한 사용자 정보를 얻어 오는 API 함수인 GetLoginInfo를 호출한다. 코드를 해석하면 GetLoginInfo 함수에는 문자로 된 값을 하나 전달한다는 의미이며, 전달하려는 값은 ACCLIST라는 의미로 해석한다.

하지만 "ACCLIST" 대신 전달하는 값은 다양하다. 그리고 반환 값은 ";"을 기준으로 값을 나열해서 반환해 split() 함수를 사용해서 결괏값을 ";" 기준으로 분할해야 하며, 이러한 방법으로 값을 분할하면 마지막 값이 공백으로 남아 [:-1]로 슬라이싱해서 마지막 값은 제외해야 하지만, 우리가 사용하는 계좌는 모의 계좌 하나라 0번째 계좌 번호를 가져오면 되어 split 함수로 분할한 결괏값의 0번째 값(우리가 사용하는 계좌 번호)만 가져왔다.

"ACCLIST" 대신 전달하는 값은 아래와 같다.

1. "ACCOUNT_CNT": 보유 계좌 개수 반환
2. "ACCLIST" or "ACCNO": 구분자 ";"로 연결된 보유 계좌 목록 반환
3. "USER_ID": 사용자 ID를 반환
4. "USER_NAME": 사용자 이름을 반환
5. "GetServerGubun": 접속 서버 구분 반환(1: 모의투자, 나머지: 실거래 서버)
6. "KEY_BSECGB": 키보드 보안 해지 여부 반환(0: 정상, 1: 해지)
7. "FIREW_SECGB": 방화벽 설정 여부를 반환(0: 미설정, 1: 설정, 2: 해지)

self.dynamicCall("GetLoginInfo(QString)", "ACCLIST") 코드는 로그인한 사용자의 보유 계좌 번호를 얻어 오는 기능을 하며, 로그인을 시도하던 때와 다르게 요청과 동시에 응답을 받아 온다. 따라서 응답 slot 함수를 등록하지 않아도 계좌 정보가 바로 account_list에 저장된다. 이 변수에 어떤 값이 담겨 있는지 print(account_list)로 확인해 볼 수 있다.

모의투자 환경에서 보유 계좌라고 하면 국내 주식, 해외 주식, 선물/옵션 등의 계좌 번호가 저장될 수 있다. 따라서 변수명을 계좌 목록을 의미하는 account_list라고 만들었지만, 이 책에서는 국내 주식 모의투자 환경만 이용해 account_list에는 국내 주식 모의투자 계좌 번호 하나만 저장되어 있다.

하지만 다른 부문(해외 주식 또는 선물/옵션 등)의 모의투자를 신청했다면 국내 주식 외 다른 계좌 번호가 전달되고, 이때를 대비하여 키움증권에서는 계좌 번호를 ";"를 기준으로 구분해서 전달한다. 이 값은 계좌 번호이므로 account_number 변수에 저장되고, 화면에 한 번 출력하고 반환한다.

그러면 계좌 정보를 가져오는 get_account_number 함수를 호출하여 코드가 정상적으로 동작하는지 확인해 보자. 실행 코드는 아래와 같이 수정하자.

예시 코드 165 계좌 정보 가져오기 실행 코드

```python
from PyQt5.QAxContainer import *
from PyQt5.QtWidgets import *
from PyQt5.QtCore import *
import sys
import time
import pandas as pd

class Kiwoom(QAxWidget):
    def __init__(self):
        super().__init__()
        self._make_kiwoom_instance()
        self._set_signal_slots()
        self._comm_connect()

    def _make_kiwoom_instance(self):
        self.setControl("KHOPENAPI.KHOpenAPICtrl.1")
```

```python
    def _set_signal_slots(self):
        self.OnEventConnect.connect(self._login_slot)

    def _login_slot(self, err_code):
        if err_code == 0:
            print("Connected!")
        else:
            print("Not Connected...")
        self.login_event_loop.exit()

    def _comm_connect(self):
        self.dynamicCall("CommConnect()")
        self.login_event_loop = QEventLoop()
        self.login_event_loop.exec_()

    def get_account_number(self):
        account_list = self.dynamicCall("GetLoginInfo(QString)", "ACCLIST")
        account_number = account_list.split(';')[0]
        print("나의계좌번호:", account_number)
        return account_number

app = QApplication(sys.argv)
kiwoom = Kiwoom()
kiwoom.get_account_number()
app.exec_()
```

[실행 결과]

```
Connected!
나의계좌번호: 8********
```

다음과 같이 모의투자 환경에서는 8로 시작하는 계좌 번호가 출력된다. 첫 번째 줄은 로그인에 성공했다는 의미로 "Connected!"가 출력되고 이어서 모의투자 계좌 번호가 나온다.

이 계좌 번호는 모의투자 환경에서 예수금을 얻어 오는 데 사용되는 등 다음에도 필요한 값이지만 변경되는 것은 아니므로 Kiwoom 클래스가 생성될 때 초기화 함수에서 한 번만 호출하겠다.

함수 호출로 얻어 온 계좌 번호는 Kiwoom 클래스의 self.account_number 변수에 저장해 두자.

예시 코드 166 계좌 번호 변수 초기화 함수에 등록

```python
class Kiwoom(QAxWidget):
    def __init__(self):
        super().__init__()
        self._make_kiwoom_instance()
        self._set_signal_slots()
        self._comm_connect()
        self.account_number = self.get_account_number()
```

여기까지 아이디와 비밀번호 입력 없이 자동으로 실행해서 키움증권 API를 실행시키고, 계좌 번호까지 저장해 두는 지점까지 완성했다.

예시 코드 167 계좌 정보 가져오기 전체 코드

```python
from PyQt5.QAxContainer import *
from PyQt5.QtWidgets import *
from PyQt5.QtCore import *
import sys
import time
import pandas as pd

class Kiwoom(QAxWidget):
    def __init__(self):
        super().__init__()
        self._make_kiwoom_instance()
        self._set_signal_slots()
        self._comm_connect()
        self.account_number = self.get_account_number()

    def _make_kiwoom_instance(self):
        self.setControl("KHOPENAPI.KHOpenAPICtrl.1")

    def _set_signal_slots(self):
        self.OnEventConnect.connect(self._login_slot)

    def _login_slot(self, err_code):
        if err_code == 0:
            print("Connected!")
        else:
            print("Not Connected...")
        self.login_event_loop.exit()
```

```python
    def _comm_connect(self):
        self.dynamicCall("CommConnect()")
        self.login_event_loop = QEventLoop()
        self.login_event_loop.exec_()

    def get_account_number(self):
        account_list = self.dynamicCall("GetLoginInfo(QString)", "ACCLIST")
        account_number = account_list.split(';')[0]
        print("나의계좌번호:", account_number)
        return account_number

app = QApplication(sys.argv)
kiwoom = Kiwoom()
kiwoom.get_account_number()
app.exec_()
```

종목 코드 가져오기

KOA를 보면 종목 정보를 얻어 오는 함수들을 따로 설명하며, 다음과 같이 KOA의 개발 가이드 → 기타 함수 → 종목 정보 관련 함수에서 확인할 수 있다.

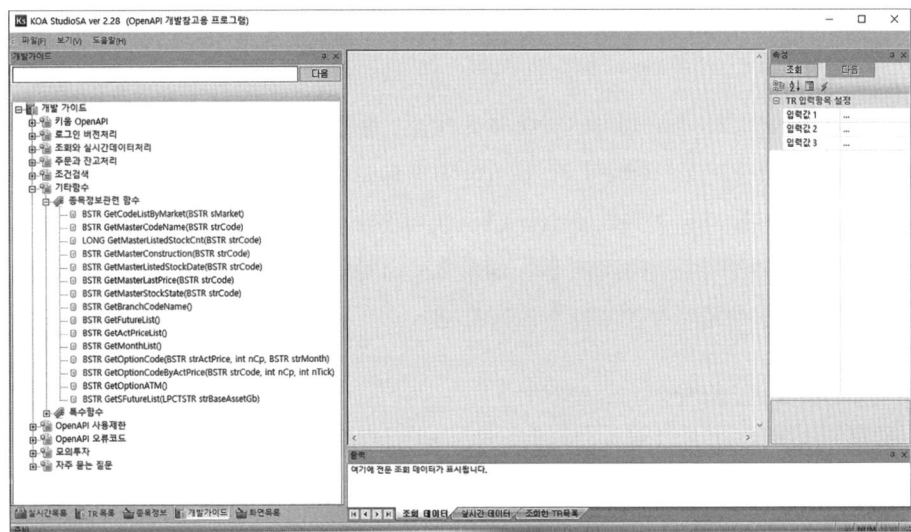

그림 119 KOA 개발 가이드 종목 관련 함수

종목 코드를 얻어 올 때는 GetCodeListByMarket이라는 키움증권 API 함수를 사용한다. 우리가 가져올 종목은 한국의 코스피(KOSPI)와 코스닥(KOSDAQ)이다. 이 둘은 서로 다른 시장으로 분류되어 종목 정보를 받아 오는 데 필요한 구분 값도 나뉘어 있다.

구분 값은 코스피는 0이며, 코스닥은 10이다. 이 값을 전달하여, 코스피, 코스닥에 상장된 모든 종목의 코드를 얻어 오는 함수를 만들어 보자. 앞서 작성한 코드에 get_account_number 함수 밑에 다음 코드를 작성하자.

예시 코드 168 get_code_list_stock_market 함수

```python
def get_code_list_stock_market(self, market_type):
    code_list = self.dynamicCall("GetCodeListByMarket(QString)", market_type)
    code_list = code_list.split(';')[:-1]
    return code_list
```

매개 변수로 전달되는 market_type 값은 어떤 시장에 해당하는 종목을 얻어 올지 의미하는 구분 값이다. market_type 값에 0을 전달하면 code_list에 코스피 종목 코드들이 저장된다.

```python
code_list = code_list.split(';')[:-1]
```

종목 코드 역시 ";"를 구분 지어서 하나의 문자열로 종목 코드를 반환해 split 함수를 사용해서 ";"를 기준으로 분할해야 하며, 이러한 방식으로 문자열을 분할하면, 리스트 값으로 반환되는데, 가장 마지막에 있는 값은 비어 있어 슬라이싱 방법을 이용해서 [:-1]로 가장 뒤에 있는 값은 가져오지 않는 방법으로 가져오면 모든 종목 코드를 가져올 수 있다. 이 함수를 호출해서 결과를 확인해 보자.

예시 코드 169 코스피, 코스닥 종목 코드 불러오기

```python
app = QApplication(sys.argv)
kiwoom = Kiwoom()

# 코스피 주식 코드 가져오기
kospi_list = kiwoom.get_code_list_stock_market("0")
# 코스닥 주식 코드 가져오기
kosdaq_list = kiwoom.get_code_list_stock_market("10")

print("코스피종목코드:", kospi_list)
print("코스닥종목코드:", kosdaq_list)

app.exec_()
```

[실행 결과]

```
Connected!
나의계좌번호: 8********
코스피종목코드: ['000020', '000040', '000050', ...중략..., '760002', '760003',
'900140']
코스닥종목코드: ['900110', '900270', '900260', ...중략..., '900250', '900070',
'900100']
```

로그인에 성공했다는 "Connected!"가 먼저 화면에 출력되고, 이어서 모의투자 계좌 번호가 나온다. 그리고 그다음부터 요청한 코스피 종목 코드와 코스닥 종목 코드가 화면에 쭉 출력된다.

예시 코드 170 종목 코드 얻어 오기 전체 코드

```python
from PyQt5.QAxContainer import *
from PyQt5.QtWidgets import *
from PyQt5.QtCore import *
import sys
import time
import pandas as pd

class Kiwoom(QAxWidget):
    def __init__(self):
        super().__init__()
        self._make_kiwoom_instance()
        self._set_signal_slots()
        self._comm_connect()
        self.account_number = self.get_account_number()

    def _make_kiwoom_instance(self):
        self.setControl("KHOPENAPI.KHOpenAPICtrl.1")

    def _set_signal_slots(self):
        self.OnEventConnect.connect(self._login_slot)

    def _login_slot(self, err_code):
        if err_code == 0:
            print("Connected!")
        else:
            print("Not Connected...")
```

```python
            self.login_event_loop.exit()

    def _comm_connect(self):
        self.dynamicCall("CommConnect()")
        self.login_event_loop = QEventLoop()
        self.login_event_loop.exec_()

    def get_account_number(self):
        account_list = self.dynamicCall("GetLoginInfo(QString)", "ACCLIST")
        account_number = account_list.split(';')[0]
        print("나의계좌번호:", account_number)
        return account_number

    def get_code_list_stock_market(self, market_type):
        code_list = self.dynamicCall("GetCodeListByMarket(QString)", market_type)
        code_list = code_list.split(';')[:-1]
        return code_list

app = QApplication(sys.argv)
kiwoom = Kiwoom()

# 코스피 주식 코드 가져오기
kospi_list = kiwoom.get_code_list_stock_market("0")
# 코스닥 주식 코드 가져오기
kosdaq_list = kiwoom.get_code_list_stock_market("10")

print("코스피종목코드:", kospi_list)
print("코스닥종목코드:", kosdaq_list)

app.exec_()
```

종목명 가져오기

앞서 종목 코드를 가져왔다면 이에 해당하는 각각의 종목명을 확인해 보자. 종목명을 확인하려면 GetMasterCodeName() 함수에 종목 코드를 전달하면 코드의 종목명을 반환한다. 알고 싶은 종목의 코드를 매개 변수로 전달하는 것이 전부라 함수가 비교적 간단하다. 앞서 작성한 get_code_list_stock_market 함수 아래에 다음 코드를 이어서 작성하자.

예시 코드 171 get_code_name 함수

```
def get_code_name(self, code):
    name = self.dynamicCall("GetMasterCodeName(QString)", code)
    return name
```

이제 종목 정보를 얻어 오는 함수를 호출해 보자. 앞서 만들었던 get_code_list_stock_market 함수에서 가져온 종목 코드들을 반복문 for문을 이용해서 get_code_name 함수 안에 넣어서 결괏값을 출력해 보자.

get_code_name 함수는 하나의 종목 코드를 받아서 하나의 종목명을 반환해 전체 종목명을 확인하려면 종목 코드의 개수만큼 호출해야 한다.

예시 코드 172 종목명 받아 오기

```
app = QApplication(sys.argv)
kiwoom = Kiwoom()
```

```
# 코스피 주식 코드 가져오기
kospi_list = kiwoom.get_code_list_stock_market("0")
# 코스닥 주식 코드 가져오기
kosdaq_list = kiwoom.get_code_list_stock_market("10")

for i in kospi_list:
    name = kiwoom.get_code_name(i)
    print(i, name)

for i in kosdaq_list:
    name = kiwoom.get_code_name(i)
    print(i, name)

app.exec_()
```

[실행 결과]

```
Connected!
나의계좌번호: 8********
000020 동화약품
000040 KR모터스
000050 경방
000060 메리츠화재
000070 삼양홀딩스
000075 삼양홀딩스우
...생략
```

이와 같이 종목 코드와 종목명이 순서대로 출력되는 것을 알 수 있다. 이 외에도 종목 정보에 관한 다양한 함수가 KOA에 설명되며 종목의 전일가, 상장 정보, 감리 구분 등 (투자 주의, 투자 경고, 투자 위험 등)의 정보들도 얻어 올 수 있다(처음 보면 익숙하지 않아서 봐도 잘 모르겠지만, 책을 몇 번 따라 작성해 보면서 StudioSA를 자주 보다 보면 점차 이해될 것이다).

예시 코드 173 종목명 얻어 오기 전체 코드

```
from PyQt5.QAxContainer import *
from PyQt5.QtWidgets import *
from PyQt5.QtCore import *
import sys
import time
```

```python
import pandas as pd

class Kiwoom(QAxWidget):
    def __init__(self):
        super().__init__()
        self._make_kiwoom_instance()
        self._set_signal_slots()
        self._comm_connect()
        self.account_number = self.get_account_number()

    def _make_kiwoom_instance(self):
        self.setControl("KHOPENAPI.KHOpenAPICtrl.1")

    def _set_signal_slots(self):
        self.OnEventConnect.connect(self._login_slot)

    def _login_slot(self, err_code):
        if err_code == 0:
            print("Connected!")
        else:
            print("Not Connected...")
        self.login_event_loop.exit()

    def _comm_connect(self):
        self.dynamicCall("CommConnect()")
        self.login_event_loop = QEventLoop()
        self.login_event_loop.exec_()

    def get_account_number(self):
        account_list = self.dynamicCall("GetLoginInfo(QString)", "ACCLIST")
        account_number = account_list.split(';')[0]
        print("나의계좌번호:", account_number)
        return account_number

    def get_code_list_stock_market(self, market_type):
        code_list = self.dynamicCall("GetCodeListByMarket(QString)", market_type)
        code_list = code_list.split(';')[:-1]
        return code_list

    def get_code_name(self, code):
        name = self.dynamicCall("GetMasterCodeName(QString)", code)
        return name
```

```
app = QApplication(sys.argv)
kiwoom = Kiwoom()

# 코스피 주식 코드 가져오기
kospi_list = kiwoom.get_code_list_stock_market("0")
# 코스닥 주식 코드 가져오기
kosdaq_list = kiwoom.get_code_list_stock_market("10")

for i in kospi_list:
    name = kiwoom.get_code_name(i)
    print(i, name)

for i in kosdaq_list:
    name = kiwoom.get_code_name(i)
    print(i, name)

app.exec_()
```

주식 가격 정보 가져오기

키움증권 API 서버에 전달하는 요청 단위를 TR이라고 한다. 이 TR을 호출하는 함수를 만들어야 하는데 이 함수는 CommRqData라고 만들도록 하겠다. 이 함수에는 5개의 매개 변수를 전달해야 한다.

첫 번째 매개 변수에는 "CommRqData(Qstring, Qstring, int, QString)"을 문자열로 적어 줘야 한다. 그 뒤로는 "사용자 구분명", 조회하려는 TR, "연속 조회 여부", "화면번호"이다.

첫 번째 매개 변수는 키움 증권 API 함수를 호출할 때, 매개 변수가 4개 필요하다는 것이며, 두 번째 "사용자 구분명"은 호출할 TR 별명이다. 이름은 자유롭게 적어도 되나, 필자는 "opt10081"로 적겠다.

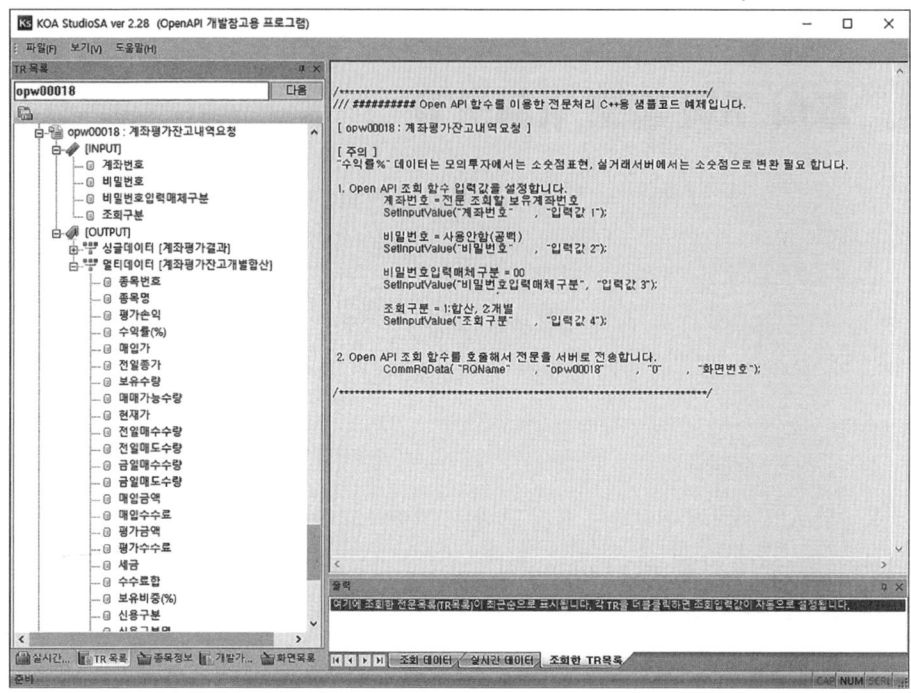

그림 120 TR 목록에서 원하는 요청을 찾아야 한다

네 번째 매개 변수 0은 연속 조회 여부를 나타낸다. TR에 대한 응답이 너무 길어 한 번에 전달하기 어려울 때는 응답을 나누어서 받을지 여부를 선택할 수 있다. 예를 들어 종목의 일봉 정보를 가져오는 TR인 OPT10081에서 요청당 가져올 응답의 최대 개수는 600개이다.

여기서 일봉이란 1 거래일 동안의 주가 변동을 표현한 것인데, 당일 주식 시장 마감 때 가격이 시작 가격보다 상승하면 양봉이라고 하며, 그 반대면 음봉이라고 한다.

즉, 주말을 제외한 주식 거래일 600일, 2년 남짓한 기간에 해당하는 정보를 가져오므로 상장한 지 2년이 넘은 종목들의 가격 정보는 다 가져오지 못한다. 이때 연속 조회 여부를 2로 설정하면 이전 정보들도 가져올 수 있다.

마지막 매개 변수인 화면 번호는 우리가 요청한 TR들의 묶음을 지정한 네 자리 숫자 형태의 문자열로 받는다. 자유롭게 설정해도 되지만, 우리는 "0001"로 사용하자.

KOA에서 제공하는 화면 번호는 최대 200개까지 사용이 가능하다고 한다. 한 화면 번호에 최대 몇 개의 TR을 사용할 수 있는지 정확한 설명은 없지만 우리는 한 화면 번호당 10개 내외로 사용하자.

위의 그림 120을 보면, "1. Open API 조회 함수 입력값을 설정합니다."라는 말이 있다. TR을 호출하는 데 필요한 입력값이 있다는 뜻이다. 이 값들을 설정한 후, CommRqData 함수를 사용하여 OPT10081을 호출해야 일봉 데이터를 얻을 수 있다.

설명을 보면, 종목 코드, 기준 일자, 수정 주가 구분의 세 가지 입력값이 필요하다. 여기서 기준 일자란 해당 종목의 상장일부터 기준 일자까지 가격 정보를 요청하는 것이며, 수정 주가는 보통 1로 설정한다(수정 주가란 유, 무상 증자나 액면 분할, 배당락, 기업 합병 등의 이벤트가 발생할 때, 현재 주가와 이전 주가의 차이를 조정한 가격이다).

입력값을 설정하는 방법은 API에서 제공하는 SetInputValue 함수를 사용하여 설정한다.

예를 들어 삼성전자의 가격을 가져온다고 가정해 보자. 삼성전자의 가격을 가져오려면, 아래와 같이 작성한다.

```
self.dynamicCall("SetInputValue(QString, QString)", "종목코드", code)
self.dynamicCall("SetInputValue(QString, QString)", "기준일자", "20221119")
self.dynamicCall("SetInputValue(QString, QString)", "수정주가구분", 1)
self.dynamicCall("CommRqData(QString, QString, int, QString)", "opt10081_req", "opt10081", 0, "0001")
```

위 코드는 API 서버로 삼성전자의 상장일에서 2022년 11월 19일까지 일봉 데이터를 요청한다. 하지만 응답받으려면 아직 몇 단계가 더 남아 있다. 앞서 설명했듯 요청을 보냈으면, 응답을 수신하는 데 필요한 slot을 만들어야 한다.

이전에 만든 _login slot 함수는 로그인 요청에 대한 응답을 받는 역할을 했고, 지금부터 만들 slot 함수는 TR 요청에 대한 응답을 받는 역할을 한다.

어느 요청에 어느 slot 함수를 사용하겠다는 설정은 _set_signal_slots 함수에서 수행하기로 한 것을 떠올려 보자. 먼저 _set_signal_slots 함수에 TR 요청에 대한 응답 slot

을 추가해 보자.

예시 코드 174 TR 요청 응답 slot 함수 만들기

```
def _set_signal_slots(self):
    self.OnEventConnect.connect(self._login_slot)
    self.OnReceiveTrData.connect(self._on_receive_tr_data)
```

self.OnReceiveTrData.connect(self._on_receive_tr_data)는 요청했던 TR 조회가 성공했을 때, _on_receive_tr_data 함수를 호출하겠다는 의미이다. _on_receive_tr_data 함수에는 첫 번째 매개 변수로 입력해야 할 것이 "화면 번호"이다. TR을 호출할 때, 사용한 화면 번호를 다시 전달받는다.

두 번째는 TR을 호출할 때 사용한 구분 명이다. 우리는 "opt10081"을 입력해 해당 값으로 다시 전달받는다.

세 번째는 TR 이름이다. 따라서 "opt10081"을 입력해야 한다.

네 번째는 레코드 이름을 받지만, 빈칸으로도 입력한다.

마지막은 TR 조회 후, OnreceiveTrData 함수를 통해 결과를 수신할 때, 추가로 받아 올 데이터가 있다면 2로 전달받고, 그렇지 않다면 0으로 전달받는다. 따라서 _on_receive_tr_data 함수를 사용하려면 아래와 같이 작성한다.

예시 코드 175 _on_receive_tr_data() 함수

```
def _on_receive_tr_data(self, screen_no, rqname, trcode, record_name, next, v1,
v2, v3, v4):
```

한 응답에서 가져오는 데이터의 양이 제한되어 있어 한 번에 다 가져오지 못한 때 다시 응답을 얻어 와야 하는지 확인해야 한다. 이는 slot에 전달되는 매개 변수인 next 값을 사용하여 연속 조회할 값의 유무를 알 수 있다.

next의 값이 2로 전달된다면 해당 TR에서 얻어 올 응답이 더 남아 있음을 뜻한다. 이번 요청에서 받아 온 데이터의 개수를 확인하려면 GetRepeatCnt 함수에 호출한 TR 이름을 전달한다.

예시 코드 176 GetRepeatCnt 함수 호출 코드

```
self.dynamicCall("GetRepeatCnt(QString, QString)", trcode, rqname)
```

next와 GetRepeatCnt 함수를 사용하여 앞으로 받아 올 응답이 있는지와 현재 받아 온 응답 개수까지 확인하는 slot 함수 코드를 작성해 보자.

예시 코드 177 _on_recieve_tr_data() 함수 구성

```
def _on_receive_tr_data(self, screen_no, rqname, trcode, record_name, next, v1,
v2, v3, v4):
    print(screen_no, rqname, trcode, record_name, next)
    cnt = self.dynamicCall("GetRepeatCnt(QString, QString)", trcode, rqname)

    if next == "2":
        self.isnext = True
    else:
        self.isnext = False
```

_on_receive_tr_data 함수는 모든 TR에 대한 응답을 받는 함수이다. 어떤 TR에 대한 응답을 받아 왔는지, 화면에 출력하도록 print 함수를 사용했다. print 함수가 호출되면서 화면 번호와 사용자 구분명, TR 이름이 출력된다.

이후 tr_data_cnt에 저장되는 값은 현재 호출한 TR의 응답 개수를 의미한다. 이 개수만큼 반복해서 데이터를 가져올 수 있다는 의미이다. 만약 있다면 next에 2를 입력하도록 하였다.

예시 코드 178 TR별로 데이터 가져오기

```
def _on_receive_tr_data(self, screen_no, rqname, trcode, record_name, next, v1,
v2, v3, v4):
    print(screen_no, rqname, trcode, record_name, next)
    cnt = self.dynamicCall("GetRepeatCnt(QString, QString)", trcode, rqname)

    if next == "2":
        self.isnext = True
    else:
        self.isnext = False
```

```
        if rqname == "opt10081":
            total = []
            for i in range(cnt):
                date = self.dynamicCall("GetCommData(QString, QString, int,
QString)", trcode, rqname, i, "일자").strip()
                open = int(self.dynamicCall("GetCommData(QString, QString, int,
QString)", trcode, rqname, i, "시가").strip())
                high = int(self.dynamicCall("GetCommData(QString, QString, int,
QString)", trcode, rqname, i, "고가").strip())
                low = int(self.dynamicCall("GetCommData(QString, QString, int,
QString)", trcode, rqname, i, "저가").strip())
                close = int(self.dynamicCall("GetCommData(QString, QString, int,
QString)", trcode, rqname, i, "현재가").strip())
                volume = int(self.dynamicCall("GetCommData(QString, QString, int,
QString)", trcode, rqname, i, "거래량").strip())
                total.append([date, open, high, low, close, volume])
            self.tr_data = total

self.tr_event_loop.exit()
time.sleep(1)
```

_on_receive_tr_data는 사용되는 모든 TR의 응답을 수신하는 함수이기에 아래에 나와 있는 코드처럼 rqname을 통해 TR별로 구분하여 응답을 받아 와야 한다고 설명했다. 따라서 TR 이름이 담긴 rqname 변숫값으로 응답을 구분 짓는다.

```
    if rqname == 'opt10081':
```

OPT10081 TR의 응답이 온 때 우리가 가져올 데이터는 일자, 시가, 고가, 저가, 현재가, 거래량 등이다. 그리고 GetRepeatCnt 함수로 얻어 온 데이터 개수만큼 반복해서 추출하여 특정 주식 가격의 일자, 시가, 고가, 저가, 현재가, 거래량 정보를 리스트 total에 순차적으로 넣는다.

그리고 맨 아래쪽 세 줄은 밑에서부터 위로 하나씩 보면 time 모듈을 이용해서 1초씩 쉬겠다는 의미이다. 왜냐하면 빠르게 데이터를 요청하면 키움증권 서버에 무리를 줄 수 있으며, 정말 나쁜 상황에서는 차단당할 수도 있다.

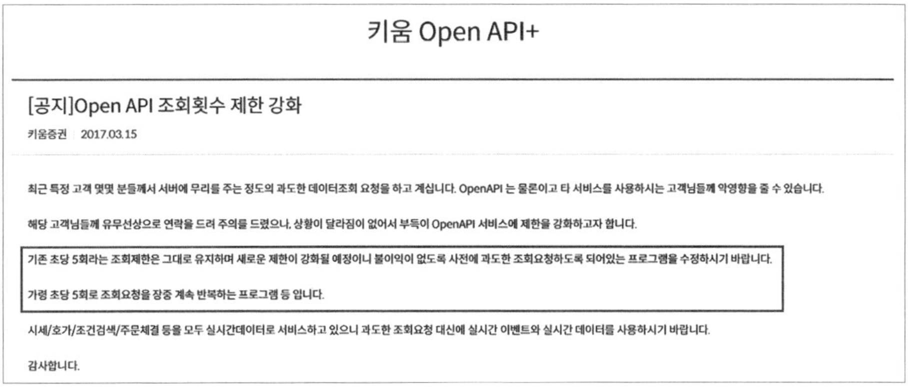

키움 Open API+

[공지]Open API 조회횟수 제한 강화
키움증권 2017.03.15

최근 특정 고객 몇몇 분들께서 서버에 무리를 주는 정도의 과도한 데이터조회 요청을 하고 계십니다. OpenAPI 는 물론이고 타 서비스를 사용하시는 고객님께 악영향을 줄 수 있습니다.

해당 고객님들께 유무선상으로 연락을 드려 주의를 드렸으나, 상황이 달라짐이 없어서 부득이 OpenAPI 서비스에 제한을 강화하고자 합니다.

기존 초당 5회라는 조회제한은 그대로 유지하며 새로운 제한이 강화될 예정이니 불이익이 없도록 사전에 과도한 조회요청하도록 되어있는 프로그램을 수정하시기 바랍니다.
가령 초당 5회로 조회요청을 장중 계속 반복하는 프로그램 등 입니다.

시세/호가/조건검색/주문체결 등을 모두 실시간데이터로 서비스하고 있으니 과도한 조회요청 대신에 실시간 이벤트와 실시간 데이터를 사용하시기 바랍니다.

감사합니다.

그림 121 키움증권 조회 횟수 공지 사항

키움증권에서는 조회 요청을 1초에 5회 이상 하면 제한을 가한다. 불이익을 받지 않도록 1초에 최대 3~4회로 요청해야 한다.

다음으로 self.tr_event_loop.exit 함수는 TR 요청을 보내고 응답을 대기시키는 데 사용하는 self.tr_event_loop를 종료하는 역할을 한다.

이 변수에 대한 선언은 TR을 호출하는 함수에서 한다. 그리고 가져온 정보는 리스트 값으로 저장해서 이 값이 저장된 데이터를 self.tr_data에 저장하는 이유는 Kiwoom 객체의 속성으로 저장하여 객체를 만든 영역에서 접근해서 사용하도록 하기 위함이다.

좀 더 간단히 설명하면 받아 온 일봉 데이터를 외부에서 사용하도록 하려고 값을 옮겼다고 이해하자.

지금까지 일봉 데이터를 얻어 오는 TR에 대한 응답 처리를 구현했다. 다음은 실질적으로 일봉 데이터를 요청하는 호출 함수를 만들어 보자.

지금까지 받아 온 일봉 데이터는 리스트로 저장되어 있다. 이 데이터를 데이터 프레임 형태로 만들 것이다. 그리고 슬롯에서 응답 대기를 종료시키는 데 사용한 self.tr_event_loop.exit() 코드에서 선언하지 않고, 사용한 self.tr_event_loop 변수를 만들자.

이 변수로 TR을 호출한 후 응답이 올 때까지 기다릴 수 있다. 이 변수는 Kiwoom 클래스의 __init__() 함수 안에 넣어 놓자.

예시 코드 179 Kiwoom 클래스 초기화 함수에 self.tr_event_loop 함수 만들기

```
class Kiwoom(QAxWidget):
    def __init__(self):
        super().__init__()
        self._make_kiwoom_instance()
        self._set_signal_slots()
        self._comm_connect()
        self.account_number = self.get_account_number()
        self.tr_event_loop = QEventLoop()
```

자, 이제 준비를 모두 마쳤다. 실제로 가격 정보를 얻어 오는 get_price 함수를 만들어 보자. 이 함수로 전달하는 매개 변수는 가격 정보를 얻으려는 종목 코드이다.

물론 KOA에서 설명하는 TR 호출에 필요한 입력값은 종목 코드, 기준 일자, 수정 주가 구분으로 세 개라 get_price 함수도 매개 변수가 세 개 필요하겠다고 생각할 수 있지만, 수정 주가는 항상 1로 사용할 예정이고, 기준 일자는 전달하지 않으면 가장 최근 일자까지 조회해 와 사실상 종목 코드만 있으면 가격 정보를 얻어 올 수 있다.

예시 코드 180 get_price 함수

```
def get_price(self, code):
    self.dynamicCall("SetInputValue(QString, QString)", "종목코드", code)
    self.dynamicCall("SetInputValue(QString, QString)", "수정주가구분", "1")
    self.dynamicCall("CommRqData(QString, QString, int, QString)", "opt10081",
"opt10081", 0, "0020")
    self.tr_event_loop.exec_()
    time.sleep(1)

    total = self.tr_data

    while self.isnext:
        self.dynamicCall("SetInputValue(QString, QString)", "종목코드", code)
        self.dynamicCall("SetInputValue(QString, QString)", "수정주가구분", "1")
        self.dynamicCall("CommRqData(QString, QString, int, QString)",
"opt10081", "opt10081", 2, "0020")
        self.tr_event_loop.exec_()
        total += self.tr_data
        time.sleep(1)

    df = pd.DataFrame(total, columns = ['date','open', 'high', 'low', 'close',
```

```
    'volume']).set_index("date")
    df = df.drop_duplicates()
    df = df.sort_index()
    return df
```

앞서 TR을 요청하기 전에 전달할 입력값들을 설정하고 CommRqData 함수에 사용할 TR을 전달하면 TR 요청이 완료된 것이라고 이야기했다. 이 부분에 해당하는 코드는 아래와 같다. 이 코드는 매개 변수인 종목 코드 값과 수정 주가 구분 값을 설정하고 opt10081에 대한 요청을 보낸다.

예시 코드 181 CommRqData에 사용할 TR 요청 코드

```
self.dynamicCall("SetInputValue(QString, QString)", "종목코드", code)
self.dynamicCall("SetInputValue(QString, QString)", "수정주가구분", "1")
self.dynamicCall("CommRqData(QString, QString, int, QString)", "opt10081",
 "opt10081", 0, "0020")
```

CommRqData를 사용하여 TR 요청을 보낸 후 응답 대기 상태로 만드는 코드가 다음 줄에 나오는 self.event_loop.exec_이다. self.tr_event_loop.exec_ 이후 코드는 TR에 대한 응답이 도착한 후 실행될 수 있다. 따라서 다음 코드에서 self.tr_data는 응답 slot 함수 _on_receive_tr_data에서 수신한 일봉 데이터가 저장되어 사용할 수 있다.

하지만 앞서 설명한 것처럼 한 번에 호출로 받아 올 데이터의 최대 개수는 600개이며, 추가로 받아 올 데이터가 있으므로 최초로 받아 온 600일 치가 total 리스트 변수에 저장된다. 그리고 추가로 받아 올 데이터가 남아 있는지 self.has_next_tr_data를 통해 확인한다.

따라서 while문에 진입하여 한 번 더 TR 요청을 하고, 똑같이 응답을 기다리는 상태로 진입하도록 self.tr_event_loop.exec_ 함수를 실행한다. 그리고 그 이후에는 최초로 수신한 응답 값인 total 변수를 기준으로 이후 데이터를 이어 붙인다는 의미의 반복문이 등장하고, 이 while 반복문의 의미는 self.tr_data만큼 반복하여 total 리스트 변수 뒷부분에 추가한다는 의미이다.

간단히 말해 이 과정은 한 번에 모든 일봉 데이터를 받아 올 수 없으니 호출할 때마다 받아 온 데이터를 합치는 과정이라고 생각하자. 그렇게 while문을 거쳐도 아직 받아

올 데이터가 있다면 self.has_next_tr_data 값이 2라 self.has_next_tr_data의 값이 0
이 될 때까지 while문을 계속 사용하여 반복한다.

마지막으로 반복문을 빠져나오면, 그동안 저장한 total 리스트 변수를 데이터 프레임으
로 만든다. 그리고 혹시 모를 상황이 있을 수 있으니 데이터 프레임의 drop_duplicates
함수를 통해 혹시라도 중복된 행이 있다면 삭제하고, sort_index 함수를 통해 날짜를
과거부터 현재 시간 순으로 다시 정렬해서 반환하였다.

여기까지 진행되었다면, 앞서 만든 코드로 삼성 주식 가격을 불러와 보자.

예시 코드 182 삼성전자 주식 가격 가져오기

```
app = QApplication(sys.argv)
kiwoom = Kiwoom()

# 코스피 주식 코드 가져오기
kospi_list = kiwoom.get_code_list_stock_market("0")
# 코스닥 주식 코드 가져오기
kosdaq_list = kiwoom.get_code_list_stock_market("10")

samsung = kiwoom.get_price("005930")
print(samsung)

app.exec_()
```

[실행 결과]

```
Connected!
나의계좌번호: 8********
0020 opt10081 opt10081  2
...중략...
0020 opt10081 opt10081  0

          open   high   low   close   volume
date
19850104   130   130   129   129    111765
19850105   129   129   128   128    108497
19850107   129   130   128   129    771895
19850108   129   129   127   127    845098
19850109   126   126   122   123    324837
...        ...   ...   ...   ...    ...
```

```
20221129    59900    60600    59800    60600     7014160
20221130    60400    62200    60200    62200    19768903
20221201    63100    63200    62300    62600    16631445
20221202    62500    62500    60400    60400    15331184
20221205    60400    60400    60400    60400           0
```

[10006 rows x 5 columns]

위 결과를 보아, 1985년부터 오늘 날짜까지 삼성전자 주식 가격의 모든 데이터를 가져오는 것을 확인했다.

예시 코드 183 주식 가격 정보 가져오기 전체 코드

```python
from PyQt5.QAxContainer import *
from PyQt5.QtWidgets import *
from PyQt5.QtCore import *
import sys
import time
import pandas as pd

class Kiwoom(QAxWidget):
    def __init__(self):
        super().__init__()
        self._make_kiwoom_instance()
        self._set_signal_slots()
        self._comm_connect()
        self.account_number = self.get_account_number()
        self.tr_event_loop = QEventLoop()

    def _make_kiwoom_instance(self):
        self.setControl("KHOPENAPI.KHOpenAPICtrl.1")

    def _set_signal_slots(self):
        self.OnEventConnect.connect(self._login_slot)
        self.OnReceiveTrData.connect(self._on_receive_tr_data)

    def _on_receive_tr_data(self, screen_no, rqname, trcode, record_name, next, v1, v2, v3, v4):
        print(screen_no, rqname, trcode, record_name, next)
        cnt = self.dynamicCall("GetRepeatCnt(QString, QString)", trcode, rqname)

        if next == "2":
```

```python
            self.isnext = True
        else:
            self.isnext = False

        if rqname == "opt10081":
            total = []
            for i in range(cnt):
                date = self.dynamicCall("GetCommData(QString, QString, int, QString)", trcode, rqname, i, "일자").strip()
                open = int(self.dynamicCall("GetCommData(QString, QString, int, QString)", trcode, rqname, i, "시가").strip())
                high = int(self.dynamicCall("GetCommData(QString, QString, int, QString)", trcode, rqname, i, "고가").strip())
                low = int(self.dynamicCall("GetCommData(QString, QString, int, QString)", trcode, rqname, i, "저가").strip())
                close = int(self.dynamicCall("GetCommData(QString, QString, int, QString)", trcode, rqname, i, "현재가").strip())
                volume = int(self.dynamicCall("GetCommData(QString, QString, int, QString)", trcode, rqname, i, "거래량").strip())
                total.append([date, open, high, low, close, volume])
            self.tr_data = total

        self.tr_event_loop.exit()
        time.sleep(1)

    def _login_slot(self, err_code):
        if err_code == 0:
            print("Connected!")
        else:
            print("Not Connected...")
        self.login_event_loop.exit()

    def _comm_connect(self):
        self.dynamicCall("CommConnect()")
        self.login_event_loop = QEventLoop()
        self.login_event_loop.exec_()

    def get_account_number(self):
        account_list = self.dynamicCall("GetLoginInfo(QString)", "ACCLIST")
        account_number = account_list.split(';')[0]
        print("나의계좌번호:", account_number)
        return account_number

    def get_code_list_stock_market(self, market_type):
```

```python
        code_list = self.dynamicCall("GetCodeListByMarket(QString)", market_type)
        code_list = code_list.split(';')[:-1]
        return code_list

    def get_code_name(self, code):
        name = self.dynamicCall("GetMasterCodeName(QString)", code)
        return name

    def get_price(self, code):
        self.dynamicCall("SetInputValue(QString, QString)", "종목코드", code)
        self.dynamicCall("SetInputValue(QString, QString)", "수정주가구분", "1")
        self.dynamicCall("CommRqData(QString, QString, int, QString)", "opt10081", "opt10081", 0, "0020")
        self.tr_event_loop.exec_()
        time.sleep(1)

        total = self.tr_data

        while self.isnext:
            self.dynamicCall("SetInputValue(QString, QString)", "종목코드", code)
            self.dynamicCall("SetInputValue(QString, QString)", "수정주가구분", "1")
            self.dynamicCall("CommRqData(QString, QString, int, QString)", "opt10081", "opt10081", 2, "0020")
            self.tr_event_loop.exec_()
            total += self.tr_data
            time.sleep(1)

        df = pd.DataFrame(total, columns = ['date','open', 'high', 'low', 'close', 'volume']).set_index("date")
        df = df.drop_duplicates()
        df = df.sort_index()
        return df

app = QApplication(sys.argv)
kiwoom = Kiwoom()

# 코스피 주식 코드 가져오기
kospi_list = kiwoom.get_code_list_stock_market("0")
# 코스닥 주식 코드 가져오기
kosdaq_list = kiwoom.get_code_list_stock_market("10")

samsung = kiwoom.get_price("005930")
print(samsung)

app.exec_()
```

예수금 가져오기

다음은 계좌의 보유 예수금 정보를 얻어 오는 방법을 알아보자. 예수금이란 계좌에 보유 중인 현금을 의미하며, 주식을 매매하는 데 사용하는 투자금이다. 예수금 정보가 필요한 이유는 현재 가진 잔고를 바탕으로 종목당 얼마를 매수할지 결정할 수 있기 때문이다.

예수금 정보를 얻어 오는 방법은 TR(opw00001)을 활용해서 호출한다. 먼저 이 TR에 입력해야 할 정보는 아래와 같다.

예시 코드 184 get_deposit 함수

```
def get_deposit(self):
    self.dynamicCall("SetInputValue(QString, QString)", "계좌번호", self.ac count_number)
    self.dynamicCall("SetInputValue(QString, QString)", "비밀번호입력매체구분", "00")
    self.dynamicCall("SetInputValue(QString, QString)", "조회구분", "2")
    self.dynamicCall("CommRqData(QString, QString, int, QString)", "opw00001", "opw00001", 0, "0002")
    self.tr_event_loop.exec_()
    return self.tr_data
```

KOA 설명을 보면 "비밀번호"는 필요한 값처럼 보이나 실제로는 사용하지 않으니 사실상 계좌 번호만 전달한다. 또 계좌 번호는 앞서 만든 get_account_number 함수를 호출하며, self.account_number에 저장해 두었으니 TR 호출에 준비해야 할 것은 따로 없다.

그동안 해 온 방법대로 입력값 설정을 SetInputValue 함수를 통해 값을 입력하고 CommRqdata 함수를 원하는 값을 호출하는 과정을 거친다. 호출을 만들었으니, 응답이 도착했을 때, 슬롯 함수에서 데이터를 확인하도록 해 보자.

TR 응답을 모두 하나의 함수 _on_receive_tr_data에서 처리한다. _on_recieve_tr_data 함수를 아래와 같이 수정하자.

예시 코드 185 _on_receive_tr_data 함수에 주문 가능 금액 정보 받아 오는 기능 만들기

```python
def _on_receive_tr_data(self, screen_no, rqname, trcode, record_name, next, v1, v2, v3, v4):
    print(screen_no, rqname, trcode, record_name, next)
    cnt = self.dynamicCall("GetRepeatCnt(QString, QString)", trcode, rqname)

    if next == "2":
        self.isnext = True
    else:
        self.isnext = False

    if rqname == "opt10081":
        total = []
        for i in range(cnt):
            date = self.dynamicCall("GetCommData(QString, QString, int, QString)", trcode, rqname, i, "일자").strip()
            open = int(self.dynamicCall("GetCommData(QString, QString, int, QString)", trcode, rqname, i, "시가").strip())
            high = int(self.dynamicCall("GetCommData(QString, QString, int, QString)", trcode, rqname, i, "고가").strip())
            low = int(self.dynamicCall("GetCommData(QString, QString, int, QString)", trcode, rqname, i, "저가").strip())
            close = int(self.dynamicCall("GetCommData(QString, QString, int, QString)", trcode, rqname, i, "현재가").strip())
            volume = int(self.dynamicCall("GetCommData(QString, QString, int, QString)", trcode, rqname, i, "거래량").strip())
            total.append([date, open, high, low, close, volume])
        self.tr_data = total
    elif rqname == 'opw00001':
        deposit = self.dynamicCall("GetCommData(QString, QString, int, QString)", trcode, rqname, 0, "주문가능금액")
        self.tr_data = int(deposit)

    self.tr_event_loop.exit()
    time.sleep(1)
```

TR(OPT10081)을 호출할 때 응답받아 오는 데 사용한 if문에서 elif문을 이용해 rqname이 opw00001일 때도 추가하여, rqname이 예수금 요청(opw00001)일 때 처리할 코드를 넣었다. 이 과정에서 self.tr_event_loop.exit() 및 time.sleep(1) 코드가 elif 밑의 코드 블록에 들어가지 않도록 주의하자.

이처럼 TR 요청을 만들 때마다 TR 이름에 해당하는 elif 구문을 추가하여 해당 TR에 대한 응답을 로직으로 만들고 추가한다.

예수금을 얻어 오는 TR(opw00001)은 self.has_next_tr_data 변수를 사용하여 조회 가능한 데이터가 남아 있는지 확인하고, 추가 데이터를 조회하려고 같은 TR을 여러 번 호출한 일봉 데이터 조회와 다르게, 한 번 호출로 얻어 온 싱글 데이터 응답으로 "주문 가능 금액" 항목을 얻어 와 변수 deposit에 담았다.

수신한 데이터는 문자열로 이루어져 int 함수를 통해 들어온 예수금 데이터를 정수 형태로 변환해 주었다. 이후 예수금을 self.tr_data로 옮겨 담는 이유는 TR을 요청한 함수 get_deposit에서 이 값에 접근하여 사용하도록 하기 위해서이다.

자, 그럼 위에서 만든 코드를 통해 예수금을 불러와 보자.

예시 코드 186 예수금 불러오기

```
app = QApplication(sys.argv)
kiwoom = Kiwoom()

# 코스피 주식 코드 가져오기
kospi_list = kiwoom.get_code_list_stock_market("0")
# 코스닥 주식 코드 가져오기
kosdaq_list = kiwoom.get_code_list_stock_market("10")

my_deposit = kiwoom.get_deposit()
print("나의예수금:", my_deposit)

app.exec_()
```

[실행 결과]

```
Connected!
나의계좌번호: 8********
0002 opw00001 opw00001
나의예수금: 500000000
```

실행해 보면 모의투자 신청할 때 설정한 예수금이 출력되는 것을 확인할 수 있다.

예시 코드 187 예수금 가져오기 전체 코드

```python
from PyQt5.QAxContainer import *
from PyQt5.QtWidgets import *
from PyQt5.QtCore import *
import sys
import time
import pandas as pd

class Kiwoom(QAxWidget):
    def __init__(self):
        super().__init__()
        self._make_kiwoom_instance()
        self._set_signal_slots()
        self._comm_connect()
        self.account_number = self.get_account_number()
        self.tr_event_loop = QEventLoop()

    def _make_kiwoom_instance(self):
        self.setControl("KHOPENAPI.KHOpenAPICtrl.1")

    def _set_signal_slots(self):
        self.OnEventConnect.connect(self._login_slot)
        self.OnReceiveTrData.connect(self._on_receive_tr_data)

    def _on_receive_tr_data(self, screen_no, rqname, trcode, record_name, next, v1, v2, v3, v4):
        print(screen_no, rqname, trcode, record_name, next)
        cnt = self.dynamicCall("GetRepeatCnt(QString, QString)", trcode, rqname)

        if next == "2":
            self.isnext = True
        else:
            self.isnext = False

        if rqname == "opt10081":
            total = []
            for i in range(cnt):
                date = self.dynamicCall("GetCommData(QString, QString, int, QString)", trcode, rqname, i, "일자").strip()
                open = int(self.dynamicCall("GetCommData(QString, QString, int,
```

```
QString)", trcode, rqname, i, "시가").strip())
                high = int(self.dynamicCall("GetCommData(QString, QString, int,
QString)", trcode, rqname, i, "고가").strip())
                low = int(self.dynamicCall("GetCommData(QString, QString, int,
QString)", trcode, rqname, i, "저가").strip())
                close = int(self.dynamicCall("GetCommData(QString, QString, int,
QString)", trcode, rqname, i, "현재가").strip())
                volume = int(self.dynamicCall("GetCommData(QString, QString,
int, QString)", trcode, rqname, i, "거래량").strip())
                total.append([date, open, high, low, close, volume])
            self.tr_data = total
        elif rqname == 'opw00001':
            deposit = self.dynamicCall("GetCommData(QString, QString, int,
QString)", trcode, rqname, 0, "주문가능금액")
            self.tr_data = int(deposit)

        self.tr_event_loop.exit()
        time.sleep(1)

    def _login_slot(self, err_code):
        if err_code == 0:
            print("Connected!")
        else:
            print("Not Connected...")
        self.login_event_loop.exit()

    def _comm_connect(self):
        self.dynamicCall("CommConnect()")
        self.login_event_loop = QEventLoop()
        self.login_event_loop.exec_()

    def get_account_number(self):
        account_list = self.dynamicCall("GetLoginInfo(QString)", "ACCLIST")
        account_number = account_list.split(';')[0]
        print("나의계좌번호:", account_number)
        return account_number

    def get_code_list_stock_market(self, market_type):
        code_list = self.dynamicCall("GetCodeListByMarket(QString)", market_type)
        code_list = code_list.split(';')[:-1]
        return code_list

    def get_code_name(self, code):
```

```python
        name = self.dynamicCall("GetMasterCodeName(QString)", code)
        return name

    def get_price(self, code):
        self.dynamicCall("SetInputValue(QString, QString)", "종목코드", code)
        self.dynamicCall("SetInputValue(QString, QString)", "수정주가구분", "1")
        self.dynamicCall("CommRqData(QString, QString, int, QString)", "opt10081", "opt10081", 0, "0020")
        self.tr_event_loop.exec_()
        time.sleep(1)

        total = self.tr_data

        while self.isnext:
            self.dynamicCall("SetInputValue(QString, QString)", "종목코드", code)
            self.dynamicCall("SetInputValue(QString, QString)", "수정주가구분", "1")
            self.dynamicCall("CommRqData(QString, QString, int, QString)", "opt10081", "opt10081", 2, "0020")
            self.tr_event_loop.exec_()
            total += self.tr_data
            time.sleep(1)

        df = pd.DataFrame(total, columns = ['date','open', 'high', 'low', 'close', 'volume']).set_index("date")
        df = df.drop_duplicates()
        df = df.sort_index()
        return df

    def get_deposit(self):
        self.dynamicCall("SetInputValue(QString, QString)", "계좌번호", self.account_number)
        self.dynamicCall("SetInputValue(QString, QString)", "비밀번호입력매체구분", "00")
        self.dynamicCall("SetInputValue(QString, QString)", "조회구분", "2")
        self.dynamicCall("CommRqData(QString, QString, int, QString)", "opw00001", "opw00001", 0, "0002")
        self.tr_event_loop.exec_()
        return self.tr_data

app = QApplication(sys.argv)
kiwoom = Kiwoom()

# 코스피 주식 코드 가져오기
```

```
kospi_list = kiwoom.get_code_list_stock_market("0")
# 코스닥 주식 코드 가져오기
kosdaq_list = kiwoom.get_code_list_stock_market("10")

my_deposit = kiwoom.get_deposit()
print("나의예수금:", my_deposit)

app.exec_()
```

주문 접수 및 체결 확인하기

드디어 키움증권 API를 이용하여 원하는 가격에 주문을 접수하는 방법을 알아보자. 우리가 HTS나 MTS를 이용해서 매수 주문을 접수하면 대략 다음 순서로 처리된다.

1. 주문 접수
2. 주문 체결
3. 잔고 이동

주식을 해 본 사람은 알겠지만 시장가 주문을 하는 것이 아니라면 주문이 바로 체결되는 것이 아니라는 것을 모두 알고 있을 것이다. 지정가 주문을 하게 되면 우리가 주문을 접수하고 나서 체결되기까지 시간이 필요하다. API가 비동기식으로 동작해 주문 접수 요청 후에도 응답을 받아오는 슬롯 함수가 필요하다.

키움증권 API에서는 아래와 같이 주문 처리를 한다.

1. 주문 발생: 매매할 종목에 대한 수량, 매매 가격, 주문 타입을 지정하여 주문을 접수하는 함수
2. 주문 접수 후 주문 번호 생성 응답: on_receive_tr_data 함수를 통하여 일차적으로 주문 번호를 전달받음
3. 주문 메시지 수신: 주문 전송에 대한 한글 응답을 수신
4. 주문 접수 및 체결: 주문이 접수되거나 체결 및 체결 후 잔고로 이동하는 과정마다 실행되며, 각 과정의 응답 결과를 수신

Kiwoom 클래스에 주문을 접수하는 send_order 함수를 추가하자.

예시 코드 188 send_order 함수

```
def send_order(self, rqname, screen_no, order_type, code, order_quantity, order_price, order_gubun, order_no = ""):
    order_result = self.dynamicCall("SendOrder(QString, QString, QString, int, QString, int, int, QString, QString)",
                                    [rqname, screen_no, self.account_number, order_type, code, order_quantity, order_price, order_gubun, order_no])
    return order_result
```

1. rqname: TR 호출 때처럼 별명을 입력한다.
2. screen_no: 화면 번호
3. order_type: 매수/매도/취소 주문 등
4. code: 매매할 종목 코드
5. order_quantity: 매매할 종목의 주문 수량
6. order_price: 주문 가격
7. order_gubun: 거래 구분을 나타내는 매개 변수(00: 지정가, 03: 시장가 등)
8. order_no: 정정 혹은 취소하려는 주문 번호

주문하는 함수를 만들었으니, 삼성전자 주식을 1주 매수 주문해 보자.

예시 코드 189 삼성전자 주식 1주 구매하기

```
app = QApplication(sys.argv)
kiwoom = Kiwoom()

# 코스피 주식 코드 가져오기
kospi_list = kiwoom.get_code_list_stock_market("0")
# 코스닥 주식 코드 가져오기
kosdaq_list = kiwoom.get_code_list_stock_market("10")

my_deposit = kiwoom.get_deposit()
print("나의예수금:", my_deposit)

order_samsung = kiwoom.send_order("buy", "0001", 1, "005930", 1, 60400, "00")

app.exec_()
```

[실행 화면]

```
Connected!
나의계좌번호: 8********
0002 opw00001 opw00001
나의예수금: 499549600
0
0001 buy KOA_NORMAL_BUY_KP_ORD
```

"buy"는 내가 한 요청의 별명을 의미하고, "0001"도 임의로 지정한 화면 번호이다. 여기까진 이해할 만한 이름으로 원하는 대로 적는다. 그다음 숫자 1은 신규 매수 주문을 의미하고, 다음 나오는 "005930"은 삼성전자의 코드 번호이다. 뒤에 숫자 1은 매매 수량이고, 60400은 주문 가격을 말한다. 마지막으로 "00"은 지정가 주문 방식이다. 즉 60400원에 삼성전자 주식을 1주 지정가 매수 주문을 넣은 것이다.

실행 결과를 보니, 0002 opw00001 opw00001이 출력된 것이 확인되며, 이 출력의 의미는 OnReceiveTrData에서 _on_receive_tr_data 함수가 호출된 것을 알 수 있다. 화면에 0이 출력되었다면 정상적으로 주문이 접수되었다는 의미이지만, 장 마감 이후에 실행하면 접수되지 않아도 0이 화면에 출력되니 이 점에 유의하자.

슬롯을 등록하는 _set_signal_slots 함수로 돌아가서 주문 메시지 수신, 주문 접수 및 체결에서 사용하는 슬롯 함수를 만들어 보자. _set_signal_slots 함수에 다음과 같이 코드를 추가하자.

예시 코드 190 _set_signal_slots 함수 수정

```python
def _set_signal_slots(self):
    self.OnEventConnect.connect(self._login_slot)
    self.OnReceiveTrData.connect(self._on_receive_tr_data)
    self.OnReceiveMsg.connect(self._on_receive_msg)
    self.OnReceiveChejanData.connect(self._on_receive_chejan)
```

OnReceiveMsg 함수를 사용하여 등록한 _on_receive_msg 함수는 TR 조회 응답 및 주문에 대한 메시지를 수신할 때 사용한다. 그리고 OnReceiveChejanData를 사용하여 등록한 _on_receive_chejan 함수를 통해 주문 접수 및 체결에 대한 응답을 받아 오도록 설정되었다. Kiwoom 클래스에 TR 조회 응답 및 주문에 대한 메시지를 받는 _

on_receive_msg 함수를 만들자.

예시 코드 191 _on_receive_msg 함수 만들기

```
def _on_receive_msg(self, screen_no, rqname, trcode, msg):
    print(screen_no, rqname, trcode, msg)
```

이번에는 _on_chejan_slot 함수를 만들어 보자. 이 함수를 통해 주문 체결 및 확인하는 기능을 구현하려고 한다. 그전에 _on_chejan_slot 함수는 실행될 때, 다양한 응답을 fid 값으로 ";"으로 구분 지어서 문자열 상태로 키움증권 API에서 전달받는다.

각각의 fid 값은 모두 고유한 의미를 가진다(fid 값에 대한 모든 내용은 FID_CODES.txt 파일을 참고하자). 따라서 각 fid 값에 대한 내용을 코드 맨 위에 추가해 놓아야 한다.

예시 코드 192 주문 접수 및 체결에 대한 응답을 받는 _on_receive_chejan 함수 만들기

```
def _on_receive_chejan(self, gubun, cnt, fid_list):
    print(gubun, cnt, fid_list)

    for fid in fid_list.split(";"):
        code = self.dynamicCall("GetChejanData(int)", "9001")[1:]
        data = self.dynamicCall("GetChejanData(int)", fid).lstrip("+").lstrip("-")
        if data.isdigit():
            data = int(data)
        name = FID_CODES[fid]
        print('{} : {}'.format(name, data))
```

_on_receive_chejan 함수에서 필요한 매개 변수는 다음과 같다.

1. gubun: 하나의 주문이 접수되고, 체결될 때까지 _on_receive_chejan 함수는 총 3번 호출된다(접수, 체결, 잔고 이동). 이처럼 서로 다른 세 상황에서 _on_receive_chejan 함수를 호출할 때 매개 변수 gubun을 사용하여 함수를 호출하는 상황을 구분해서 알려 준다. 주문을 접수 및 체결하는 시점에는 gubun 값이 0으로 전달되어 _on_receive_chejan 함수가 호출되고, 잔고 이동할 때는 gubun 값이 1로 전달된다.

2. cnt: 매개 변수 cnt는 주문 접수 및 체결될 때 얻는 항목의 개수이다. 예를 들어 주문 접수 시점에 _on_receive_chejan 함수가 호출되면서 확인할 만한 정보가 주문가, 주문 번호, 주문 상태, 미체결 수량 이렇게 4개라면, _on_receive_chejan 함수에 전달되는 cnt 값은 4이다. 간단

히 호출 시점에 따라 얻어 오는 정보 개수를 알려 주는 변수이다.

3. fid_list: API에서 데이터를 여러 개 전달할 때는 ";"를 기준으로 연결한 하나의 긴 문자를 사용했다. fid_list 매개 변수도 마찬가지로 FID들을 ";"를 기준으로 연결한 하나의 긴 문자이다. 여기서 FID란 주식, 선물/옵션, 파생, 잔고 처리 등 증권 업무를 처리하는 데 사용하는 용어의 고윳값이다.
예를 들어 "주문 번호"라는 용어는 FID가 913으로 연결해 놓았다. FID를 사용하는 이유는 API에서 체결이나 실시간 데이터를 제공할 때, 주문 번호를 받지 않고, FID에 연결된 값으로 받기 때문이다. 따라서 미리 개발된 API를 사용하는 입장에서는 조회하고 싶은 항목이 있을 때, FID를 전달해서 조회하는 방식을 따라야 한다.
FID 값 및 FID에 연결된 항목들은 쉽게 바뀌지 않는 값이다. 왜냐하면 API를 사용하는 고객이 많기 때문인데, FID의 값들은 아래 코드와 같다. 해당 코드는 모듈을 불러오는 곳 아래에 작성해 놓자.

위 코드의 첫 줄에 등장하는 print 함수는 함수의 매개 변수들을 출력해서 어느 값을 받아 오는지 확인한다. 특히 gubun 값이 0인지, 1인지 확인함으로써 _on_receive_chejan 함수가 접수/체결 상태인지, 잔고 이동 상태인지 확인할 수 있다.

그다음 fid를 담은 fid_list를 사용하여 반복문 for문을 실행한다. 앞서 설명한 것처럼 fid_list에는 접수/체결/잔고 이동 상태에 따라 확인할 만한 fid 값들이 ";" 기준으로 연결되어 있다. 즉, 접수/체결 상태일 때와 잔고 이동 상태일 때 전달받는 fid_list가 서로 다르며, 이렇게 받아 온 각각의 fid가 어느 항목을 의미하는지 FID_CODES.txt 파일에 정리되어 있다. 이 fid 값들을 split() 함수를 사용하여 ";" 기준으로 구분한다.

이후 if문은 서버에서 전달받은 fid가 우리가 미리 정의한 FID_CODES에 존재하는지 간단히 확인하는 코드이다. 그다음 코드는 이 fid 값과 GetChejanData 함수를 사용하여 fid에 해당하는 항목 데이터를 얻어 온다.

```
self.dynamicCall("GetChejanData(int)", "9001")[1:]
```

GetChejanData 함수에 fid 값 "9001"을 전달하면 종목 코드를 받아 올 수 있다(FID_CODES.txt 파일 데이터를 참고하면 "9001"은 "종목 코드"를 의미한다).

하지만 GenChejanData 함수를 통해 종목 코드 값을 받으면 "A007700"처럼 앞에 문자가 붙어 있어 이를 제거하여 숫자 6자리만 얻도록 슬라이싱을 사용해 반환 값의 뒤

6자리만 불러와야 한다.

또한 이렇게 얻어 온 데이터는 문자형이라 약간의 가공이 필요한데, 만약 주문 구분을 전달해서 얻어 온 데이터에는 "+매수", "-매도"처럼 "+", "-"가 붙어 있는 경우라 이를 제거하는 코드를 넣어야 한다.

```
self.dynamicCall("GetChejanData(int)", fid).lstrip("+").lstrip("-")
```

그리고 GetChejanData 함수 호출로 얻어 온 data는 모두 문자열이다. 이 중에 숫자로 변형해야 하는 항목들이 있다. 예를 들어 특정 종목의 현재가에 해당하는 fid를 전달하면 data에 문자형 데이터로 "36000" 이렇게 문자열로 가격이 반환된다. 이것을 int 함수를 통해서 정수로 변환해 주어야 한다.

```
if data.isdigit():
    data = int(data)
```

다음은 fid 값에 해당하는 항목 이름을 찾아서 name 변수에 저장하여 항목 이름과 데이터를 출력하는 코드다. FID_CODES는 fid 값이 key 값으로 존재하고, 항목 이름 값이 value로 저장된 딕셔너리 자료형이므로 fid를 전달하면 항목 이름을 얻을 수 있다.

```
name = FID_CODES[fid]
print('{} : {}'.format(name, data))
```

여기까지 진행했다면, 체결될 때마다 앞서 작성한 코드에 맞는 FID 값이 가공되어 화면에 출력해 줄 것이다.

예시 코드 193 FID_CODES 추가하기

```
from PyQt5.QAxContainer import *
from PyQt5.QtWidgets import *
from PyQt5.QtCore import *
import sys
import time
```

```python
import pandas as pd

FID_CODES = {
    "10": "현재가",
    "11": "전일 대비",
    "12": "등락률",
    ...중략...
    "9201": "계좌번호",
    "9203": "주문번호",
    "9205": "관리자사번"
}

class Kiwoom(QAxWidget):
    def __init__(self):
        super().__init__()
        self._make_kiwoom_instance()
        self._set_signal_slots()
        self._comm_connect()
        self.account_number = self.get_account_number()
        self.tr_event_loop = QEventLoop()
```

위의 코드는 모듈을 불러오는 곳 바로 아래에 놓자. 해당 내용은 너무 길어 따로 코드 내용을 FID_CODES.txt 파일로 공유해 놓겠다. _on_receive_chejan 함수를 완성했다면, 다시 삼성전자 주식을 1주 구매해 보자.

예시 코드 194 삼성전자 1주 매수 주문하기

```python
app = QApplication(sys.argv)
kiwoom = Kiwoom()

# 코스피 주식 코드 가져오기
kospi_list = kiwoom.get_code_list_stock_market("0")
# 코스닥 주식 코드 가져오기
kosdaq_list = kiwoom.get_code_list_stock_market("10")

my_deposit = kiwoom.get_deposit()
print("나의예수금:", my_deposit)

order_samsung = kiwoom.send_order("buy", "0001", 1, "005930", 1, 60400, "00")
print(order_samsung)

app.exec_()
```

[실행 결과]

```
Connected!
나의계좌번호: 8********
0002 opw00001 opw00001 [100000] 모의투자 조회 완료
0002 opw00001 opw00001
나의예수금: 499488990
0
0001 buy KOA_NORMAL_BUY_KP_ORD [100000] 모의투자  매수 주문 완료
0001 buy KOA_NORMAL_BUY_KP_ORD
0  35  9201;9203;9205;9001;912;913;302;900;901;902;903;904;905;906;907;908;909;910
;911;10;27;28;914;915;938;939;919;920;921;922;923;949;10010;969;819
계좌번호  :  8********
주문번호  :  1471
관리자사번  :
종목코드  :  A005930
주문업무분류  :  JJ
주문상태  :  접수
종목명  :  삼성전자
주문수량  :  1
주문가격  :  60400
미체결수량  :  1
체결누계금액  :  0
원주문번호  :  0
주문구분  :  매수
매매구분  :  보통
매도수구분  :  2
주문시간  :  83506
체결번호  :
체결가  :
체결량  :
현재가  :   60400
(최우선)매도호가  :  0
(최우선)매수호가  :  0
단위체결가  :
단위체결량  :
당일매매수수료  :  0
당일매매세금  :  0
```

실행 결과를 보니, 주문 접수되었음을 알 수 있다. 실제로 모의투자 계좌의 영웅문 화면을 스마트폰으로 확인해 보면 주문 접수가 잘 들어갔음을 알 수 있다.

그림 122 삼성전자 주문 접수 체결 화면

만약 체결되었다면 또다시 파이참 출력 창에 체결되었다는 내용이 화면에 출력될 것이다.

예시 코드 195 주문 접수 및 체결 확인하기 전체 코드(txt 파일로 공유함)

```
from PyQt5.QAxContainer import *
from PyQt5.QtWidgets import *
from PyQt5.QtCore import *
import sys
import time
import pandas as pd

FID_CODES = {
    "10": "현재가",
    "11": "전일 대비",
    "12": "등락률",
    ...중략...
        "9201": "계좌번호",
        "9203": "주문번호",
        "9205": "관리자사번"
}

class Kiwoom(QAxWidget):
    def __init__(self):
        super().__init__()
        self._make_kiwoom_instance()
```

```python
        self._set_signal_slots()
        self._comm_connect()
        self.account_number = self.get_account_number()
        self.tr_event_loop = QEventLoop()

    def _make_kiwoom_instance(self):
        self.setControl("KHOPENAPI.KHOpenAPICtrl.1")

    def _set_signal_slots(self):
        self.OnEventConnect.connect(self._login_slot)
        self.OnReceiveTrData.connect(self._on_receive_tr_data)
        self.OnReceiveMsg.connect(self._on_receive_msg)
        self.OnReceiveChejanData.connect(self._on_receive_chejan)

    def _on_receive_msg(self, screen_no, rqname, trcode, msg):
        print(screen_no, rqname, trcode, msg)

    def _on_receive_chejan(self, gubun, cnt, fid_list):
        print(gubun, cnt, fid_list)

        for fid in fid_list.split(';'):
            code = self.dynamicCall("GetChejanData(int)", "9001")[1:]
            data = self.dynamicCall("GetChejanData(int)", fid).lstrip("+").lstrip("-")
            if data.isdigit():
                data = int(data)
            name = FID_CODES[fid]
            print('{} : {}'.format(name, data))

    def _on_receive_tr_data(self, screen_no, rqname, trcode, record_name, next, v1, v2, v3, v4):
        print(screen_no, rqname, trcode, record_name, next)
        cnt = self.dynamicCall("GetRepeatCnt(QString, QString)", trcode, rqname)

        if next == "2":
            self.isnext = True
        else:
            self.isnext = False

        if rqname == "opt10081":
            total = []
            for i in range(cnt):
                date = self.dynamicCall("GetCommData(QString, QString, int, QString)", trcode, rqname, i, "일자").strip()
```

```python
                open = int(self.dynamicCall("GetCommData(QString, QString, int, QString)", trcode, rqname, i, "시가").strip())
                high = int(self.dynamicCall("GetCommData(QString, QString, int, QString)", trcode, rqname, i, "고가").strip())
                low = int(self.dynamicCall("GetCommData(QString, QString, int, QString)", trcode, rqname, i, "저가").strip())
                close = int(self.dynamicCall("GetCommData(QString, QString, int, QString)", trcode, rqname, i, "현재가").strip())
                volume = int(self.dynamicCall("GetCommData(QString, QString, int, QString)", trcode, rqname, i, "거래량").strip())
                total.append([date, open, high, low, close, volume])
            self.tr_data = total
        elif rqname == 'opw00001':
            deposit = self.dynamicCall("GetCommData(QString, QString, int, QString)", trcode, rqname, 0, "주문가능금액")
            self.tr_data = int(deposit)

        self.tr_event_loop.exit()
        time.sleep(1)

    def _login_slot(self, err_code):
        if err_code == 0:
            print("Connected!")
        else:
            print("Not Connected...")
        self.login_event_loop.exit()

    def _comm_connect(self):
        self.dynamicCall("CommConnect()")
        self.login_event_loop = QEventLoop()
        self.login_event_loop.exec_()

    def get_account_number(self):
        account_list = self.dynamicCall("GetLoginInfo(QString)", "ACCLIST")
        account_number = account_list.split(';')[0]
        print("나의계좌번호:", account_number)
        return account_number

    def get_code_list_stock_market(self, market_type):
        code_list = self.dynamicCall("GetCodeListByMarket(QString)", market_type)
        code_list = code_list.split(';')[:-1]
        return code_list
```

```python
    def get_code_name(self, code):
        name = self.dynamicCall("GetMasterCodeName(QString)", code)
        return name

    def get_price(self, code):
        self.dynamicCall("SetInputValue(QString, QString)", "종목코드", code)
        self.dynamicCall("SetInputValue(QString, QString)", "수정주가구분", "1")
        self.dynamicCall("CommRqData(QString, QString, int, QString)", "opt10081", "opt10081", 0, "0020")
        self.tr_event_loop.exec_()
        time.sleep(1)

        total = self.tr_data

        while self.isnext:
            self.dynamicCall("SetInputValue(QString, QString)", "종목코드", code)
            self.dynamicCall("SetInputValue(QString, QString)", "수정주가구분", "1")
            self.dynamicCall("CommRqData(QString, QString, int, QString)", "opt10081", "opt10081", 2, "0020")
            self.tr_event_loop.exec_()
            total += self.tr_data
            time.sleep(1)

        df = pd.DataFrame(total, columns = ['date','open', 'high', 'low', 'close', 'volume']).set_index("date")
        df = df.drop_duplicates()
        df = df.sort_index()
        return df

    def get_deposit(self):
        self.dynamicCall("SetInputValue(QString, QString)", "계좌번호", self.account_number)
        self.dynamicCall("SetInputValue(QString, QString)", "비밀번호입력매체구분", "00")
        self.dynamicCall("SetInputValue(QString, QString)", "조회구분", "2")
        self.dynamicCall("CommRqData(QString, QString, int, QString)", "opw00001", "opw00001", 0, "0002")
        self.tr_event_loop.exec_()
        return self.tr_data

    def send_order(self, rqname, screen_no, order_type, code, order_quantity, order_price, order_gubun, order_no = ""):
        order_result = self.dynamicCall("SendOrder(QString, QString,
```

```
                QString, int, QString, int, int, QString, QString)",
                                        [rqname, screen_no, self.account_
number, order_type, code, order_quantity, order_price, order_gubun, order_no])
        return order_result

    def get_order(self):
        self.dynamicCall("SetInputValue(QString, QString)", "계좌번호",
self.account_number)
        self.dynamicCall("SetInputValue(QString, QString)", "전체종목구분", "0")
        self.dynamicCall("SetInputValue(QString, QString)", "체결구분", "0")
        self.dynamicCall("SetInputValue(QString, QString)", "매매구분", "0")
        self.dynamicCall("CommRqData(QString, QString, int, QString)",
"opt10075", "opt10075", 0, "0002")
        self.tr_event_loop.exec_()
        return self.tr_data

    def get_balance(self):
        self.dynamicCall("SetInputValue(QString, QString)", "계좌번호",
self.account_number)
        self.dynamicCall("SetInputValue(QString, QString)", "비밀번호입력
매체구분", "00")
        self.dynamicCall("SetInputValue(QString, QString)", "조회구분", "1")
        self.dynamicCall("CommRqData(QString, QString, int, QString)",
"opw00018", "opw00018", 0, "0002")
        self.tr_event_loop.exec_()
        return self.tr_data

app = QApplication(sys.argv)
kiwoom = Kiwoom()

# 코스피 주식 코드 가져오기
kospi_list = kiwoom.get_code_list_stock_market("0")
# 코스닥 주식 코드 가져오기
kosdaq_list = kiwoom.get_code_list_stock_market("10")

my_deposit = kiwoom.get_deposit()
print("나의예수금:", my_deposit)

order_samsung = kiwoom.send_order("buy", "0001", 1, "005930", 1, 60400, "00")
print(order_samsung)

app.exec_()
```

주문 정보 얻어 오기

주문을 접수하거나 체결이 수행되면 _on_receive_chejan 함수로 응답받아 주문 정보와 체결 상태를 확인할 수 있다. 그러나 주문 접수/체결 이후 프로그램을 재실행하면 접수/체결할 때만 호출되는 _on_receive_chejan이 동작하지 않아 이미 접수/체결된 주문 정보를 확인할 수 없다. 이렇게 되면 접수한 주문 자체를 인지하지 못한 문제가 발생할 수 있어 프로그램이 실행될 때 TR을 이용하여 주문 정보를 얻어 와야 한다.

여기서 사용할 TR은 OPT10075, "미체결 요청"이다. TR 이름이 미체결 요청이지만, 체결 여부와 상관없이 당일 접수한 전체 주문을 확인할 수 있다. TR(OPT10075)을 이용하여 주문 정보를 조회할 때 작동하는 프로세스는 아래와 같다.

1. 프로그램 실행
2. 주문 정보 조회(접수 주문 확인)
3. 주문 접수
4. _on_chejan_slot 함수 실행
5. order 데이터 저장
6. 프로그램 종료 상황 발생
7. 프로그램 재실행
8. 주문 정보 조회(접수 주문 확인)
9. 주문 정보 확인하고 재주문하지 않음

이렇게 프로그램이 실행되고 주문 정보를 조회하면 프로그램이 다음과 같이 동작하여 이중 주문 문제 또한 발생하지 않는다. 따라서 이런 상황에 대비하여 실제로는 주문을 접수한 적이 없었더라도 최초 프로그램을 실행할 때 혹시 이전에 접수한 주문이 있었는지 확인하는 TR은 꼭 필요하다. 하지만 이전에 접수한 주문을 조회한다고 해서 과거 모든 주문 내역이 나오는 것은 아니다. 당일 접수한 주문만 조회된다.

그러면 지금까지 TR을 호출하고 응답받은 방법들과 동일하게 주문 정보를 얻어 오는 함수를 만들고 _on_receive_tr_data 함수에 해당 TR에 대한 응답을 수신하는 코드를 추가해 보자.

우선 다음과 같이 TR을 호출하는 get_order 함수를 main.py 파일의 클래스 Kiwoom 안에 추가해 보자.

예시 코드 196 주문 정보를 가져오는 get_order 함수

```python
def get_order(self):
    self.dynamicCall("SetInputValue(QString, QString)", "계좌번호", self.account_number)
    self.dynamicCall("SetInputValue(QString, QString)", "전체종목구분", "0")
    self.dynamicCall("SetInputValue(QString, QString)", "체결구분", "0")
    self.dynamicCall("SetInputValue(QString, QString)", "매매구분", "0")
    self.dynamicCall("CommRqData(QString, QString, int, QString)", "opt10075", "opt10075", 0, "0002")
    self.tr_event_loop.exec_()
    return self.tr_data
```

계좌 번호는 Kiwoom 객체가 생성될 때 자동으로 __init__ 함수가 호출되어 계좌 정보를 얻어 오는 함수가 실행되면서 계좌 정보는 self.account_number에 저장되니 self.account_number에 그대로 접근하여 입력값을 설정했다.

TR 호출에 필요한 나머지 입력값인 "체결 구분"은 "0: 전체, 1: 미체결, 2: 체결"처럼 체결, 미체결 여부를 구분하는 값이며, 전체를 의미하는 "0"을 전달하여 사용했다.

또 "매매 구분"은 "0: 전체, 1: 매도, 2: 매수"처럼 매수/매도를 구분하는 값이며, 이 역시 전체를 의미하는 "0"을 전달하여 사용했다. 그리고 입력값 설정을 마친 후 CommRqData로 TR 호출을 완료하고, self.tr_event_loop.exec_()를 사용하여 응답 대기 상태로 만들

었다.

이렇게 함수 구성을 마치고 나서 TR 슬롯 함수 _on_receive_tr_data에 우리가 사용한 TR(opt10075)에 대한 응답 부분을 구성하자.

예시 코드 197 _on_receive_tr_data 함수에 주문 정보 얻어 오는 응답 기능 추가하기

```
elif rqname == "opt10075":
    box = []
    for i in range(cnt):
        code = self.dynamicCall("GetCommData(QString, QString, int, QString)",
trcode, rqname, i, "종목코드")
        code_name = self.dynamicCall("GetCommData(QString, QString, int,
QString)", trcode, rqname, i, "종목명")
        order_number = self.dynamicCall("GetCommData(QString, QString, int,
QString)", trcode, rqname, i, "주문번호")
        order_status = self.dynamicCall("GetCommData(QString, QString, int,
QString)", trcode, rqname, i, "주문상태")
        order_quantity = self.dynamicCall("GetCommData(QString, QString, int,
QString)", trcode, rqname, i, "주문수량")
        order_price = self.dynamicCall("GetCommData(QString, QString, int,
QString)", trcode, rqname, i, "주문가격")
        current_price = self.dynamicCall("GetCommData(QString, QString, int,
QString)", trcode, rqname, i, "현재가")
        order_type = self.dynamicCall("GetCommData(QString, QString, int,
QString)", trcode, rqname, i, "주문구분")
        left_quantity = self.dynamicCall("GetCommData(QString, QString, int,
QString)", trcode, rqname, i, "미체결수량")
        executed_quantity = self.dynamicCall("GetCommData(QString, QString, int,
QString)", trcode, rqname, i, "체결량")
        ordered_at = self.dynamicCall("GetCommData(QString, QString, int,
QString)", trcode, rqname, i, "시간")
        fee = self.dynamicCall("GetCommData(QString, QString, int, QString)",
trcode, rqname, i, "당일매매수수료")
        tax = self.dynamicCall("GetCommData(QString, QString, int, QString)",
trcode, rqname, i, "당일매매세금")

        code = code.strip()
        code_name = code_name.strip()
        order_number = str(int(order_number.strip()))
        order_status = order_status.strip()
        order_quantity = int(order_quantity.strip())
        order_price = int(order_price.strip())
```

```
            current_price = int(current_price.strip().lstrip("+").lstrip("-"))
            order_type = order_type.strip().lstrip("+").lstrip("-")
            left_quantity = int(left_quantity.strip())
            executed_quantity = int(executed_quantity.strip())
            ordered_at = ordered_at.strip()
            fee = int(fee)
            tax = int(tax)

            box.append([code, code_name, order_number, order_status, order_quantity, order_price, current_price, order_type, left_quantity, executed_quantity, ordered_at, fee, tax])

        self.tr_data = box

    self.tr_event_loop.exit()
    time.sleep(1)
```

주문 정보를 얻어 오는 TR(opt10075)을 통해 조회 가능한 정보는 여러 가지가 있지만, 다음 항목(종목 코드, 종목명, 주문 번호, 주문 수량, 주문 가격, 현재가, 주문 구분, 미체결 수량, 체결량, 시간, 당일 매매 수수료, 당일 매매 세금)만 가져오겠다(혹시 다른 정보를 더 추가하고 싶다면, KOAStudioSA의 TR 목록에서 opt10075를 검색해서 추가하고 싶은 내용을 찾고 추가한다).

이 값들은 체결 슬롯에서 처리했던 +, - 제거 및 숫자 형태의 문자열을 숫자형으로 변환하는 작업을 거친 후에 리스트 변수 box에 저장했다. 이렇게 하면 주문 접수 및 체결 이후 프로그램이 종료되더라도 주문 관리가 가능해진다.

그러면 get_order 함수가 실제로 잘 동작하는지 확인하도록 main.py 파일 아래에 있는 코드를 아래와 같이 수정하고 실행해 보자.

예시 코드 198 get_order 함수 실행 결과 확인하기

```
app = QApplication(sys.argv)
kiwoom = Kiwoom()

# 코스피 주식 코드 가져오기
kospi_list = kiwoom.get_code_list_stock_market("0")
# 코스닥 주식 코드 가져오기
kosdaq_list = kiwoom.get_code_list_stock_market("10")
```

```
my_deposit = kiwoom.get_deposit()
print("나의예수금:", my_deposit)

my_orders = kiwoom.get_order()
print(my_orders)

app.exec_()
```

[실행 결과]

```
Connected!
나의계좌번호: 8********
0002 opw00001 opw00001 [100000] 모의투자   조회 완료
0002 opw00001 opw00001
나의예수금: 499428380
    조회가 완료되었습니다.
0002 opt10075 opt10075  0
[['005930', '삼성전자', '1471', '접수', 1, 60400, 60400, '매수', 1, 0, '083506',
 0, 0], ['005930', '삼성전자', '1383', '접수', 1, 60400, 60400, '매수', 1, 0,
 '083431', 0, 0]]
```

출력된 orders를 보면, 주문 접수한 내용이 리스트로 반환된 것을 확인할 수 있다. 여러 개의 주문을 접수했다면, 접수한 주문 개수만큼 화면에 출력될 것이다. 그리고 앞서 이야기했지만, 이렇게 접수한 주문은 다음 주식 거래일 장 시작 전에 사라진다.

그렇지만 금요일에 접수한 주문은 다음 월요일 장 시작 전에 확인할 수 있어, 금요일 밤, 토요일, 일요일까지는 정보를 확인할 수 있다.

이렇게 get_order 함수로 체결 슬롯이 동작하지 않을 때도 주문 정보를 얻어 오도록 했다.

예시 코드 199 주문 정보 얻어 오기 전체 코드

```
from PyQt5.QAxContainer import *
from PyQt5.QtWidgets import *
from PyQt5.QtCore import *
import sys
import time
import pandas as pd
```

```python
FID_CODES = {
    "10": "현재가",
    "11": "전일 대비",
    "12": "등락률",
    ...중략...
    "9201": "계좌번호",
    "9203": "주문번호",
    "9205": "관리자사번"
}

class Kiwoom(QAxWidget):
    def __init__(self):
        super().__init__()
        self._make_kiwoom_instance()
        self._set_signal_slots()
        self._comm_connect()
        self.account_number = self.get_account_number()
        self.tr_event_loop = QEventLoop()

    def _make_kiwoom_instance(self):
        self.setControl("KHOPENAPI.KHOpenAPICtrl.1")

    def _set_signal_slots(self):
        self.OnEventConnect.connect(self._login_slot)
        self.OnReceiveTrData.connect(self._on_receive_tr_data)
        self.OnReceiveMsg.connect(self._on_receive_msg)
        self.OnReceiveChejanData.connect(self._on_receive_chejan)

    def _on_receive_msg(self, screen_no, rqname, trcode, msg):
        print(screen_no, rqname, trcode, msg)

    def _on_receive_chejan(self, gubun, cnt, fid_list):
        print(gubun, cnt, fid_list)

        for fid in fid_list.split(';'):
            code = self.dynamicCall("GetChejanData(int)", "9001")[1:]
            data = self.dynamicCall("GetChejanData(int)", fid).lstrip("+").lstrip("-")
            if data.isdigit():
                data = int(data)
            name = FID_CODES[fid]
            print('{} : {}'.format(name, data))

    def _on_receive_tr_data(self, screen_no, rqname, trcode, record_name, next, v1, v2, v3, v4):
```

```python
            print(screen_no, rqname, trcode, record_name, next)
            cnt = self.dynamicCall("GetRepeatCnt(QString, QString)", trcode, rqname)

        if next == "2":
            self.isnext = True
        else:
            self.isnext = False

        if rqname == "opt10081":
            total = []
            for i in range(cnt):
                date = self.dynamicCall("GetCommData(QString, QString, int, QString)", trcode, rqname, i, "일자").strip()
                open = int(self.dynamicCall("GetCommData(QString, QString, int, QString)", trcode, rqname, i, "시가").strip())
                high = int(self.dynamicCall("GetCommData(QString, QString, int, QString)", trcode, rqname, i, "고가").strip())
                low = int(self.dynamicCall("GetCommData(QString, QString, int, QString)", trcode, rqname, i, "저가").strip())
                close = int(self.dynamicCall("GetCommData(QString, QString, int, QString)", trcode, rqname, i, "현재가").strip())
                volume = int(self.dynamicCall("GetCommData(QString, QString, int, QString)", trcode, rqname, i, "거래량").strip())
                total.append([date, open, high, low, close, volume])
            self.tr_data = total
        elif rqname == 'opw00001':
            deposit = self.dynamicCall("GetCommData(QString, QString, int, QString)", trcode, rqname, 0, "주문가능금액")
            self.tr_data = int(deposit)
        elif rqname == "opt10075":
            box = []
            for i in range(cnt):
                code = self.dynamicCall("GetCommData(QString, QString, int, QString)", trcode, rqname, i, "종목코드")
                code_name = self.dynamicCall("GetCommData(QString, QString, int, QString)", trcode, rqname, i, "종목명")
                order_number = self.dynamicCall("GetCommData(QString, QString, int, QString)", trcode, rqname, i, "주문번호")
                order_status = self.dynamicCall("GetCommData(QString, QString, int, QString)", trcode, rqname, i, "주문상태")
                order_quantity = self.dynamicCall("GetCommData(QString, QString, int, QString)", trcode, rqname, i, "주문수량")
                order_price = self.dynamicCall("GetCommData(QString, QString, int, QString)", trcode, rqname, i, "주문가격")
```

```python
                current_price = self.dynamicCall("GetCommData(QString, QString, int, QString)", trcode, rqname, i, "현재가")
                order_type = self.dynamicCall("GetCommData(QString, QString, int, QString)", trcode, rqname, i, "주문구분")
                left_quantity = self.dynamicCall("GetCommData(QString, QString, int, QString)", trcode, rqname, i, "미체결수량")
                executed_quantity = self.dynamicCall("GetCommData(QString, QString, int, QString)", trcode, rqname, i, "체결량")
                ordered_at = self.dynamicCall("GetCommData(QString, QString, int, QString)", trcode, rqname, i, "시간")
                fee = self.dynamicCall("GetCommData(QString, QString, int, QString)", trcode, rqname, i, "당일매매수수료")
                tax = self.dynamicCall("GetCommData(QString, QString, int, QString)", trcode, rqname, i, "당일매매세금")

                code = code.strip()
                code_name = code_name.strip()
                order_number = str(int(order_number.strip()))
                order_status = order_status.strip()
                order_quantity = int(order_quantity.strip())
                order_price = int(order_price.strip())
                current_price = int(current_price.strip().lstrip("+"). lstrip("-"))
                order_type = order_type.strip().lstrip("+").lstrip("-")
                left_quantity = int(left_quantity.strip())
                executed_quantity = int(executed_quantity.strip())
                ordered_at = ordered_at.strip()
                fee = int(fee)
                tax = int(tax)

                box.append([code, code_name, order_number, order_status, order_quantity, order_price, current_price, order_type, left_quantity, executed_quantity, ordered_at, fee, tax])

            self.tr_data = box

        self.tr_event_loop.exit()
        time.sleep(1)

    def _login_slot(self, err_code):
        if err_code == 0:
            print("Connected!")
        else:
            print("Not Connected...")
```

```python
            self.login_event_loop.exit()

    def _comm_connect(self):
        self.dynamicCall("CommConnect()")
        self.login_event_loop = QEventLoop()
        self.login_event_loop.exec_()

    def get_account_number(self):
        account_list = self.dynamicCall("GetLoginInfo(QString)", "ACCLIST")
        account_number = account_list.split(';')[0]
        print("나의계좌번호:", account_number)
        return account_number

    def get_code_list_stock_market(self, market_type):
        code_list = self.dynamicCall("GetCodeListByMarket(QString)", market_type)
        code_list = code_list.split(';')[:-1]
        return code_list

    def get_code_name(self, code):
        name = self.dynamicCall("GetMasterCodeName(QString)", code)
        return name

    def get_price(self, code):
        self.dynamicCall("SetInputValue(QString, QString)", "종목코드", code)
        self.dynamicCall("SetInputValue(QString, QString)", "수정주가구분", "1")
        self.dynamicCall("CommRqData(QString, QString, int, QString)",
"opt10081", "opt10081", 0, "0020")
        self.tr_event_loop.exec_()
        time.sleep(1)

        total = self.tr_data

        while self.isnext:
            self.dynamicCall("SetInputValue(QString, QString)", "종목코드", code)
            self.dynamicCall("SetInputValue(QString, QString)", "수정주가구분", "1")
            self.dynamicCall("CommRqData(QString, QString, int, QString)",
"opt10081", "opt10081", 2, "0020")
            self.tr_event_loop.exec_()
            total += self.tr_data
            time.sleep(1)

        df = pd.DataFrame(total, columns = ['date','open', 'high', 'low',
'close', 'volume']).set_index("date")
```

```python
        df = df.drop_duplicates()
        df = df.sort_index()
        return df

    def get_deposit(self):
        self.dynamicCall("SetInputValue(QString, QString)", "계좌번호", self.account_number)
        self.dynamicCall("SetInputValue(QString, QString)", "비밀번호입력매체구분", "00")
        self.dynamicCall("SetInputValue(QString, QString)", "조회구분", "2")
        self.dynamicCall("CommRqData(QString, QString, int, QString)", "opw00001", "opw00001", 0, "0002")
        self.tr_event_loop.exec_()
        return self.tr_data

    def send_order(self, rqname, screen_no, order_type, code, order_quantity, order_price, order_gubun, order_no = ""):
        order_result = self.dynamicCall("SendOrder(QString, QString, QString, int, QString, int, int, QString, QString)",
                                        [rqname, screen_no, self.account_number, order_type, code, order_quantity, order_price, order_gubun, order_no])
        return order_result

    def get_order(self):
        self.dynamicCall("SetInputValue(QString, QString)", "계좌번호", self.account_number)
        self.dynamicCall("SetInputValue(QString, QString)", "전체종목구분", "0")
        self.dynamicCall("SetInputValue(QString, QString)", "체결구분", "0")
        self.dynamicCall("SetInputValue(QString, QString)", "매매구분", "0")
        self.dynamicCall("CommRqData(QString, QString, int, QString)", "opt10075", "opt10075", 0, "0002")
        self.tr_event_loop.exec_()
        return self.tr_data

    def get_balance(self):
        self.dynamicCall("SetInputValue(QString, QString)", "계좌번호", self.account_number)
        self.dynamicCall("SetInputValue(QString, QString)", "비밀번호입력매체구분", "00")
        self.dynamicCall("SetInputValue(QString, QString)", "조회구분", "1")
        self.dynamicCall("CommRqData(QString, QString, int, QString)", "opw00018", "opw00018", 0, "0002")
        self.tr_event_loop.exec_()
        return self.tr_data
```

```python
app = QApplication(sys.argv)
kiwoom = Kiwoom()

# 코스피 주식 코드 가져오기
kospi_list = kiwoom.get_code_list_stock_market("0")
# 코스닥 주식 코드 가져오기
kosdaq_list = kiwoom.get_code_list_stock_market("10")

my_deposit = kiwoom.get_deposit()
print("나의예수금:", my_deposit)

orders = kiwoom.get_order()
print(orders)

app.exec_()
```

잔고 얻어 오기

잔고란 익숙한 은행 잔고라는 말에서 예금 및 적금 같은 계좌 잔액을 떠올리기 쉽다. 하지만 증권 거래에서 주식 잔고란 현재 보유 중인 종목들을 의미하며, 이는 주식 거래를 위해 계좌에 입금한 예수금과는 구분된다. 따라서 앞서 "주문 접수 및 체결 확인하기"에서 주문 체결 이후 주식이 "잔고"로 이동한다는 표현을 사용했고, 실제로 매수한 종목은 잔고로 이동하는 것을 확인했다.

주문 체결 이후 잔고로 이동한 종목들을 얻어 오는 방법은 TR(opw00018: 계좌평가잔고내역 요청) 조회를 이용해야 한다. 잔고를 확인해야 하는 이유는 현재 잔고에서 매도 신호에 부합하는 종목이 있는지 확인하고 매도하려면 보유 종목들을 파악해야 하기 때문이다.

"계좌평가잔고내역요청"이라는 TR을 이용하여 얻어 오는 정보는 체결이 완료되어 계좌 잔고로 이동한 종목들이 된다. 아직 주문 접수를 하지 않았거나 접수했더라도 체결되지 않은 잔고는 비어 있어 TR을 얻어 올 정보가 없다. 잔고를 얻어 오는 데 사용할 TR은 아래와 같은 프로세스를 거친다.

1. TR 호출
2. 응답 대기
3. 응답 수신
4. 수신한 데이터 조회

잔고를 조회하는 TR 요청은 앞서 예수금을 조회하는 TR 요청과 비슷하다. 그러면 잔고를 얻어 오는 get_balance 함수를 만들어 보자.

예시 코드 200 잔고를 조회하는 get_balance 함수

```
def get_balance(self):
    self.dynamicCall("SetInputValue(QString, QString)", "계좌번호", self.ac
count_number)
    self.dynamicCall("SetInputValue(QString, QString)", "비밀번호입력매체구분", "00")
    self.dynamicCall("SetInputValue(QString, QString)", "조회구분", "1")
    self.dynamicCall("CommRqData(QString, QString, int, QString)", "opw00018",
"opw00018", 0, "0002")
    self.tr_event_loop.exec_()
    return self.tr_data
```

TR에 필요한 입력값 세팅과 CommRqData를 이용한 TR을 호출한 후 self.tr_event_loop.exec_()를 통해 응답 대기 상태로 만든다. 이후에 TR 응답을 수신하는 slot 함수인 _on_receive_tr_data에서 우리가 호출한 TR(opw00018)에 대한 응답 처리를 해 보자.

응답으로 어떤 값들을 얻어 올 수 있는지 자세한 내용이 필요하다면 KOAStudioSA에서 TR 목록에서 opw00018을 검색해서 알아보자.

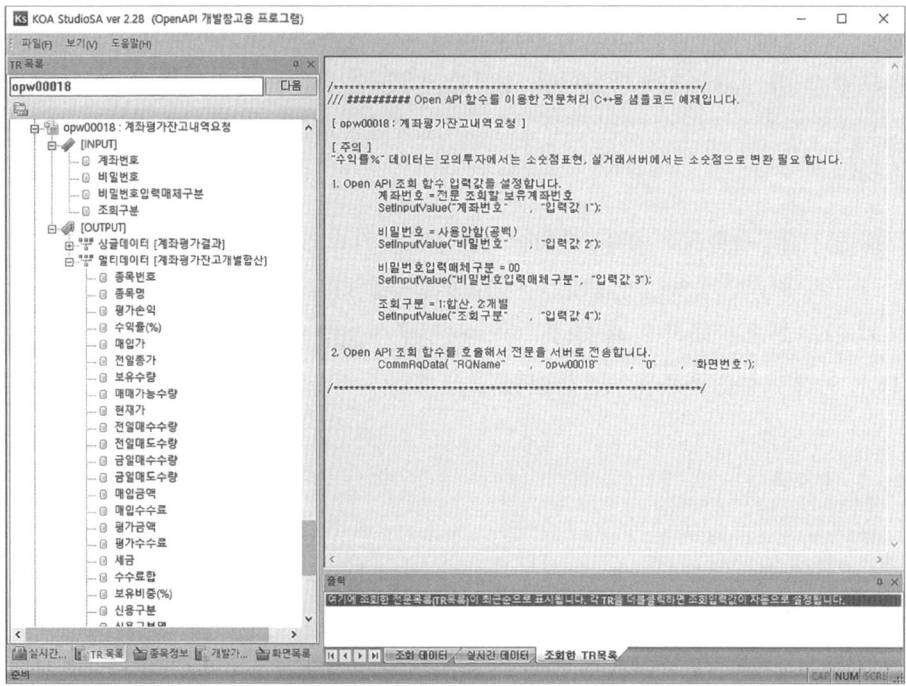

그림 123 KOA opw00018 계좌평가잔고내역요청

이 중에서 필요한 정보(종목번호, 종목명, 보유수량, 매입가, 수익률(%), 현재가, 매입금액, 매입가능수량)만 가져오는 코드를 _on_receive_tr_data 함수에 추가하자.

예시 코드 201 _on_receive_tr_data 함수에 opw00018 응답 slot 기능 추가하기

```
elif rqname == "opw00018":
    box = []
    for i in range(cnt):
        code = self.dynamicCall("GetCommData(QString, QString, int, QString)", trcode, rqname, i, "종목번호")
        code_name = self.dynamicCall("GetCommData(QString, QString, int, QString)", trcode, rqname, i, "종목명")
        quantity = self.dynamicCall("GetCommData(QString, QString, int, QString)", trcode, rqname, i, "보유수량")
        purchase_price = self.dynamicCall("GetCommData(QString, QString, int, QString)", trcode, rqname, i, "매입가")
        return_rate = self.dynamicCall("GetCommData(QString, QString, int, QString)", trcode, rqname, i, "수익률(%)")
        current_price = self.dynamicCall("GetCommData(QString, QString, int, QString)", trcode, rqname, i, "현재가")
        total_purchase_price = self.dynamicCall("GetCommData(QString, QString, int, QString)", trcode, rqname, i, "매입금액")
        available_quantity = self.dynamicCall("GetCommData(QString, QString, int, QString)", trcode, rqname, i, "매매가능수량")

        code = code.strip()[1:]
        code_name = code_name.strip()
        quantity = int(quantity)
        purchase_price = int(purchase_price)
        return_rate = float(return_rate)
        current_price = int(current_price)

        total_purchase_price = int(total_purchase_price)
        available_quantity = int(available_quantity)

        box.append([code, code_name, quantity, purchase_price, return_rate, current_price, total_purchase_price, available_quantity])

    self.tr_data = box
```

일봉 데이터를 얻어 올 때와 마찬가지로 제공받는 응답이 여러 개이므로 멀티 데이터 처리가 필요하다. 반복문 for문에서 사용하는 cnt는 응답 데이터 개수로, 현재 계좌에서 cnt만큼의 종목을 보유하고 있음을 의미한다.

따라서 각각의 종목에 대한 정보를 반복문으로 얻어 와 정보는 box 리스트 변수에 넣는다. 이렇게 호출 함수 get_balance와 slot 함수를 구성한 후 main.py 파일을 통해 관련 함수를 실행해 보자.

예시 코드 202 잔고 확인하기

```
app = QApplication(sys.argv)
kiwoom = Kiwoom()

# 코스피 주식 코드 가져오기
kospi_list = kiwoom.get_code_list_stock_market("0")
# 코스닥 주식 코드 가져오기
kosdaq_list = kiwoom.get_code_list_stock_market("10")

my_deposit = kiwoom.get_deposit()
print("나의예수금:", my_deposit)

position = kiwoom.get_balance()
print(position)

app.exec_()
```

[실행 결과]

```
Connected!
나의계좌번호: 8********
0002 opw00001 opw00001 [100000] 모의투자    조회 완료
0002 opw00001 opw00001
나의예수금: 499428380
0002 opw00018 opw00018 [100000] 모의투자    조회 완료
0002 opw00018 opw00018
[['000020', '동화약품', 1, 9210, -0.12, 9280, 9210, 1], ['000070', '삼양홀딩
스', 1, 69600, -1.21, 69400, 69600, 1], ['000100', '유한양행', 1, 58000, -0.4,
58300, 58000, 1], ['000105', '유한양행우', 1, 57000, -0.39, 57300, 57000, 1],
['000150', '두산', 1, 85600, 0.36, 86700, 85600, 1], ['000155', '두산우', 1,
51800, -0.35, 52100, 51800, 1], ['000180', '성창기업지주', 1, 2080, -0.48, 2075,
2080, 1], ['000220', '유유제약', 1, 6280, 0.08, 6340, 6280, 1], ['000270', '기
```

아', 1, 66900, -1.51, 66500, 66900, 1], ['000325', '노루홀딩스우', 1, 23550, 1.21, 24050, 23550, 1], ['000500', '가온전선', 1, 18000, 2.71, 18650, 18000, 1]]

실행 결과를 보니, 체결 후 잔고 안에 있는 종목들이 잘 확인되는 것을 확인했다. 삼성전자뿐만 아니라 동화약품, 삼양홀딩스 등 다른 종목이 출력된 이유는 필자가 테스트 과정에서 체결되었던 종목이니 필자와 다르게 나올 수 있다.

```python
from PyQt5.QAxContainer import *
from PyQt5.QtWidgets import *
from PyQt5.QtCore import *
import sys
import time
import pandas as pd

FID_CODES = {
    "10": "현재가",
    "11": "전일대비",
    "12": "등락률",
...중략...
    "9201": "계좌번호",
    "9203": "주문번호",
    "9205": "관리자사번"
}

class Kiwoom(QAxWidget):
    def __init__(self):
        super().__init__()
        self._make_kiwoom_instance()
        self._set_signal_slots()
        self._comm_connect()
        self.account_number = self.get_account_number()
        self.tr_event_loop = QEventLoop()

    def _make_kiwoom_instance(self):
        self.setControl("KHOPENAPI.KHOpenAPICtrl.1")

    def _set_signal_slots(self):
        self.OnEventConnect.connect(self._login_slot)
        self.OnReceiveTrData.connect(self._on_receive_tr_data)
        self.OnReceiveMsg.connect(self._on_receive_msg)
        self.OnReceiveChejanData.connect(self._on_receive_chejan)
```

```python
    def _on_receive_msg(self, screen_no, rqname, trcode, msg):
        print(screen_no, rqname, trcode, msg)

    def _on_receive_chejan(self, gubun, cnt, fid_list):
        print(gubun, cnt, fid_list)

        for fid in fid_list.split(';'):
            code = self.dynamicCall("GetChejanData(int)", "9001")[1:]
            data = self.dynamicCall("GetChejanData(int)", fid).lstrip("+").lstrip("-")
            if data.isdigit():
                data = int(data)
            name = FID_CODES[fid]
            print('{} : {}'.format(name, data))

    def _on_receive_tr_data(self, screen_no, rqname, trcode, record_name, next,
v1, v2, v3, v4):
        print(screen_no, rqname, trcode, record_name, next)
        cnt = self.dynamicCall("GetRepeatCnt(QString, QString)", trcode, rqname)

        if next == "2":
            self.isnext = True
        else:
            self.isnext = False

        if rqname == "opt10081":
            total = []
            for i in range(cnt):
                date = self.dynamicCall("GetCommData(QString, QString, int, QString)", trcode, rqname, i, "일자").strip()
                open = int(self.dynamicCall("GetCommData(QString, QString, int, QString)", trcode, rqname, i, "시가").strip())
                high = int(self.dynamicCall("GetCommData(QString, QString, int, QString)", trcode, rqname, i, "고가").strip())
                low = int(self.dynamicCall("GetCommData(QString, QString, int, QString)", trcode, rqname, i, "저가").strip())
                close = int(self.dynamicCall("GetCommData(QString, QString, int, QString)", trcode, rqname, i, "현재가").strip())
                volume = int(self.dynamicCall("GetCommData(QString, QString, int, QString)", trcode, rqname, i, "거래량").strip())
                total.append([date, open, high, low, close, volume])
            self.tr_data = total
        elif rqname == 'opw00001':
```

```python
                    deposit = self.dynamicCall("GetCommData(QString, QString, int, 
QString)", trcode, rqname, 0, "주문가능금액")
                    self.tr_data = int(deposit)
        elif rqname == "opt10075":
            box = []
            for i in range(cnt):
                code = self.dynamicCall("GetCommData(QString, QString, int, 
QString)", trcode, rqname, i, "종목코드")
                code_name = self.dynamicCall("GetCommData(QString, QString, int, 
QString)", trcode, rqname, i, "종목명")
                order_number = self.dynamicCall("GetCommData(QString, QString, 
int, QString)", trcode, rqname, i, "주문번호")
                order_status = self.dynamicCall("GetCommData(QString, QString, 
int, QString)", trcode, rqname, i, "주문상태")
                order_quantity = self.dynamicCall("GetCommData(QString, QString, 
int, QString)", trcode, rqname, i, "주문수량")
                order_price = self.dynamicCall("GetCommData(QString, QString, 
int, QString)", trcode, rqname, i, "주문가격")
                current_price = self.dynamicCall("GetCommData(QString, QString, 
int, QString)", trcode, rqname, i, "현재가")
                order_type = self.dynamicCall("GetCommData(QString, QString, 
int, QString)", trcode, rqname, i, "주문구분")
                left_quantity = self.dynamicCall("GetCommData(QString, QString, 
int, QString)", trcode, rqname, i, "미체결수량")
                executed_quantity = self.dynamicCall("GetCommData(QString, 
QString, int, QString)", trcode, rqname, i, "체결량")
                ordered_at = self.dynamicCall("GetCommData(QString, QString, 
int, QString)", trcode, rqname, i, "시간")
                fee = self.dynamicCall("GetCommData(QString, QString, int, 
QString)", trcode, rqname, i, "당일매매수수료")
                tax = self.dynamicCall("GetCommData(QString, QString, int, 
QString)", trcode, rqname, i, "당일매매세금")

                code = code.strip()
                code_name = code_name.strip()
                order_number = str(int(order_number.strip()))
                order_status = order_status.strip()
                order_quantity = int(order_quantity.strip())
                order_price = int(order_price.strip())
                current_price = int(current_price.strip().lstrip("+").lstrip("-"))
                order_type = order_type.strip().lstrip("+").lstrip("-")
                left_quantity = int(left_quantity.strip())
                executed_quantity = int(executed_quantity.strip())
                ordered_at = ordered_at.strip()
```

```
            fee = int(fee)
            tax = int(tax)

            box.append([code, code_name, order_number, order_status, order_
quantity, order_price, current_price, order_type, left_quantity, executed_quan
tity, ordered_at, fee, tax])

        self.tr_data = box

    elif rqname == "opw00018":
        box = []
        for i in range(cnt):
            code = self.dynamicCall("GetCommData(QString, QString, int,
QString)", trcode, rqname, i, "종목번호")
            code_name = self.dynamicCall("GetCommData(QString, QString, int,
QString)", trcode, rqname, i, "종목명")
            quantity = self.dynamicCall("GetCommData(QString, QString, int,
QString)", trcode, rqname, i, "보유수량")
            purchase_price = self.dynamicCall("GetCommData(QString, QString,
int, QString)", trcode, rqname, i, "매입가")
            return_rate = self.dynamicCall("GetCommData(QString, QString,
int, QString)", trcode, rqname, i, "수익률(%)")
            current_price = self.dynamicCall("GetCommData(QString, QString,
int, QString)", trcode, rqname, i, "현재가")
            total_purchase_price = self.dynamicCall("GetCommData(QString,
QString, int, QString)", trcode, rqname, i, "매입금액")
            available_quantity = self.dynamicCall("GetCommData(QString,
QString, int, QString)", trcode, rqname, i, "매매가능수량")

            code = code.strip()[1:]
            code_name = code_name.strip()
            quantity = int(quantity)
            purchase_price = int(purchase_price)
            return_rate = float(return_rate)
            current_price = int(current_price)

            total_purchase_price = int(total_purchase_price)
            available_quantity = int(available_quantity)

            box.append([code, code_name, quantity, purchase_price, return_
rate, current_price, total_purchase_price, available_quantity])

        self.tr_data = box
```

```python
        self.tr_event_loop.exit()
        time.sleep(1)

    def _login_slot(self, err_code):
        if err_code == 0:
            print("Connected!")
        else:
            print("Not Connected...")
        self.login_event_loop.exit()

    def _comm_connect(self):
        self.dynamicCall("CommConnect()")
        self.login_event_loop = QEventLoop()
        self.login_event_loop.exec_()

    def get_account_number(self):
        account_list = self.dynamicCall("GetLoginInfo(QString)", "ACCLIST")
        account_number = account_list.split(';')[0]
        print("나의계좌번호:", account_number)
        return account_number

    def get_code_list_stock_market(self, market_type):
        code_list = self.dynamicCall("GetCodeListByMarket(QString)", market_type)
        code_list = code_list.split(';')[:-1]
        return code_list

    def get_code_name(self, code):
        name = self.dynamicCall("GetMasterCodeName(QString)", code)
        return name

    def get_price(self, code):
        self.dynamicCall("SetInputValue(QString, QString)", "종목코드", code)
        self.dynamicCall("SetInputValue(QString, QString)", "수정주가구분", "1")
        self.dynamicCall("CommRqData(QString, QString, int, QString)",
"opt10081", "opt10081", 0, "0020")
        self.tr_event_loop.exec_()
        time.sleep(1)

        total = self.tr_data

        while self.isnext:
            self.dynamicCall("SetInputValue(QString, QString)", "종목코드", code)
            self.dynamicCall("SetInputValue(QString, QString)", "수정주가구분", "1")
```

```python
            self.dynamicCall("CommRqData(QString, QString, int, QString)",
"opt10081", "opt10081", 2, "0020")
            self.tr_event_loop.exec_()
            total += self.tr_data
            time.sleep(1)

        df = pd.DataFrame(total, columns = ['date','open', 'high', 'low',
'close', 'volume']).set_index("date")
        df = df.drop_duplicates()
        df = df.sort_index()
        return df

    def get_deposit(self):
        self.dynamicCall("SetInputValue(QString, QString)", "계좌번호", self.
account_number)
        self.dynamicCall("SetInputValue(QString, QString)", "비밀번호입력매체구분", "00")
        self.dynamicCall("SetInputValue(QString, QString)", "조회구분", "2")
        self.dynamicCall("CommRqData(QString, QString, int, QString)",
"opw00001", "opw00001", 0, "0002")
        self.tr_event_loop.exec_()
        return self.tr_data

    def send_order(self, rqname, screen_no, order_type, code, order_quantity,
order_price, order_gubun, order_no = ""):
        order_result = self.dynamicCall("SendOrder(QString, QString, QString,
int, QString, int, int, QString, QString)",
                                        [rqname, screen_no, self.account_number,
order_type, code, order_quantity, order_price, order_gubun, order_no])
        return order_result

    def get_order(self):
        self.dynamicCall("SetInputValue(QString, QString)", "계좌번호", self.
account_number)
        self.dynamicCall("SetInputValue(QString, QString)", "전체종목구분", "0")
        self.dynamicCall("SetInputValue(QString, QString)", "체결구분", "0")
        self.dynamicCall("SetInputValue(QString, QString)", "매매구분", "0")
        self.dynamicCall("CommRqData(QString, QString, int, QString)",
"opt10075", "opt10075", 0, "0002")
        self.tr_event_loop.exec_()
        return self.tr_data

    def get_balance(self):
        self.dynamicCall("SetInputValue(QString, QString)", "계좌번호", self.
```

```
account_number)
        self.dynamicCall("SetInputValue(QString, QString)", "비밀번호입력매체구분", "00")
        self.dynamicCall("SetInputValue(QString, QString)", "조회구분", "1")
        self.dynamicCall("CommRqData(QString, QString, int, QString)",
"opw00018", "opw00018", 0, "0002")
        self.tr_event_loop.exec_()
        return self.tr_data

app = QApplication(sys.argv)
kiwoom = Kiwoom()

# 코스피 주식 코드 가져오기
kospi_list = kiwoom.get_code_list_stock_market("0")
# 코스닥 주식 코드 가져오기
kosdaq_list = kiwoom.get_code_list_stock_market("10")

my_deposit = kiwoom.get_deposit()
print("나의예수금:", my_deposit)

position = kiwoom.get_balance()
print(position)

app.exec_()
```

실시간 체결 정보 가져오기

실시간 체결 정보란 체결과 매수 호가, 매도 호가 등 체결될 때마다 발생하는 정보를 의미한다. 이 정보들을 주식 시장이 열리는 동안 매수세, 매도세에 따라 쉼 없이 변한다. 이렇게 빠르게 변하는 체결 정보는 TR을 이용하여 호출하고 응답받는 동안에도 수많은 데이터가 생겨 우리가 수신한 데이터는 과거 데이터가 되어 버린다.

따라서 실시간으로 체결 정보를 얻어 오려면 요청 → 응답 대기 → 응답 방식으로 진행되는 TR 방식 외에 별도의 방법이 필요하다. 이 내용은 KOA의 "실시간 시세 사용법"을 참고한다.

사용 방법은 TR을 사용한 호출과 응답 수신을 받는 방법과 아주 유사하다. 실시간 데이터를 보내 달라는 요청을 전달하고 지속해서 응답받을 슬롯을 만든다. 먼저 체결 정보 수신을 희망하는 종목들을 등록하는 set_real_reg 함수를 만들어 보자.

예시 코드 203 체결 정보 실시간으로 수신을 요청하는 set_real_reg 함수

```
def set_real_reg(self, str_screen_no, str_code_list, str_fid_list, str_opt_type):
    self.dynamicCall("SetRealReg(QString, QString, QString, QString)", str_screen_no, str_code_list, str_fid_list, str_opt_type)
    time.sleep(1)
```

set_real_reg 함수 안에 들어가는 매개 변수를 먼저 살펴보자.

1. str_screen_no: 화면 번호
2. str_code_list: 실시간 체결 정보를 얻어 올 종목 코드를 전달한다. 종목이 하나일 때는 6자리 코드만 전달하면 되지만, 여러 종목을 요청할 때는 다음과 같이 ';'으로 구분 지어서 한 문자열로 전달해야 한다.
3. str_fid_list: 실시간 체결 정보 중 제공받을 항목에 해당하는 fid들을 의미한다. fid는 앞서 "주문 접수 및 체결 확인하기"에서 했던 것처럼 실시간 체결 정보에서도 사용할 수 있다.
4. str_opt_type: 최초 등록인지 추가 등록인지를 전달한다. KOA에는 최초 등록일 때만 0을 전달하고 그 이후부터는 1을 전달하라고 설명되어 있지만, 최초 등록할 때 1을 전달해도 동작에는 영향이 없다.

이 매개 변숫값들을 self.dynamicCall("SetRealReg")에 전달하면 해당 종목의 체결 정보를 실시간으로 받는 등록이 완료된 것이다. 응답 슬롯을 만들기 전에 종목 코드를 키 값으로 한 체결 정보를 담을 리스트로 선언하자.

예시 코드 204 Kiwoom 클래스 초기화 함수에 체결 정보를 담을 딕셔너리 추가하기

```python
class Kiwoom(QAxWidget):
    def __init__(self):
        super().__init__()
        self._make_kiwoom_instance()
        self._set_signal_slots()
        self._comm_connect()
        self.account_number = self.get_account_number()
        self.tr_event_loop = QEventLoop()
        self.universe_realtime_transaction_info = []
```

이렇게 실시간 체결 정보를 요청하는 set_real_reg 함수를 만들어 보았으니 이제는 등록 후 응답받아 오는 _on_receive_real_data 슬롯을 만들어 보자.

예시 코드 205 _on_receive_real_data 슬롯 함수 만들기

```python
def _on_receive_real_data(self, s_code, real_type, real_data):
    if real_type == "장시작시간":
        pass
    elif real_type == "주식체결":
        signed_at = self.dynamicCall("GetCommRealData(QString, int)", s_code, get_fid("체결시간"))
```

```python
        close = self.dynamicCall("GetCommRealData(QString, int)", s_code, get_fid("현재가"))
        close = abs(int(close))

        high = self.dynamicCall("GetCommRealData(QString, int)", s_code, get_fid("고가"))
        high = abs(int(high))

        open = self.dynamicCall("GetCommRealData(QString, int)", s_code, get_fid("시가"))
        open = abs(int(open))

        low = self.dynamicCall("GetCommRealData(QString, int)", s_code, get_fid("저가"))
        low = abs(int(low))

        top_priority_ask = self.dynamicCall("GetCommRealData(QString, int)", s_code, get_fid("(최우선)매도호가"))
        top_priority_ask = abs(int(top_priority_ask))

        top_priority_bid = self.dynamicCall("GetCommRealData(QString, int)", s_code, get_fid("(최우선)매수호가"))
        top_priority_bid = abs(int(top_priority_bid))

        accum_volume = self.dynamicCall("GetCommRealData(QString, int)", s_code, get_fid("누적거래량"))
        accum_volume = abs(int(accum_volume))

        self.universe_realtime_transaction_info.append([s_code, signed_at, close, high, open, low, top_priority_ask, top_priority_bid, accum_volume])
        print(s_code, open, high, low, close, top_priority_ask, top_priority_bid, accum_volume)
```

체결 정보 외에도 _on_receive_real_data 함수를 사용하면 장 시간(장 시작 전, 장 중, 장 종료) 같은 정보도 실시간으로 수신할 수 있다. 따라서 _on_receive_real_data 함수로 전달되는 두 번째 인자 real_type을 사용하여 지금 수신한 데이터 종류가 "장 시작 시간"인지 "체결 정보"인지 구분할 수 있다.

```python
    elif real_type == "주식체결":
        signed_at = self.dynamicCall("GetCommRealData(QString, int)", s_code, get_fid("체결시간"))
```

elif로 시작하는 코드 블록이 체결 정보를 얻어 오는 부분이다. 체결 정보를 수신하면 호출되는 함수가 _on_receive_real_data이고, 그 안에서 데이터를 얻어 올 때는 GetCommRealData를 사용한다.

어느 종목의 데이터를 얻어 올지는 종목 코드를 의미하는 s_code를 매개 변수로 전달하여 결정되며, 이 값은 프로그래머가 정한 것이 아니라 _on_receive_real_data 함수가 호출될 때 전달받은 매개 변수 s_code 값 그대로이다.

set_real_reg에서 체결 정보를 수신하기로 등록한 종목들의 데이터를 얻어 올 수 있다. 하지만 set_real_reg에서 등록하지 않은 종목들은 _on_receive_real_data에서도 체결 정보를 수신할 수 없다.

get_fid 함수는 앞서 작성한 FID_CODES에 있는 체결 시간이나 현재가 등 fid를 조회하는 함수이다. GetCommRealData를 통해 데이터를 수신할 때 조회하려는 항목 이름을 한글로 전달하는 것이 아니라 fid 값을 전달해야 한다.

따라서 우리가 알고 싶은 항목 이름이 어느 fid와 연결되는지 조회하는 get_fid 함수가 필요하다. fid와 항목 이름을 저장해 둔 딕셔너리 FID_CODES에서 매개 변수로 전달받은 항목 이름이 있는지 확인하고, 전달받은 항목 이름이 있으면 fid 값을 반환한다. get_fid 함수도 코드 맨 위에 만들어 놓자.

예시 코드 206 get_fid 함수

```
def get_fid(search_value):
    keys = [key for key, value in FID_CODES.items() if value == search_value]
    return keys[0]
```

종목 코드(s_code)와 조회하고 싶은 항목의 fid를 self.dynamicCall에 전달하면 응답으로 해당 종목의 실시간 데이터를 얻어 올 수 있다. 예를 들어 다음 코드는 get_fid 함수를 사용하여 "체결시간"의 fid를 찾아 전달하므로 체결시간을 얻어 와 signed_at 변수에 저장한다.

```
signed_at = self.dynamicCall("GetCommRealData(QString, int)", s_code, get_fid("체결시간"))
```

이처럼 "주식체결" 부분 아래로 이어지는 코드는 같은 방법으로 조회할 항목들을 얻어 온 후 미리 만들어 놓은 self.universe_realtime_transaction_info 리스트에 저장한다.

그럼 이제 _on_receive_real_data를 슬롯으로 등록하는 코드를 작성해 보자. 앞서 했던 방식과 마찬가지로 _set_signal_slots를 다음과 같이 작성하자.

예시 코드 207 _set_signal_slots 함수에 _on_receive_real_data 슬롯 추가하기

```python
def _set_signal_slots(self):
    self.OnEventConnect.connect(self._login_slot)
    self.OnReceiveTrData.connect(self._on_receive_tr_data)
    self.OnReceiveMsg.connect(self._on_receive_msg)
    self.OnReceiveChejanData.connect(self._on_chejan_slot)
    self.OnReceiveRealData.connect(self._on_receive_real_data)
```

마지막 줄에 self.OnReceiveRealData.connect(self._on_receive_real_data)를 추가함으로써, 실시간 체결 정보를 응답받도록 했다. 그럼 이제 실시간 데이터를 잘 받아 오는지 확인해 보자. main.py 파일 아래에 실행 코드를 아래와 같이 수정하고 파일을 실행해 보자.

예시 코드 208 실시간 데이터 확인하기

```python
app = QApplication(sys.argv)
kiwoom = Kiwoom()

# 코스피 주식 코드 가져오기
kospi_list = kiwoom.get_code_list_stock_market("0")
# 코스닥 주식 코드 가져오기
kosdaq_list = kiwoom.get_code_list_stock_market("10")

my_deposit = kiwoom.get_deposit()
print("나의예수금:", my_deposit)

fids = get_fid("체결시간")
codes = "005930;007700;000660;"
kiwoom.set_real_reg("0001", codes, fids, "0")

app.exec_()
```

[실행 결과]

```
Connected!
나의계좌번호: 8********
0002 opw00001 opw00001 [100000] 모의투자  조회 완료
0002 opw00001 opw00001
나의예수금: 499428380
005930 60900 60900 60200 60600 60600 60500 2758345
005930 60900 60900 60200 60500 60600 60500 2758834
000660 81900 81900 81100 81700 81700 81600 488714
000660 81900 81900 81100 81600 81700 81600 488775
005930 60900 60900 60200 60600 60600 60500 2758839
...생략
```

앞서 실시간 데이터 슬롯을 이용하여 장 시작 시각도 알 수 있다고 했다. 앞서 우리가 만든 set_real_reg 함수에 대해서 알아보자.

kiwoom.set_real_reg("1000", codes, fids, "0") 함수 안에 들어가는 매개 변수를 순서대로 알아보면, 아래와 같다.

1. 화면 번호
2. 특정 종목들
3. get_fid 함수를 활용한 실시간 체결된 데이터의 요청 값
4. 최초 등록(0)인지 아닌지(1)

그다음은 실제로 사용할 종목 체결 정보를 등록하는 부분을 알아보자.

```
fids = get_fid("체결시간")
codes = "005930;007700;000660;"
kiwoom.set_real_reg("1000", codes, fids, "0")
```

fids = get_fid("체결시간")라는 코드는 fids에 "체결시간"에 해당하는 fid를 저장한다. 그다음에는 등록할 종목 코드를 ";"를 기준으로 연결하여 codes에 저장한다. 이렇게 인자를 구성한 후 kiwoom.set_real_reg 함수에 전달한다.

이때 fids를 "체결시간"만 요청했으니 체결 시간만 얻어 오는 것은 아닐까 생각할 수도 있는데, 사실 어느 fid 값이든 하나만 전달해도 다른 데이터들을 함께 얻어 올 수 있다 (만약 키움증권이 업데이트되어, 이 부분이 변경된다면 조회하려는 모든 fid를 전달해 야 할 수도 있다).

위의 실행 결과를 보면 다음 내용이 계속해서 출력될 것이다.

```
005930 154416 60600 60600 59900 59800 60600 60500 6883956
```

이는 _on_receive_real_data 함수의 print(s_code, signed_at, close, high, open, low, top_priority_ask, top_priority_bid, accum_volume) 코드로 출력된 것이다. 모의투자 환경에서 출력되는 체결 내역은 실제 투자 환경과 연동되어 있다.

출력 내용을 순서대로 살펴보면 삼성전자(005930)의 체결 시간 1554416(오후 3시 54분 16초), 종가(현재가 60,600원), 고가(60,600원), 시가(59,900원), 저가(59,800원), 최우선 매도 호가(60,600원), 최우선 매수 호가(60,500원), 거래량(6,883,956)을 의미한다.

당연한 이야기이지만, 우리가 수신한 체결 정보는 체결되는 거래일이면서 개장 시간에 만 얻어 올 수 있다. 프로그램을 종료하지 않는 이상 한 번 등록하면 실시간으로 계속 데이터를 얻어 온다.

하지만 수신할 종목이 많아지면, 출력 창이 체결 정보로 덮여서 다른 정보를 확인하기 가 어려워진다. 따라서 _on_receive_real_data 함수 안에 있는 print 함수는 함수가 잘 동작하는 것이 확인되었다면, 주석 처리하거나 삭제하는 것이 좋다.

```python
from PyQt5.QAxContainer import *
from PyQt5.QtWidgets import *
from PyQt5.QtCore import *
import sys
import time
import pandas as pd
import numpy as np

FID_CODES = {
```

```python
    "10": "현재가",
    "11": "전일대비",
    "12": "등락률",
    ...중략...
    "9201": "계좌번호",
    "9203": "주문번호",
    "9205": "관리자사번"
}

def get_fid(search_value):
    keys = [key for key, value in FID_CODES.items() if value == search_value]
    return keys[0]

class Kiwoom(QAxWidget):
    def __init__(self):
        super().__init__()
        self._make_kiwoom_instance()
        self._set_signal_slots()
        self._comm_connect()
        self.account_number = self.get_account_number()
        self.tr_event_loop = QEventLoop()
        self.universe_realtime_transaction_info = []

    def _make_kiwoom_instance(self):
        self.setControl("KHOPENAPI.KHOpenAPICtrl.1")

    def _set_signal_slots(self):
        self.OnEventConnect.connect(self._login_slot)
        self.OnReceiveTrData.connect(self._on_receive_tr_data)
        self.OnReceiveMsg.connect(self._on_receive_msg)
        self.OnReceiveChejanData.connect(self._on_receive_chejan)
        self.OnReceiveRealData.connect(self._on_receive_real_data)

    def _on_receive_msg(self, screen_no, rqname, trcode, msg):
        print(screen_no, rqname, trcode, msg)

    def _on_receive_chejan(self, gubun, cnt, fid_list):
        print(gubun, cnt, fid_list)

        for fid in fid_list.split(';'):
            code = self.dynamicCall("GetChejanData(int)", "9001")[1:]
            data = self.dynamicCall("GetChejanData(int)", fid).lstrip("+").lstrip("-")
            if data.isdigit():
                data = int(data)
```

```python
            name = FID_CODES[fid]
            print('{} : {}'.format(name, data))

    def _on_receive_tr_data(self, screen_no, rqname, trcode, record_name, next,
v1, v2, v3, v4):
        print(screen_no, rqname, trcode, record_name, next)
        cnt = self.dynamicCall("GetRepeatCnt(QString, QString)", trcode, rqname)

        if next == "2":
            self.isnext = True
        else:
            self.isnext = False

        if rqname == "opt10081":
            total = []
            for i in range(cnt):
                date = self.dynamicCall("GetCommData(QString, QString, int, QString)", trcode, rqname, i, "일자").strip()
                open = int(self.dynamicCall("GetCommData(QString, QString, int, QString)", trcode, rqname, i, "시가").strip())
                high = int(self.dynamicCall("GetCommData(QString, QString, int, QString)", trcode, rqname, i, "고가").strip())
                low = int(self.dynamicCall("GetCommData(QString, QString, int, QString)", trcode, rqname, i, "저가").strip())
                close = int(self.dynamicCall("GetCommData(QString, QString, int, QString)", trcode, rqname, i, "현재가").strip())
                volume = int(self.dynamicCall("GetCommData(QString, QString, int, QString)", trcode, rqname, i, "거래량").strip())
                total.append([date, open, high, low, close, volume])
            self.tr_data = total
        elif rqname == 'opw00001':
            deposit = self.dynamicCall("GetCommData(QString, QString, int, QString)", trcode, rqname, 0, "주문가능금액")
            self.tr_data = int(deposit)
        elif rqname == "opt10075":
            box = []
            for i in range(cnt):
                code = self.dynamicCall("GetCommData(QString, QString, int, QString)", trcode, rqname, i, "종목코드")
                code_name = self.dynamicCall("GetCommData(QString, QString, int, QString)", trcode, rqname, i, "종목명")
                order_number = self.dynamicCall("GetCommData(QString, QString, int, QString)", trcode, rqname, i, "주문번호")
                order_status = self.dynamicCall("GetCommData(QString, QString,
```

```
int, QString)", trcode, rqname, i, "주문상태")
                order_quantity = self.dynamicCall("GetCommData(QString, QString, int, QString)", trcode, rqname, i, "주문수량")
                order_price = self.dynamicCall("GetCommData(QString, QString, int, QString)", trcode, rqname, i, "주문가격")
                current_price = self.dynamicCall("GetCommData(QString, QString, int, QString)", trcode, rqname, i, "현재가")
                order_type = self.dynamicCall("GetCommData(QString, QString, int, QString)", trcode, rqname, i, "주문구분")
                left_quantity = self.dynamicCall("GetCommData(QString, QString, int, QString)", trcode, rqname, i, "미체결수량")
                executed_quantity = self.dynamicCall("GetCommData(QString, QString, int, QString)", trcode, rqname, i, "체결량")
                ordered_at = self.dynamicCall("GetCommData(QString, QString, int, QString)", trcode, rqname, i, "시간")
                fee = self.dynamicCall("GetCommData(QString, QString, int, QString)", trcode, rqname, i, "당일매매수수료")
                tax = self.dynamicCall("GetCommData(QString, QString, int, QString)", trcode, rqname, i, "당일매매세금")

                code = code.strip()
                code_name = code_name.strip()
                order_number = str(int(order_number.strip()))
                order_status = order_status.strip()
                order_quantity = int(order_quantity.strip())
                order_price = int(order_price.strip())
                current_price = int(current_price.strip().lstrip("+").lstrip("-"))
                order_type = order_type.strip().lstrip("+").lstrip("-")
                left_quantity = int(left_quantity.strip())
                executed_quantity = int(executed_quantity.strip())
                ordered_at = ordered_at.strip()
                fee = int(fee)
                tax = int(tax)

                box.append([code, code_name, order_number, order_status, order_quantity, order_price, current_price, order_type, left_quantity, executed_quantity, ordered_at, fee, tax])

            self.tr_data = box

        elif rqname == "opw00018":
            box = []
            for i in range(cnt):
                code = self.dynamicCall("GetCommData(QString, QString, int,
```

```
QString)", trcode, rqname, i, "종목번호")
                code_name = self.dynamicCall("GetCommData(QString, QString, int, 
QString)", trcode, rqname, i, "종목명")
                quantity = self.dynamicCall("GetCommData(QString, QString, int, 
QString)", trcode, rqname, i, "보유수량")
                purchase_price = self.dynamicCall("GetCommData(QString, QString, 
int, QString)", trcode, rqname, i, "매입가")
                return_rate = self.dynamicCall("GetCommData(QString, QString, 
int, QString)", trcode, rqname, i, "수익률(%)")
                current_price = self.dynamicCall("GetCommData(QString, QString, 
int, QString)", trcode, rqname, i, "현재가")
                total_purchase_price = self.dynamicCall("GetCommData(QString, 
QString, int, QString)", trcode, rqname, i, "매입금액")
                available_quantity = self.dynamicCall("GetCommData(QString, 
QString, int, QString)", trcode, rqname, i, "매매가능수량")

                code = code.strip()[1:]
                code_name = code_name.strip()
                quantity = int(quantity)
                purchase_price = int(purchase_price)
                return_rate = float(return_rate)
                current_price = int(current_price)

                total_purchase_price = int(total_purchase_price)
                available_quantity = int(available_quantity)

                box.append([code, code_name, quantity, purchase_price, return_
rate, current_price, total_purchase_price, available_quantity])

            self.tr_data = box

        self.tr_event_loop.exit()
        time.sleep(1)

    def _login_slot(self, err_code):
        if err_code == 0:
            print("Connected!")
        else:
            print("Not Connected...")
        self.login_event_loop.exit()

    def _comm_connect(self):
        self.dynamicCall("CommConnect()")
        self.login_event_loop = QEventLoop()
```

```python
        self.login_event_loop.exec_()

    def get_account_number(self):
        account_list = self.dynamicCall("GetLoginInfo(QString)", "ACCLIST")
        account_number = account_list.split(';')[0]
        print("나의계좌번호:", account_number)
        return account_number

    def get_code_list_stock_market(self, market_type):
        code_list = self.dynamicCall("GetCodeListByMarket(QString)", market_type)
        code_list = code_list.split(';')[:-1]
        return code_list

    def get_code_name(self, code):
        name = self.dynamicCall("GetMasterCodeName(QString)", code)
        return name

    def get_price(self, code):
        self.dynamicCall("SetInputValue(QString, QString)", "종목코드", code)
        self.dynamicCall("SetInputValue(QString, QString)", "수정주가구분", "1")
        self.dynamicCall("CommRqData(QString, QString, int, QString)",
"opt10081", "opt10081", 0, "0020")
        self.tr_event_loop.exec_()
        time.sleep(1)

        total = self.tr_data

        while self.isnext:
            self.dynamicCall("SetInputValue(QString, QString)", "종목코드", code)
            self.dynamicCall("SetInputValue(QString, QString)", "수정주가구분", "1")
            self.dynamicCall("CommRqData(QString, QString, int, QString)",
"opt10081", "opt10081", 2, "0020")
            self.tr_event_loop.exec_()
            total += self.tr_data
            time.sleep(1)

        df = pd.DataFrame(total, columns = ['date','open', 'high', 'low',
'close', 'volume']).set_index("date")
        df = df.drop_duplicates()
        df = df.sort_index()
        return df

    def get_deposit(self):
        self.dynamicCall("SetInputValue(QString, QString)", "계좌번호", self.
```

```python
        account_number)
        self.dynamicCall("SetInputValue(QString, QString)", "비밀번호입력매체구분", "00")
        self.dynamicCall("SetInputValue(QString, QString)", "조회구분", "2")

        self.dynamicCall("CommRqData(QString, QString, int, QString)",
"opw00001", "opw00001", 0, "0002")
        self.tr_event_loop.exec_()
        return self.tr_data

    def send_order(self, rqname, screen_no, order_type, code, order_quantity,
order_price, order_gubun, order_no = ""):
        order_result = self.dynamicCall("SendOrder(QString, QString, QString,
int, QString, int, int, QString, QString)",
                                        [rqname, screen_no, self.account_number,
order_type, code, order_quantity, order_price, order_gubun, order_no])
        return order_result

    def get_order(self):
        self.dynamicCall("SetInputValue(QString, QString)", "계좌번호", self.
account_number)
        self.dynamicCall("SetInputValue(QString, QString)", "전체종목구분", "0")
        self.dynamicCall("SetInputValue(QString, QString)", "체결구분", "0")
        self.dynamicCall("SetInputValue(QString, QString)", "매매구분", "0")
        self.dynamicCall("CommRqData(QString, QString, int, QString)",
"opt10075", "opt10075", 0, "0002")
        self.tr_event_loop.exec_()
        return self.tr_data

    def get_balance(self):
        self.dynamicCall("SetInputValue(QString, QString)", "계좌번호", self.
account_number)
        self.dynamicCall("SetInputValue(QString, QString)", "비밀번호입력매체구분", "00")
        self.dynamicCall("SetInputValue(QString, QString)", "조회구분", "1")
        self.dynamicCall("CommRqData(QString, QString, int, QString)",
"opw00018", "opw00018", 0, "0002")
        self.tr_event_loop.exec_()
        return self.tr_data

    def _on_receive_real_data(self, s_code, real_type, real_data):
        if real_type == "장시작시간":
            pass
        elif real_type == "주식체결":
            signed_at = self.dynamicCall("GetCommRealData(QString, int)", s_
code, get_fid("체결시간"))
```

```python
            close = self.dynamicCall("GetCommRealData(QString, int)", s_code, get_fid("현재가"))
            close = abs(int(close))

            high = self.dynamicCall("GetCommRealData(QString, int)", s_code, get_fid("고가"))
            high = abs(int(high))

            open = self.dynamicCall("GetCommRealData(QString, int)", s_code, get_fid("시가"))
            open = abs(int(open))

            low = self.dynamicCall("GetCommRealData(QString, int)", s_code, get_fid("저가"))
            low = abs(int(low))

            top_priority_ask = self.dynamicCall("GetCommRealData(QString, int)", s_code, get_fid("(최우선)매도호가"))
            top_priority_ask = abs(int(top_priority_ask))

            top_priority_bid = self.dynamicCall("GetCommRealData(QString, int)", s_code, get_fid("(최우선)매수호가"))
            top_priority_bid = abs(int(top_priority_bid))

            accum_volume = self.dynamicCall("GetCommRealData(QString, int)", s_code, get_fid("누적거래량"))
            accum_volume = abs(int(accum_volume))

            self.universe_realtime_transaction_info.append([s_code, signed_at, close, high, open, low, top_priority_ask, top_priority_bid, accum_volume])
            print(s_code, open, high, low, close, top_priority_ask, top_priority_bid, accum_volume)

    def set_real_reg(self, str_screen_no, str_code_list, str_fid_list, str_opt_type):
        self.dynamicCall("SetRealReg(QString, QString, QString, QString)", str_screen_no, str_code_list, str_fid_list, str_opt_type)
        time.sleep(1)

app = QApplication(sys.argv)
kiwoom = Kiwoom()

# 코스피 주식 코드 가져오기
kospi_list = kiwoom.get_code_list_stock_market("0")
```

```python
# 코스닥 주식 코드 가져오기
kosdaq_list = kiwoom.get_code_list_stock_market("10")

my_deposit = kiwoom.get_deposit()
print("나의예수금:", my_deposit)

fids = get_fid("체결시간")
codes = "005930;007700;000660;"
kiwoom.set_real_reg("0001", codes, fids, "0")

app.exec_()
```

여기까지 키움증권 API를 다루는 방법에 대해서 알아보았다. 단순히 눈으로만 코드를 보았다면 반드시 꼭 한 번은 파이참을 활용해서 코드로 직접 타이핑해 보길 권장한다.

CHAPTER 07

머신러닝으로
미래 주가 예측하기

K 최근접 이웃
선형 회귀
결정 트리
랜덤 포레스트
실전 매매 프로젝트 시작

머신러닝으로 미래 주가 예측하기

이 책에서는 입문자도 쉽게 주가를 예측하는 머신러닝 모델을 개발하는 것에 초점을 둔다. 따라서 성능이 좋고, 복잡한 데이터 전처리가 필요 없으며, 간단하게 쓰는 머신러닝 위주로 소개할 예정이다. 그리고 머신러닝과 데이터를 다루면서 꼭 진행해야 하는 데이터를 소개하면서 같이 진행할 것이다.

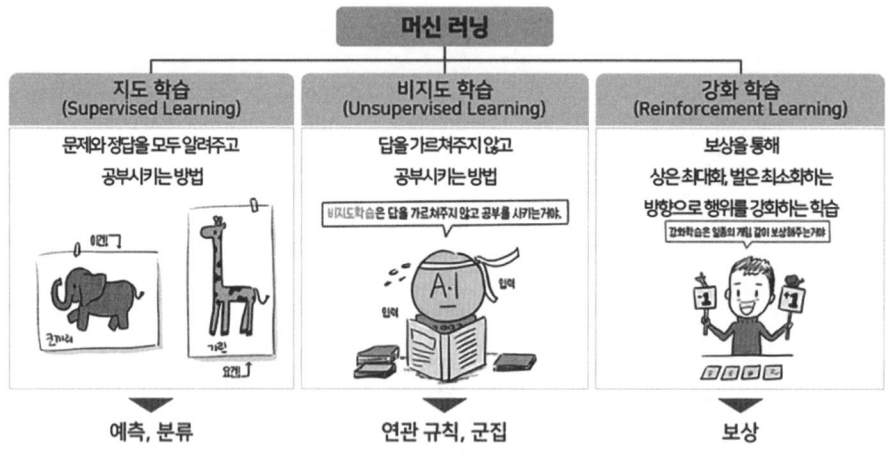

그림 124 지도 학습, 비지도 학습, 강화 학습 소개
(그림 출처: https://m.blog.naver.com/k0sm0s1/221863569856)

머신러닝에는 크게 지도 학습, 비지도 학습, 강화 학습이 있다.

지도 학습이란 컴퓨터에 문제집과 정답지를 주고, 컴퓨터가 학습하도록 하는 것이다. 예를 들어 컴퓨터에 코끼리 사진을 보여 주면서 "이것은 코끼리야."라고 알려 주고, 기린 사진을 보여 주면서 "이것은 기린이야."라고 계속 반복해서 알려 주고 나서 컴퓨터가 학습을 마치고 컴퓨터가 학습하지 못했던 코끼리 또는 기린 사진을 보여 줬을 때, 그 사진이 코끼리인지 기린인지 맞히게 하는 것이다.

그리고 비지도 학습은 컴퓨터에 문제집만 주고 패턴을 찾게 하는 것이다. 예를 들어 컴퓨터에 코끼리 사진 10만 장, 기린 사진 10만 장을 주고, "여기에 2종류의 동물이 있어. 스스로 패턴을 찾아서 2종류의 동물을 분류해 봐." 하고 주면, 컴퓨터가 스스로 받은 데이터에서 2가지 패턴을 찾는 것이 비지도 학습이다.

마지막으로 강화 학습은 컴퓨터를 어떤 환경 속에 넣어 놓고, 미션을 주고, 아무것도 가르쳐 주지 않는다. 그러면 컴퓨터가 그 환경 속에서 미션에서 가장 높은 점수를 받으려고 스스로 환경을 학습한다. 예를 들어 슈퍼 마리오 게임 환경에 컴퓨터를 넣어 놓고, "최대한 빨리 미션을 클리어해 봐." 하고 명령을 주고 지켜본다. 그리고 마리오가 어쩌다가 우연히 앞으로 가면 좋은 점수를 주고, 뒤로 간다면 나쁜 점수를 준다. 그러면 컴퓨터가 "아! 주인이 앞으로 갈 때마다 좋은 점수를 주는구나!" 하고 스스로 깨닫기 시작하며, 앞으로 가는 비중을 늘려 간다. 이것이 강화 학습이다.

우리가 앞으로 배울 것은 지도 학습이다. 컴퓨터에 과거의 주식 데이터를 학습시키고, 미래 데이터를 예측하게끔 하기 위해서다. 머신러닝의 지도 학습은 크게 "회귀"와 "분류"로 나뉜다.

회귀란 예측하고 싶은 값이 연속적인 값을 가지는 숫자일 때, 보통 회귀라는 머신러닝 방법을 사용한다. 그리고 분류란 강아지인지 고양이인지, 생존했는지 사망했는지 등 예측하려는 값이 카테고리성 성격을 띠는 것을 예측하는 것을 의미한다.

우리가 예측하려는 주가는 연속적인 값을 가지는 숫자라 먼저 회귀 모델들을 사용해서 주가를 예측해 보려고 한다.

K 최근접 이웃

K 최근접 이웃 회귀 모델은 데이터들을 모두 저장해 둔 뒤, 새로운 데이터가 들어왔을 때, 새로운 데이터와 가장 가까운 데이터들과 비슷한 값으로 예측하는 모델이다.

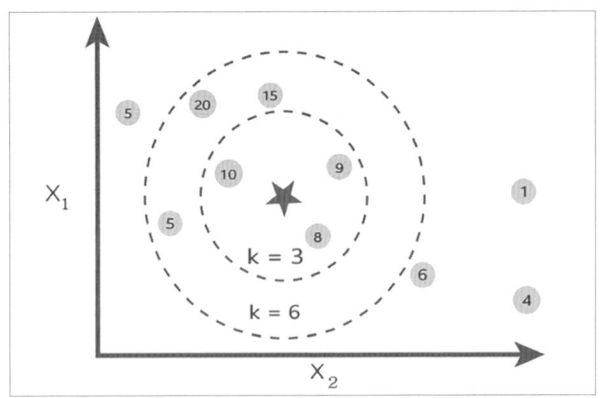

그림 125 K 최근접 이웃 회귀 작동 원리

위의 그림을 통해 이해해 보자. 만약 K 최근접 이웃 회귀 머신러닝 모델에 숫자가 들어 있는 동그란 데이터들을 저장해 두었다고 가정해 보자. 그리고 새로운 데이터 빨간 별이 들어왔을 때, 이 빨간 별의 숫자를 예측하려면 어떻게 해야 할까? 주변에 있는 데이터의 숫자를 보고 판단한다.

만약 빨간 별 주변에 가장 가까운 데이터 3개를 가져올 때, [8, 9, 10]이라는 숫자 정보를 가져올 텐데, 빨간 별은 이 3개의 숫자를 평균 낸 숫자로 예측한다. 즉 9로 예측한다.

만약 가장 가까운 데이터 5개 [5, 8, 9, 10, 15, 20]을 가져와서 이 숫자 5개를 평균 내 보면, 이 빨간 데이터를 11.4로 예측한다. 이것이 K 최근접 이웃 회귀 모델의 작동 원리이다.

이 머신러닝 모델을 통해서 삼성전자 주가를 예측해 보자. 실습 데이터 중에서 "full_samsung.csv" 파일을 불러오자. 이 파일에는 1985년 1월 4일에서 2022년 11월 18일까지의 삼성전자 주식 가격 정보가 들어 있다. 이 데이터를 통해서 2022년 11월 19일 삼성전자 종가 가격을 예측해 보고, 실제 2022년 11월 19일 삼성전자 종가 가격과 비교해 보자.

예시 코드 209 삼성전자 주식 가격 불러오기

```
import pandas as pd

samsung = pd.read_csv("full_samsung.csv", index_col="date")
print(samsung)
```

[실행 결과]

```
           open   high    low  close    volume
date
19850104    130    130    129    129    111765
19850105    129    129    128    128    108497
19850107    129    130    128    129    771895
19850108    129    129    127    127    845098
19850109    126    126    122    123    324837
...         ...    ...    ...    ...       ...
20221114  62900  62900  61700  61900  15973416
20221115  62200  62500  61600  62400  12310986
20221116  62400  62700  61700  62700  12909260
20221117  62000  62000  61300  61400  13298296
20221118  61800  62400  61400  61800  12236503

[9981 rows x 5 columns]
```

머신러닝이 데이터를 학습하려면 컴퓨터에 문제집과 정답지를 줘야 한다. 문제집으로 사용할 것은 시가, 고가, 저가, 종가, 거래량이며, 정답지로 사용할 데이터는 다음날 종가이다. 예를 들면, 1985년 1월 4일 주가 정보 [130, 130, 129, 129, 111765]를 컴퓨터에 보여 주고, 이러한 정보가 들어왔을 때, 정답은 128이라는 것을 가르쳐 주는 것이다.

이렇게 계속 반복해서 특정 날짜의 주가 정보와 특정 날짜 다음날의 종가 정보를 컴퓨터에 반복해서 학습시키고, 학습이 모두 끝나면, 오늘 주식 정보를 컴퓨터에 보여 주면, 내일 종가를 예측해 줄 것이다. 여기서 내일 날짜의 주식 가격이 오늘보다 오를 것 같다면 구매하는 것이다.

그러면 가져온 삼성 데이터를 가지고 문제집과 정답지를 만들어 보자.

예시 코드 210 문제집과 정답지 만들기

```
import pandas as pd

samsung = pd.read_csv("full_samsung.csv", index_col="date")

data = []
target = []

for i in range(len(samsung) - 1):
    a = list(samsung.iloc[i])
    b = samsung.iloc[i+1, 3]
    data.append(a)
    target.append(b)
    print(a, b)
```

[실행 결과]

```
[67800, 68400, 67700, 68000, 12109571] 67900
[68800, 68800, 67600, 67900, 13684088] 66500
[67500, 67700, 66500, 66500, 15482576] 66400
...중략
[62200, 62500, 61600, 62400, 12310986] 62700
[62400, 62700, 61700, 62700, 12909260] 61400
[62000, 62000, 61300, 61400, 13298296] 61800
Process finished with exit code 0
```

samsung 데이터값의 개수만큼 반복문 for문을 돌리고, 판다스에서 행에 접근할 때 사용하는 iloc 기능을 사용해서 삼성 데이터의 i행 주가 정보를 변수 a에 가져오고, i+1행 주가 정보의 종가 데이터만 변수 b에 가져왔다. 왜냐하면 i행이 특정 날짜라면 i+1행은 특정 날짜의 다음 날이기 때문이다. 변수 a는 문제집으로 사용할 것이라 변수 data에 하나하나 할당하고, 변수 b는 정답지로 사용할 것이라 하나하나 target에 넣어 주자.

대부분의 머신러닝 모델은 많은 데이터를 계산해야 해서 병렬 계산이 필수적이다. 하지만 우리가 만든 data와 target은 리스트라 병렬 계산이 힘들다. 예를 들어 [1, 2, 3, 4, 5]에 숫자 10을 더해서 [11, 12, 13, 14, 15]로 만든다고 해 보자.

하나하나 순서대로 10씩 더하기엔 너무 비효율적이다. 한 번에 10을 더할 수는 없을까? 그렇게 하려면 리스트가 아니라 데이터가 행렬 형태여야 한다. 리스트 형태의 데이터를 행렬로 변환하면 병렬 계산이 가능하다. 행렬 형태로 변환하려면 numpy 모듈의 array() 함수를 사용해 준다.

예시 코드 211 리스트를 행렬로 변환하기

```python
import pandas as pd
import numpy as np

samsung = pd.read_csv("full_samsung.csv", index_col="date")

data = []
target = []

for i in range(len(samsung) - 1):
    a = list(samsung.iloc[i])
    b = samsung.iloc[i+1, 3]
    data.append(a)
    target.append(b)

data = np.array(data)
target = np.array(target)

print(data)
print(target)
```

[실행 결과]

```
[[   130    130    129    129    111765]
 [   129    129    128    128    108497]
 [   129    130    128    129    771895]
 ...
 [ 62200  62500  61600  62400  12310986]
 [ 62400  62700  61700  62700  12900260]
 [ 62000  62000  61300  61400  13298296]]
[   128    129    127 ...  62700  61400  61800]
```

numpy 모듈은 np라는 이름으로 사용했다. np.array() 함수에 리스트 값을 넣어 주면 행렬 형태로 반환해 준다. 변환한 data와 target은 다시 data와 target에 덮어쓰기 해 주자. 이렇게 하면 이제 머신러닝 모델이 학습할 환경이 모두 갖춰졌다!

이제 K 최근접 이웃 회귀 모델을 만들고, 우리가 만든 데이터를 K 최근접 이웃 회귀 모델에 학습시켜 주자.

먼저 우리가 만든 stock 가상 환경에 sklearn 모듈을 설치해야 한다. sklearn 모듈은 다양한 머신러닝 모델을 쉽게 만들어 주는 모듈이다. Anaconda Prompt 창에 들어가서 검은 창에 activate stock을 입력해서 stock 가상 환경을 열어 주고, 그곳에 pip install scikit-learn을 입력해서 설치하자.

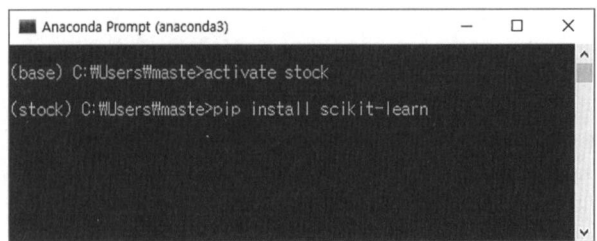

그림 126 가상 환경 stock에 scikit-learn 설치하기

파이썬을 활용하면 다양한 머신러닝 모델을 아주 쉽게 가져올 수 있다. K 최근접 이웃 회귀 모델을 가져오려면 sklearn 모듈 안에 neighbors의 KNeighborsRegressor 클래스를 가져온다.

예시 코드 212 K 최근접 이웃 회귀 모델 가져오기

```
from sklearn.neighbors import KNeighborsRegressor
knn = KNeighborsRegressor()
```

sklearn 모듈이 잘 설치되었다면, 이제 K 최근접 이웃 회귀 모델을 만들어서 학습시켜 보자. 앞서 소개한 내용을 모두 활용해서, 데이터를 가져오고, 데이터를 전처리해서 문제집과 정답지를 만들고, K 최근접 회귀 모델을 가져와서 모델을 생성하고, 학습까지 진행해 보겠다.

예시 코드 213 K 최근접 이웃 모델 만들어서 학습시키기

```
from sklearn.neighbors import KNeighborsRegressor
import pandas as pd
```

```
import numpy as np

samsung = pd.read_csv("full_samsung.csv", index_col="date")

data = []
target = []

for i in range(len(samsung) - 1):
    a = list(samsung.iloc[i])
    b = samsung.iloc[i+1, 3]
    data.append(a)
    target.append(b)

data = np.array(data)
target = np.array(target)

knn = KNeighborsRegressor()
knn.fit(data, target)
```

knn = KNeighborsRegressor()는 K 최근접 이웃 회귀 모델을 생성해서 knn 변수에 할당한다고 이해하도록 한다. 그러면 knn이 K 최근접 이웃 회귀 모델이 된다. 모델에 데이터를 학습시키려면 fit() 함수에 knn.fit(data, target) 이렇게 문제집과 정답지를 넣어 주면 K 최근접 이웃 회귀 모델이 스스로 데이터를 보고 학습한다.

K 최근접 이웃 회귀 모델은 사실 가장 가까운 데이터를 보고 새로운 데이터를 예측하는 모델이라 학습한다는 느낌보다는 데이터를 저장해 둔다고 보는 것이 더 맞는 말일 수 있다.

이제 학습이 완료된 데이터를 통해서 2022년 11월 21일 삼성전자 종가를 예측해 보자. 2022년 11월 21일의 삼성전자 주가를 예측하려면 학습이 완료된 머신러닝 모델에 2022년 11월 18일의 삼성전자 주식 가격 정보를 전달한다(19, 20일을 건너뛴 이유는 주말이기 때문이다).

[61800, 62400, 61400, 61800, 12236503]은 2022년 11월 18일의 삼성전자 주식 가격이다. 이것을 knn.predict() 함수에 넣어 주면 컴퓨터가 예측한 결괏값을 볼 수 있다.

예시 코드 214 predict() 함수를 통해 다음날 주가 예측하기

```
pred = knn.predict([[61800, 62400, 61400, 61800, 12236503]])
print("내일 2022년 11월 21일의 삼성전자 주식 종가는 {}원입니다.".format(pred[0]))
```

[실행 결과]

내일 삼성전자 주식 가격의 종가는 62980.0원입니다(결과는 다를 수 있다).

모델의 predict() 함수 안에 리스트 형태로 컴퓨터가 학습한 데이터의 모양과 똑같이 예측하려는 데이터를 넣어 준다. 컴퓨터는 시가, 고가, 저가, 종가, 거래량 순으로 학습해, 예측할 때도 데이터의 순서를 꼭 맞춰서 넣어 줘야 한다.

앞에 실행 결과에서 나온 값은 2022년 11월 18일 데이터를 넣었으니 2022년 11월 21일의 종가를 예측한 결괏값이다(19일과 20일은 주말이다). 하지만 이 값을 믿어야 할까? 아직 우리는 이 머신러닝의 성능을 잘 모른다.

머신러닝의 성능을 확인하려면 학습이 완료된 모델에 컴퓨터가 학습하지 못한 데이터를 넣어 주고도 잘 맞히는지 확인해 보아야 한다.

지금은 따로 데이터를 가진 것이 없어 학습 데이터에서 조금 떼서 시험 데이터로 사용해야 한다. 학습 데이터에서 20%만 떼서 시험 데이터로 활용해 보자. sklearn 모듈에는 데이터를 적절하게 분할해 주는 train_test_split 함수를 제공하니 사용해 보자.

예시 코드 215 train_test_split() 함수 사용하기

```
from sklearn.model_selection import train_test_split
train_input, test_input, train_target, test_target = train_test_split(data, target, test_size = 0.2)
```

[실행 결과]

```
from sklearn.model_selection import train_test_split
train_input, test_input, train_target, test_target = train_test_split(data, target, test_size = 0.2)
print(train_input.shape, test_input.shape)
(7984, 5) (1996, 5)
```

train_test_split 함수 안에 문제집과 정답지를 넣어 주고, 매개 변수 test_size에 0.2를 넣어 주면 입력한 데이터의 20%만큼을 시험 데이터에 할당한다는 의미이다. train_test_split 함수를 사용할 때는 데이터의 배치가 중요하다. [훈련 데이터, 시험 데이터, 훈련 데이터 정답지, 시험 데이터 정답지] 순으로 변수를 배치해 주어야 한다.

필자는 train_input에 훈련 데이터를 할당하고, test_input 시험 데이터를 할당했으며, train_target에 훈련 데이터의 정답지를 할당하고, test_target에 시험 데이터의 정답지를 할당했다.

결과를 보니, 훈련 데이터에는 7,984개의 데이터가 있고, 5개의 특성(시가, 고가, 저가, 종가, 거래량)이 있으며, 시험 데이터에는 1,996개의 데이터가 있고, 5개의 특성이 있는 것을 알 수 있다.

자, 이제 훈련 데이터로 학습해 보고, 시험 데이터로 이 모델을 평가해 보자.

예시 코드 216 데이터 분할해서 모델 성능 확인하기

```python
from sklearn.neighbors import KNeighborsRegressor
from sklearn.model_selection import train_test_split

import pandas as pd
import numpy as np

samsung = pd.read_csv("full_samsung.csv", index_col="date")

data = []
target = []

for i in range(len(samsung) - 1):
    a = list(samsung.iloc[i])
    b = samsung.iloc[i+1, 3]
    data.append(a)
    target.append(b)

data = np.array(data)
target = np.array(target)

train_input, test_input, train_target, test_target = train_test_split(data, target, test_size = 0.2)
```

```
knn = KNeighborsRegressor()
knn.fit(train_input, train_target)
print(knn.score(test_input, test_target))
```

[실행 결과]

```
0.8606981964123772
```

학습할 때는 꼭 훈련 데이터 train_input과 train_target을 입력해 주어야 하며, 평가할 때는 꼭 test_input과 test_target 값을 입력해 주어야 한다. 결과를 보니 0.86이 나왔다.

회귀 모델은 r2_score 값으로 모델을 평가하는데, 이것은 시험 데이터와 컴퓨터가 예측한 예측값을 비교해서 예측값이 실젯값과 얼마나 비슷한지를 보여 주는 수치라고 보도록 한다. 0.86은 예측값과 실젯값이 86%만큼 비슷하다고 이해하자.

그렇다면 이 모델은 성능이 좋은 모델이라고 말할 수 있을까? 데이터에 따라 좋다고 할 수도 있고, 좋지 않다고 말할 수도 있다. 여기에 한 가지 문제가 있다. 컴퓨터가 정답을 맞히도록 학습해야 할 데이터는 시가, 고가, 저가, 종가, 거래량 데이터이다. 그런데 거래량 데이터가 시가, 고가, 저가, 종가에 비해 턱없이 크다.

앞서 말했지만 머신러닝은 계산기라 큰 값에 예민할 수밖에 없다. 모든 특성을 비슷한 범위로 맞춰 주는 작업을 한 번 더 해 주어야 한다. 이것을 데이터 정규화라고 하는데, 정규화 방법 중 각각의 특성값에 각각의 평균값과 표준 편찻값을 구한다. 그리고 각각의 특성에 평균을 빼고 표준 편차로 나누면 모든 특성의 범위가 평균 0이 되고, 표준 편차가 1이 된다. 이러한 방법을 데이터 표준화라고 한다.

우리가 직접 평균과 표준 편차를 구할 필요는 없다. sklearn 모듈에서 StandardScaler라는 데이터 표준화 기능을 제공하기 때문이다. 그렇다면 이번에는 데이터 표준화를 해 주고, 다시 모델에 학습시켜서 평가해 보자.

예시 코드 217 데이터 표준화 후에 모델 평가하기

```
from sklearn.neighbors import KNeighborsRegressor
from sklearn.model_selection import train_test_split
from sklearn.preprocessing import StandardScaler
```

```python
import pandas as pd
import numpy as np

samsung = pd.read_csv("full_samsung.csv", index_col="date")

data = []
target = []

for i in range(len(samsung) - 1):
    a = list(samsung.iloc[i])
    b = samsung.iloc[i+1, 3]
    data.append(a)
    target.append(b)

data = np.array(data)
target = np.array(target)

train_input, test_input, train_target, test_target = train_test_split(data, target, test_size = 0.2)
ss = StandardScaler()
train_scaled = ss.fit_transform(train_input)
test_scaled = ss.transform(test_input)

knn = KNeighborsRegressor()
knn.fit(train_scaled, train_target)
print(knn.score(test_scaled, test_target))
```

[실행 결과]

0.999294440148816

아주 높은 설과가 나왔다! 여기서 ss = StandardScaler()는 표준화 모델을 만들어서 ss 변수에 할당한다는 의미이다. 그리고 밑에는 train_input의 평균과 표준 편차를 구해서 train_input에서 평균을 빼고, 표준 편차로 나눠서 train_scaled에 할당한다는 의미이며 그리고 그 밑에는 test_input에 train_input의 평균을 빼고 표준 편차로 나눠서 test_scaled에 할당한다는 의미이다.

왜 test_input에 train_input의 평균과 표준 편차를 빼냐 하면, 미래 데이터의 평균과 표준 편차를 우리가 알 수 없어 머신러닝이 예측하는 모든 것은 훈련 데이터를 기반으로 해야 하기 때문이다.

물론 이러한 회귀 결과는 정답지의 갭이 너무 커서 일어났을 가능성이 높다. 왜냐하면 삼성전자 주가는 수정 주가를 반영해서 따져 보면 100원대에서 시작해 6만 원대까지 올라가 큰 값에 예민하다.

따라서 작은 값일 때는 많이 틀려도 오차가 크지 않아 평가 점수가 높게 나온다고 보자. 그래도 결과가 음수가 나오지 않았고, 모델 특성상 오차가 크게 나지는 않는 모델이라 결과가 나쁘지 않다고 볼 수 있다.

그렇다면 다시 2022년 11월 21일의 삼성전자 주가를 예측해 보자.

예시 코드 218 표준화된 데이터로 삼성전자 주가 예측하기

```python
from sklearn.neighbors import KNeighborsRegressor
from sklearn.model_selection import train_test_split
from sklearn.preprocessing import StandardScaler
import pandas as pd
import numpy as np

samsung = pd.read_csv("full_samsung.csv", index_col="date")

data = []
target = []

for i in range(len(samsung) - 1):
    a = list(samsung.iloc[i])
    b = samsung.iloc[i+1, 3]
    data.append(a)
    target.append(b)

data = np.array(data)
target = np.array(target)

knn = KNeighborsRegressor()
knn.fit(data, target)

train_input, test_input, train_target, test_target = train_test_split(data, target, test_size = 0.2)

ss = StandardScaler()
```

```
train_scaled = ss.fit_transform(train_input)
test_scaled = ss.transform(test_input)

knn = KNeighborsRegressor()
knn.fit(train_scaled, train_target)

new = [61800, 62400, 61400, 61800, 12236503]
new2 = ss.transform([new])

pred = knn.predict(new2)
print("내일 2022년 11월 21일의 삼성전자 주식 가격의 종가는 {}원입니다.".for
mat(pred[0]))
```

[실행 결과]

내일 2022년 11월 21일의 삼성전자 주식 가격의 종가는 61900.0원입니다.

예측 결과 K 최근접 회귀 모델이 예측한 2022년 11월 21일의 삼성전자 주식의 가격은 61900원이라고 예측했다. 그렇다면 실제 2022년 11월 21일의 삼성전자 종가와 비교해보자. 실제 2022년 11월 21일의 삼성전자 주가는 61400원이다. 약 500원의 차이가 있다는 것을 확인할 수 있다. 이 정도 오차면 사실 좋다고 이야기할 수는 없겠다.

또한 코드를 실행할 때마다 결과가 달라질 수 있다. 만약 결과를 어느 정도 비슷하게 나오게 하려면 모델이 더 많은 데이터를 학습해서 다양한 패턴을 배우게 해야 한다. 따라서 삼성전자 주식뿐만 아니라 다양한 주식 데이터를 얻어서 학습시킨다면 모델이 더 좋아질 가능성이 있다.

하지만 충분한 데이터를 가지고 학습한다고 해도 기대하는 만큼 컴퓨터가 예측한 결과가 만족스럽지 않을 수도 있다. 이것은 자연스러운 것이다.

만약 주가 예측의 정확도가 높게 나온다면, 누구나 다 부자가 되었을 것이다. 따라서 한 가지 모델을 사용하기보다 우리가 앞으로 배우는 여러 가지 모델을 활용해서 결과를 보고 판단해야 한다.

여기서 중요한 점은 데이터를 표준화해서 학습해 예측하려는 [61800, 62400, 61400, 61800, 12236503] 데이터도 표준화하고 나서 예측에 사용해야 한다.

2022.11.21	61,400	▼ 400	61,400	61,800	60,800	9,378,097
2022.11.18	61,800	▲ 400	61,800	62,400	61,400	12,236,503
2022.11.17	61,400	▼ 1,300	62,000	62,000	61,300	13,298,296
2022.11.16	62,700	▲ 300	62,400	62,700	61,700	12,909,260
2022.11.15	62,400	▲ 500	62,200	62,500	61,600	12,310,986
2022.11.14	61,900	▼ 1,000	62,900	62,900	61,700	15,973,416

그림 127 2022년 11월 21일 삼성전자 주가

실제 2022년 11월 21일의 삼성전자 종가는 61400원이었다. 대략 800원 정도의 오차가 있다. 이 정도면 그렇게 좋은 결과라고 보기는 어려울 것 같다(물론 필자의 결과와 다르게 나올 수 있다). 예측값이 차이 나는 것은 자연스럽다.

그래도 모델의 예측 정확도를 높이려면 삼성전자 주가뿐만 아니라 많은 주식 데이터를 학습해서 학습할 데이터의 양을 늘린다면 점차 안정화될 가능성이 높아질 것이다.

K 최근접 이웃 회귀 모델은 가장 가까운 데이터를 기본적으로 5개 찾아서 평균을 낸다(여기서 K란 가장 가까운 이웃 데이터를 의미한다). 그렇다면 5개가 최적일까? 이번에는 삼성전자 주가 데이터의 가장 최적인 K 값을 찾아보자.

예시 코드 219 최적의 K 값 구하기

```
from sklearn.neighbors import KNeighborsRegressor
from sklearn.model_selection import train_test_split
from sklearn.preprocessing import StandardScaler
import pandas as pd
import numpy as np

samsung = pd.read_csv("full_samsung.csv", index_col="date")

data = []
target = []

for i in range(len(samsung) - 1):
    a = list(samsung.iloc[i])
    b = samsung.iloc[i+1, 3]
    data.append(a)
    target.append(b)
```

```
data = np.array(data)
target = np.array(target)

knn = KNeighborsRegressor()
knn.fit(data, target)

train_input, test_input, train_target, test_target = train_test_split(data, tar
get, test_size = 0.2)

ss = StandardScaler()
train_scaled = ss.fit_transform(train_input)
test_scaled = ss.transform(test_input)

for i in range(1, 101):
    knn = KNeighborsRegressor(n_neighbors=i)
    knn.fit(train_scaled, train_target)
    score = knn.score(test_scaled, test_target)
    print("이웃 수 : {} // 평가 점수 : {}".format(i, score))
```

[실행 결과]

```
이웃수: 1 // 평가 점수 : 0.9989115715498218
이웃수: 2 // 평가 점수 : 0.9991155014615867
이웃수: 3 // 평가 점수 : 0.999193559573092
이웃수: 4 // 평가 점수 : 0.9991650733460766
이웃수: 5 // 평가 점수 : 0.9992104789926195
...중략
이웃수: 96 // 평가 점수 : 0.9984538891468935
이웃수: 97 // 평가 점수 : 0.9984424237921362
이웃수: 98 // 평가 점수 : 0.9984330672410349
이웃수: 99 // 평가 점수 : 0.9984241453350828
이웃수: 100 // 평가 점수 : 0.9984131566172916
```

사실 최적의 K 값을 구하려면 시뮬레이션을 돌려 보는 방법밖에 없다. 삼성전자 데이터는 이미 점수가 높게 나와 시뮬레이션까지 해서 최적의 K 값을 구할 필요는 없지만, 다른 데이터를 활용해서 점수가 높지 않게 나올 때는 꼭 시뮬레이션을 통해서 최적의 K 값을 찾아야 한다.

여기까지 K 최근접 이웃 회귀 모델을 통해서 삼성전자 주가를 학습하고, 다음날의 종가를 예측해 보았다. 대부분 모듈이 알아서 해 주어 우리가 따로 해 주어야 할 것은 데이터 전처리밖에 없다.

사실 머신러닝에 대해서 중요한 내용을 거의 다루어 다음 챕터부터는 모델 소개만 하겠다. 이번 장에서 머신러닝이 돌아가는 원리를 충분히 잘 이해했다면 다음부터는 훨씬 수월할 것이다.

예시 코드 220 K 최근접 이웃 회귀 모델을 사용해서 주가 예측하기 전체 코드

```
from sklearn.neighbors import KNeighborsRegressor
from sklearn.model_selection import train_test_split
from sklearn.preprocessing import StandardScaler
import pandas as pd
import numpy as np

samsung = pd.read_csv("full_samsung.csv", index_col="date")

data = []
target = []

for i in range(len(samsung) - 1):
    a = list(samsung.iloc[i])
    b = samsung.iloc[i+1, 3]
    data.append(a)
    target.append(b)

data = np.array(data)
target = np.array(target)

knn = KNeighborsRegressor()
knn.fit(data, target)

train_input, test_input, train_target, test_target = train_test_split(data, target, test_size = 0.2)

ss = StandardScaler()
train_scaled = ss.fit_transform(train_input)
test_scaled = ss.transform(test_input)

knn = KNeighborsRegressor()
knn.fit(train_scaled, train_target)
score = knn.score(test_scaled, test_target)
print("평가 점수 : {}".format(score))
```

```
new = [61800, 62400, 61400, 61800, 12236503]
new2 = ss.transform([new])

pred = knn.predict(new2)
print("내일 2022년 11월 21일의 삼성전자 주식 가격의 종가는 {}원입니다.".for
mat(pred[0]))
```

[실행 결과]

내일 2022년 11월 21일의 삼성전자 주식 가격의 종가는 60645.8원입니다.

선형 회귀

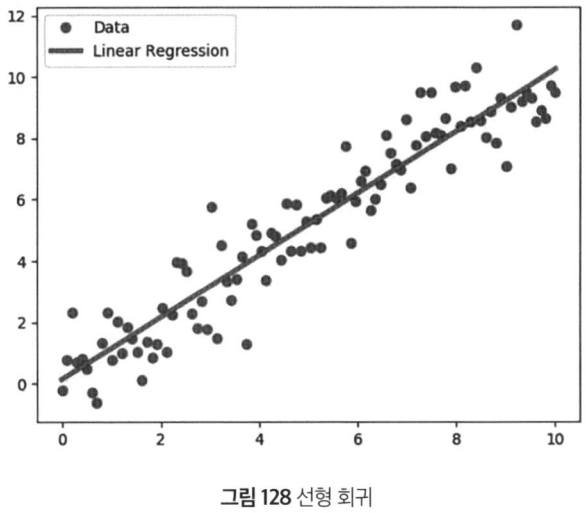

그림 128 선형 회귀

선형 회귀는 통계학에서 사용하는 자료 분석 방법의 하나다. 또한 선형 회귀는 요즘 핫한 머신러닝 모델 중 하나인 딥러닝의 연산 원리이기도 하다. 선형 회귀를 간략히 표현하자면, 여러 자료 간의 관계성을 수학적으로 추정하는 방법이다. 선형 회귀는 형태에 따라 하나의 종속 변수에 대해 독립 변수가 하나이면 단순 회귀 분석, 하나의 종속 변수에 대해 독립 변수가 둘 이상이면 다중 회귀 분석이라고 한다.

여기서 독립 변수란 컴퓨터가 학습해야 할 문제집이라고 생각하고, 종속 변수는 컴퓨터가 예측해야 할 정답지라고 생각하자.

우리는 주식 가격의 저가, 시가, 고가, 거래량, 종가 등을 통해서 다음날 종가를 예측해 다중 회귀 분석이라고 말할 수 있고, 시가, 저가, 고가, 종가, 거래량을 독립 변수, 다음 날 종가를 종속 변수라고 볼 수 있다.

하나의 예로 위의 그림을 보자, 만약 데이터가 동그라미 점처럼 우상향한다고 가정해 보자. 여기서 선형 회귀란 데이터를 표현하는 하나의 대표적인 선을 그려서 "이 데이터는 이 방향으로 갈 것이다."라고 예측선을 그려서 값을 예측하는 것이다.

선형 회귀 모델은 sklearn 모듈 안에 linear_model에서 LinearRegression을 사용하면 쉽게 만들 수 있다.

예시 코드 221 선형 회귀 모델 가져오기

```
from sklearn.linear_model import LinearRegression
lr = LinearRegression()
```

그 외에 학습 방법이나 예측하는 방법은 앞서 배웠던 K 최근접 회귀 모델에서 사용했던 것과 같이 fit 함수를 통해서 데이터를 학습하고, score 함수를 통해서 모델을 평가하고, predict 함수를 통해서 값을 예측할 수 있다.

그렇다면 이번에는 선형 회귀 모델을 통해서 삼성전자의 2022년 11월 21일 종가를 예측해 보자. 선형 회귀도 마찬가지로 데이터를 불러오고, 데이터 분할과 데이터 표준화는 반드시 해 주어야 한다.

예시 코드 222 선형 회귀 모델을 활용해서 삼성전자 주가 예측하기 전체 코드

```
from sklearn.model_selection import train_test_split
from sklearn.linear_model import LinearRegression
from sklearn.preprocessing import StandardScaler
import pandas as pd
import numpy as np

samsung = pd.read_csv("full_samsung.csv", index_col="date")

data = []
target = []

for i in range(len(samsung) - 1):
    a = list(samsung.iloc[i])
```

```
        b = samsung.iloc[i+1, 3]
        data.append(a)
        target.append(b)

data = np.array(data)
target = np.array(target)

train_input, test_input, train_target, test_target = train_test_split(data, tar
get, test_size = 0.2)

ss = StandardScaler()
train_scaled = ss.fit_transform(train_input)
test_scaled = ss.transform(test_input)

lr = LinearRegression()
lr.fit(train_scaled, train_target)
score = lr.score(test_scaled, test_target)
print("평가 점수 : {}".format(score))

new = [61800, 62400, 61400, 61800, 12236503]
new2 = ss.transform([new])

pred = lr.predict(new2)
print("내일 2022년 11월 21일 삼성전자 주식 가격의 종가는 {}원입니다.".for
mat(pred[0]))
```

[실행 결과]

평가점수 : 0.9996052948088444
내일 2022년 11월 21일 삼성전자 주식 가격의 종가는 61818.63053476906원 입니다.

예측 결과를 보니 약 61800원으로 예측했으며, 실제 가격과는 400원 정도의 오차가 있는 것을 알 수 있다. 하지만 필자는 개인적으로 선형 회귀를 통해서 주가를 예측하는 것을 추천하지 않는다. 왜냐하면 선형 회귀 같은 경우 모델의 정확도가 높게 나오려면 종속 변수가 정규 분포를 따라야 하는데, 정규 분포를 따르지 않으면 성능이 급격하게 떨어져 이러한 변수로 인해 안정적인 성능을 기대하기 어렵기 때문이다.

하지만 다양한 모델을 활용해서 미래의 주가를 예측해 보고, 결과를 판단하는 것은 바람직하므로 참고 용도로 선형 회귀 모델 사용법을 알아 두자.

결정 트리

이번에는 트리 기반 모델에 대해서 알아보자. 트리 기반 모델의 가장 기본이 되는 결정 트리 모델을 사용해서 삼성전자 주가를 예측해 보자.

결정 트리 모델은 입문자가 사용하기에 아주 적합하면서도 강력한 모델이다. 실제로 머신러닝 대회에서 입상하는 모델들의 대부분은 결정 트리 기반의 머신러닝 모델일 때가 많다.

게다가 트리 기반 모델은 우리가 앞서 진행했던 데이터 표준화도 필요가 없어서 입문자가 사용하기에도 매우 쉽다.

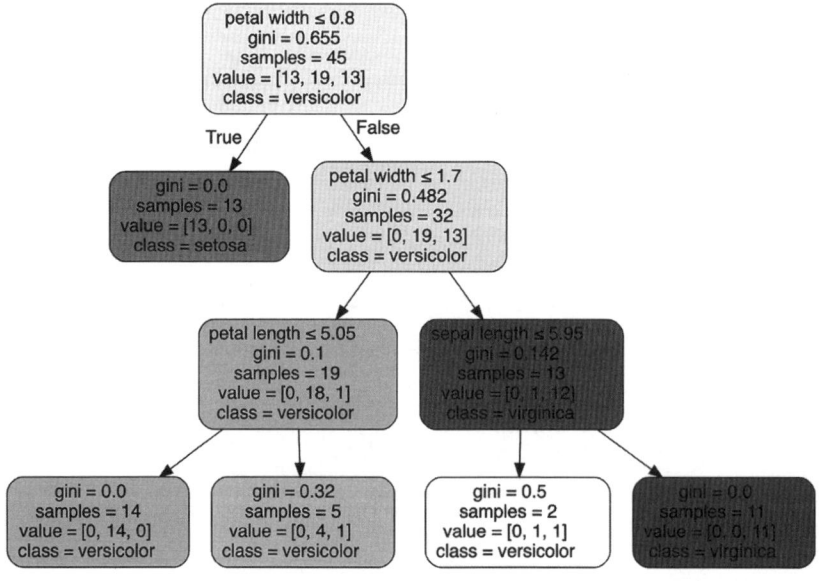

그림 129 결정 트리 작동 원리 예시

결정 트리 모델은 연산을 통해서 특정 값을 예측하는 것이 아니라 데이터를 마치 스무고개 하듯 분할해 가면서 특정 값이 어디에 위치하는지 분류하는 모델이다. 결정 트리 모델은 위의 그림처럼 데이터를 조건에 따라서 분할해 간다(그래서 마치 나무처럼 스무고개 하듯 기준을 질문해 가면서 데이터를 분할해 나간다 해서 이름이 결정 트리라고 부른다).

그림 맨 위에 있는 조건부터 한번 살펴보자. value에 있는 것이 데이터의 비율이다. 3종류의 정답 데이터가 있는데, 첫 번째 데이터는 13개, 두 번째 데이터는 19개, 세 번째 데이터는 13개가 있다.

여기서 petal width라는 특성값이 0.8보다 같거나 작으면 왼쪽에 분류해 놓고, 크면 오른쪽에 분류한 것이다. 이렇게 두 갈래로 분류했으니 0.8보다 같거나 작은 것으로 분류한 곳을 보면 첫 번째 데이터만 13개가 있고, 두 번째, 세 번째 데이터는 0개이다.

그럼 나중에 컴퓨터는 새로운 데이터가 들어왔을 때, 그 새로운 데이터의 petal width의 값이 0.8보다 같거나 작으면 무조건 0번째 데이터라고 예측해 줄 것이다. 결정 트리의 원리가 이런 것이다. 이렇게 한쪽 클래스가 남을 때까지 어떠한 조건을 주지 않는 이상 무한으로 분할해서 내려간다.

이러한 방법으로 데이터를 학습해 결정 트리 및 트리 기반의 머신러닝 모델들은 데이터 표준화가 따로 필요하지 않다. 결정 트리 모델을 가져오려면 sklearn 모듈의 tree 안에 DecisionTreeRegressor 클래스를 가져온다.

예시 코드 223 결정 트리 모델 가져오기

```
from sklearn.tree import DecisionTreeRegressor
dt = DecisionTreeRegressor()
```

앞서 K 최근접 이웃 회귀 모델에서 모델을 설명하면서 데이터 분할을 왜 해야 하는지, 모델 평가는 어떻게 해야 하는지 모두 설명해, 바로 결정 트리 모델을 사용해서 삼성전자 주가를 예측해 보자.

예시 코드 224 결정 트리 모델을 활용하여 삼성전자 주가 예측하기 전체 코드

```python
from sklearn.model_selection import train_test_split
from sklearn.tree import DecisionTreeRegressor
import pandas as pd
import numpy as np

samsung = pd.read_csv("full_samsung.csv", index_col="date")

data = []
target = []

for i in range(len(samsung) - 1):
    a = list(samsung.iloc[i])
    b = samsung.iloc[i+1, 3]
    data.append(a)
    target.append(b)

data = np.array(data)
target = np.array(target)

train_input, test_input, train_target, test_target = train_test_split(data, target, test_size = 0.2)

dt = DecisionTreeRegressor()
dt.fit(train_input, train_target)
score = dt.score(test_input, test_target)
print("평가 점수 : {}".format(score))

new = [61800, 62400, 61400, 61800, 12236503]

pred = dt.predict([new])
print("내일 2022년 11월 21일 삼성전자 주식 가격의 종가는 {}원입니다.".format(pred[0]))
```

[실행 결과]

```
평가 점수 : 0.9990355141006124
내일 2022년 11월 21일 삼성전자 주식 가격의 종가는 61300.0원입니다.
```

결정 트리는 앞서 설명한 것처럼 스무고개 하듯 분류하면서 학습하다 보니, 데이터 표준화할 필요가 전혀 없다. 결과를 보니 2022년 11월 21일의 삼성전자 주식 가격을

61300원으로 예측했다.

앞서 우리가 확인한, 2022년 11월 21일의 삼성전자 주식을 확인해 보면 61400원이다. 실제값과 예측값이 거의 차이가 나지 않는다. 이 정도면 아주 잘 예측했다고 볼 수 있다.

이 역시 필자와 결과가 다르게 나올 수 있다. sklearn 모듈에서 제공하는 대부분의 머신러닝 모델들은 모델 안에 random 모듈이 들어가 있고, random 함수가 적용되어 필자와 결과가 다를 수 있고, train_test_split 함수를 통해 데이터 분할도 랜덤으로 해서 이 역시 필자와 결과가 크게 차이 날 수 있다.

모델의 성능을 안정화하려면 삼성전자 주식 데이터뿐만 아니라, 많은 주식 데이터를 학습한다면 점차 안정화될 것이다.

결정 트리 모델도 단점이 있다. 결정 트리 모델은 학습하는 과정에서 데이터가 완전히 분할될 때까지 학습하기 때문에 모델이 과대 적합이 될 가능성이 높다. 트리 모델에서 스무고개를 하면서 데이터를 분할한다고 했을 때, 분할을 딱 한 번만 한다면 어떻게 될까?

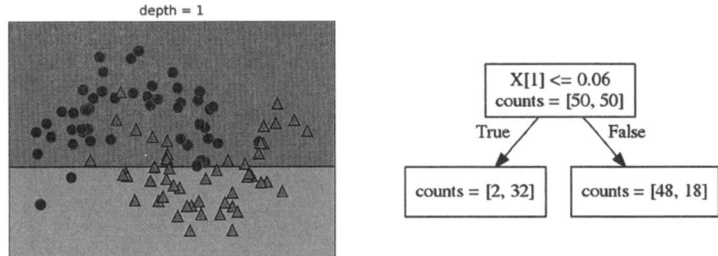

그림 130 깊이가 1인 결정 트리

위의 그림처럼 데이터가 파란색, 빨간색이 있다고 했을 때, 결정 트리 모델을 활용해서 분할을 한 번만 해서 깊이를 한 층만 내려간다면(결정 트리에서는 위에서 아래 방향으로 깊이를 1층씩 내려가면서 학습한다) 학습이 제대로 되지 않아서 파란색과 빨간색을 잘 구분해 내지 못할 것이다. 따라서 어느 정도 적당한 깊이만큼은 학습해야 한다.

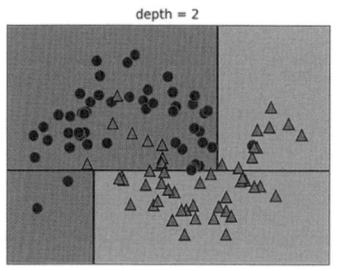 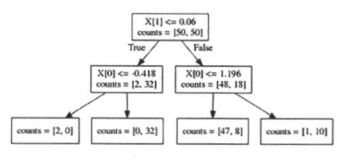

그림 131 깊이가 2인 결정 트리

위의 그림처럼 적절히 두 개의 클래스를 잘 분류할 정도의 깊이로 학습하는 것이 가장 좋다. 적절한 깊이를 학습하는 것도 앞서 K 최근접 이웃 모델에서 최적의 K 값을 시뮬레이션해 찾은 것처럼 결정 트리 모델에서도 시뮬레이션을 통해서 적절한 깊이를 찾아야 한다.

파란색 영역에 빨간색 데이터가 조금 들어갈 수 있지만, 데이터 전체를 잘 분류하는 큰 틀을 찾는 것이 중요하다.

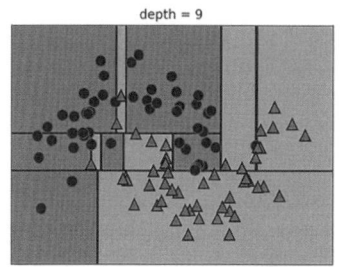 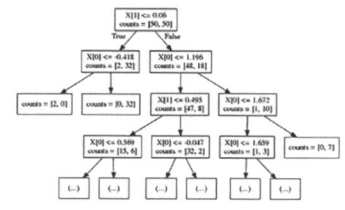

그림 132 깊이가 3인 결정 트리

만약 위의 그림처럼 너무 과할 정도로 깊게 학습해서 파란색과 빨간색 데이터를 완전하게 구분한다면, 나중에 새로운 데이터가 들어올 틈이 사라져서 훈련 세트에서는 높은 정확도를 보여도, 시험 세트에서는 좋지 않은 결과를 낼 수 있다. 따라서 결정 트리 모델은 과대 적합에 항상 유의해야 한다.

결정 트리의 깊이를 조정하려면 결정 트리 모델을 생성할 때, 안의 매개 변수에 max_depth 옵션 값을 조정해 준다.

예시 코드 225 결정 트리 최적의 깊이 알아내기

```python
from sklearn.model_selection import train_test_split
from sklearn.tree import DecisionTreeRegressor
import pandas as pd
import numpy as np

samsung = pd.read_csv("full_samsung.csv", index_col="date")

data = []
target = []

for i in range(len(samsung) - 1):
    a = list(samsung.iloc[i])
    b = samsung.iloc[i+1, 3]
    data.append(a)
    target.append(b)

data = np.array(data)
target = np.array(target)

train_input, test_input, train_target, test_target = train_test_split(data, target, test_size = 0.2)

for n in range(1, 11):
    dt = DecisionTreeRegressor(max_depth=n)
    dt.fit(train_input, train_target)
    score = dt.score(test_input, test_target)
    print("깊이: {} // 평가 점수 : {}".format(n, score))
```

[실행 결과]

```
깊이: 1 // 평가 점수 : 0.7558277179102314
깊이: 2 // 평가 점수 : 0.9408811862024493
깊이: 3 // 평가 점수 : 0.9877153528452585
깊이: 4 // 평가 점수 : 0.9963304910040691
깊이: 5 // 평가 점수 : 0.9986420372291246
깊이: 6 // 평가 점수 : 0.9992976535587964
깊이: 7 // 평가 점수 : 0.9993930618692725
깊이: 8 // 평가 점수 : 0.9993964001309523
깊이: 9 // 평가 점수 : 0.9993695546531576
깊이: 10 // 평가 점수 : 0.9992788040832017
```

실행 결과를 보면, 깊이가 1일 때는 낮은 정밀도를 보여 주지만, 깊이가 점점 높아지면서 높은 결과를 보인다. 하지만 앞서 설명한 것처럼 깊이가 너무 깊어지면 과대 적합을 보일 것이므로 점차 정밀도는 다시 떨어질 것이다.

시뮬레이션을 통해서 가장 높은 평가 점수를 보인 깊이를 알아내서 모델을 다시 최적의 깊이로 설정해서 생성하고, 학습하고, 예측에 사용한다.

이번에는 최적의 깊이를 찾아서 모델을 다시 생성하고 학습해서, 2022년 11월 21일 삼성전자 주식의 종가를 예측해 보자.

예시 코드 226 결정 트리 모델을 활용해서 삼성전자 주가 예측하기 전체 코드

```
from sklearn.model_selection import train_test_split
from sklearn.tree import DecisionTreeRegressor
import pandas as pd
import numpy as np

samsung = pd.read_csv("full_samsung.csv", index_col="date")

data = []
target = []

for i in range(len(samsung) - 1):
    a = list(samsung.iloc[i])
    b = samsung.iloc[i+1, 3]
    data.append(a)
    target.append(b)

data = np.array(data)
target = np.array(target)

train_input, test_input, train_target, test_target = train_test_split(data, tar
get, test_size = 0.2)

best = 0
for n in range(1, 101):
    dt = DecisionTreeRegressor(max_depth=n)
    dt.fit(train_input, train_target)
    score = dt.score(test_input, test_target)
    if score > best:
        best = score
```

```
        best_n = n

dt = DecisionTreeRegressor(max_depth=best_n)
dt.fit(train_input, train_target)
score = dt.score(test_input, test_target)

new = [61800, 62400, 61400, 61800, 12236503]

pred = dt.predict([new])
print("내일 2022년 11월 21일 삼성전자 주식 가격의 종가는 {}원 입니다.".for
mat(pred[0]))
```

[실행 결과]

내일 2022년 11월 21일 삼성전자 주식 가격의 종가는 61230.769230769234원입니다.

랜덤 포레스트

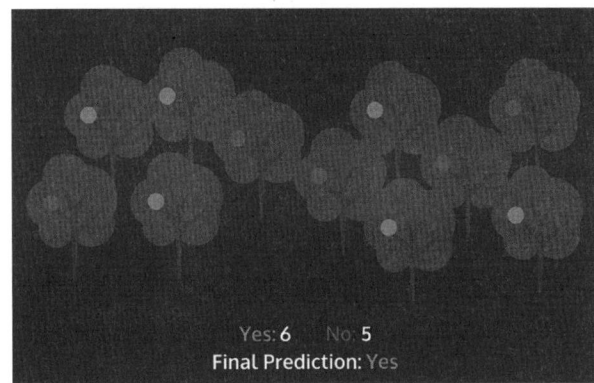

그림 133 랜덤 포레스트 예측 방식

랜덤 포레스트 모델은 결정 트리 모델을 업그레이드한 모델이라고 보자. 그래서 사실 결정 트리 모델을 쓰는 일은 거의 없다. 왜냐하면 랜덤 포레스트 모델은 결정 트리 모델 보다 대부분 성능이 더 높게 나오기 때문이다.

랜덤 포레스트 모델은 기본적으로 결정 트리 모델을 여러 개 만들어 놓은 모델이다. 결정 트리 모델을 100개 만들어 놓고, 각각의 결정 트리마다 각기 다른 질문을 해 가면서 스무고개를 한다. 그리고 잘 분류된 나뭇가지들을 활용해서 결과를 예측하고, 많이 나온 클래스로 최종 예측을 하는 형식이라 대부분의 상황에서 결정 트리 모델보다 좋은 결과를 기대해 볼 수 있다.

이렇게 여러 개의 모델을 결합해서 사용하는 모델을 앙상블 모델이라고 한다.

랜덤 포레스트 모델 역시 결정 트리 모델처럼 데이터 표준화가 따로 필요 없고, 심지어 랜덤 포레스트 모델은 데이터 분할도 필요가 없다. 왜냐하면 여러 개의 결정 트리 모델을 만들고, 잘 분류된 나뭇가지들을 활용해서 예측에 사용해 각각의 나무마다 학습에 선택받지 못한 데이터들이 있기 때문이다. 이러한 남는 데이터로 모델을 평가하면 된다.

랜덤 포레스트 모델은 앙상블 모델이므로, 이 모델을 사용하려면 sklearn 모듈 안 ensemble 모듈을 사용하고, 랜덤 포레스트 회귀 모델을 가져오려면 RandomForestRegressor 클래스를 가져온다.

예시 코드 227 랜덤 포레스트 회귀 모델 가져오기

```
from sklearn.ensemble import RandomForestRegressor
rf = RandomForestRegressor()
```

랜덤 포레스트 모델 역시 결정 트리 모델처럼 모델을 생성할 때, 매개 변수 max_depth의 값을 조정해서 학습의 깊이를 설정할 수 있다. 또한 남는 데이터로 모델을 평가하려면 매개 변수 oob_score에 True 값을 할당해야 한다. 그리고 평가 점수를 보려면, 학습 후에 모델의 oob_score_를 실행하면, 모델의 평가 점수를 볼 수 있다.

예시 코드 228 랜덤 포레스트 학습 후, 잔여 데이터로 평가하기

```
rf = RandomForestRegressor(oob_score=True)
rf.fit(전체 데이터 문제집, 전체 데이터 정답지)
score = rf.oob_score_
print("평가 점수 : {}".format(score))
```

그렇다면 이제 랜덤 포레스트 모델을 활용해서 2022년 11월 21일 삼성전자 주식 가격의 종가를 예측해 보자.

예시 코드 229 랜덤 포레스트 모델을 활용해서 삼성전자 주가 예측하기

```python
from sklearn.ensemble import RandomForestRegressor
import pandas as pd
import numpy as np

samsung = pd.read_csv("full_samsung.csv", index_col="date")

data = []
target = []

for i in range(len(samsung) - 1):
    a = list(samsung.iloc[i])
    b = samsung.iloc[i+1, 3]
    data.append(a)
    target.append(b)

data = np.array(data)
target = np.array(target)

rf = RandomForestRegressor(oob_score=True)
rf.fit(data, target)
score = rf.oob_score_
print("평가 점수: {}".format(score))

new = [61800, 62400, 61400, 61800, 12236503]

pred = rf.predict([new])
print("내일 2022년 11월 21일 삼성전자 주식 가격의 종가는 {}원입니다.".format(pred[0]))
```

[실행 결과]

```
평가 점수: 0.9994736669492083
내일 2022년 11월 21일 삼성전자 주식 가격의 종가는 61397.0원입니다.
```

랜덤 포레스트 모델은 데이터를 분할해서 학습하지 않아도 되어 전체 데이터의 20%를 시험 데이터로 손실을 보지 않는다. 위 코드의 실행 결과를 보면, 약 61400원으로 예측했는데, 실제 2022년 11월 21일의 삼성전자 주식 가격의 종가는 61400원이었다. 거의 완벽하게 예측한 것을 확인할 수 있다.

랜덤 포레스트 모델은 입문자가 사용하기에도 아주 쉽고, 강력한 모델이며, 실제 실무에서도 사용되는 아주 좋은 모델이다. 다만 단점도 존재하는데, 학습한 범위를 벗어나는 데이터는 잘 예측하지 못한다.

실전 매매 프로젝트 시작

이번에는 키움증권 API를 이용해서 모든 코스피, 코스닥 주식을 가져오고, 가져온 주식 중 다음날 종가가 오늘 종가보다 오르리라 예측한 주식들을 모두 선별하고, 매매 접수하는 코드를 작성해 볼 것이다. 그리고 실제로 얼마를 벌었는지 측정해 볼 것이다.

코스피, 코스닥 종목 코드 가져오기

가장 먼저 키움증권 API에서 제공하는 함수를 통해, 종목 코드와 종목명을 가져오자. 종목 코드와 종목명을 가져오는 것은 앞서 우리가 배운 키움증권 API를 통해 "종목 코드 가져오기", "종목명 가져오기" 파트에 있다.

가장 먼저 파이참을 활용하여 키움증권 API를 통해 코스피, 코스닥의 종목 코드를 가져오자. 코드는 우리가 앞에서 작성했던 Kiwoom 클래스는 그대로 유지하고, 실행할 때 필요한 코드만 수정하면서 진행하겠다.

예시 코드 230 코스피, 코스닥 종목 코드 가져오기

```
app = QApplication(sys.argv)
kiwoom = Kiwoom()

# 코스피 주식 코드 가져오기
kospi_list = kiwoom.get_code_list_stock_market("0")
# 코스닥 주식 코드 가져오기
kosdaq_list = kiwoom.get_code_list_stock_market("10")
```

```
print(kospi_list)
print(kosdaq_list)

print(len(kospi_list))
print(len(kosdaq_list))

app.exec_()
```

[실행 결과]
```
Connected!
나의계좌번호: 8********
['000020', '000040', '000050', ...중략... , '760002', '760003', '900140']
['900110', '900270', '900260', ...중략... , '900250', '900070', '900100']
1959
1613
```

kiwoom.get_code_list_by_market() 함수 안에 문자열로 "0"을 넣으면 코스피 주식 종목 코드를 가져올 수 있으며, "10"을 넣으면 코스닥 주식 종목 코드를 가져올 수 있다.

키움증권 API를 통해 가져온 코스피 종목 코드의 개수는 1,957개이며, 코스닥 종목 코드의 개수는 1,611개이다(코스피, 코스닥 주식이 증가하거나 떨어질 수 있으니, 개수는 달라질 수 있다).

종목명 가져오기

이번에는 가져온 종목 코드를 이용해서 종목명을 가져오고, 종목 코드를 Key 값으로 종목명을 Value 값으로 가지는 딕셔너리를 만들자.

예시 코드 231 종목명 가져오기

```
app = QApplication(sys.argv)
kiwoom = Kiwoom()

# 코스피 주식 코드 가져오기
kospi_list = kiwoom.get_code_list_stock_market("0")
# 코스닥 주식 코드 가져오기
kosdaq_list = kiwoom.get_code_list_stock_market("10")
```

```
kospi_dic = {}
kosdaq_dic = {}

for i in kospi_list:
    name = kiwoom.get_code_name(i)
    kospi_dic[i] = name

for i in kosdaq_list:
    name = kiwoom.get_code_name(i)
    kosdaq_dic[i] = name

print(kospi_dic)
print(kosdaq_dic)

app.exec_()
```

[실행 결과]

```
Connected!
나의계좌번호: 8********
{'000020': '동화약품', '000040': 'KR모터스', '000050': '경방', ...중략... ,
'760002': '키움 코스피 200 ETN', '760003': '키움 코스닥 150 ETN', '900140': '엘
브이엠씨홀딩스'}
{'900110': '이스트아시아홀딩스', '900270': '헝셩그룹', '900260': '로스웰', ...중
략... , '900250': '크리스탈신소재', '900070': '글로벌에스엠', '900100': '애머릿
지'}
```

kiwoom.get_code_name 함수 안에 종목 코드를 넣으면, 종목명을 알 수 있다. 반복문 for문을 사용해서 코스피, 코스닥 순차적으로 kiwoom.get_code_name 함수를 활용해서 안에 종목 코드를 넣어 주고, 반환된 종목명은 kospi_dic, kosdaq_dic 딕셔너리에 Key 값과 Value로 짝을 지어서 저장해 두었다.

미래 주가 예측하기

종목 코드와 종목명을 가져왔다면, 각 종목의 가격을 가져오고, 머신러닝을 통해 학습시킨 후, 금일 종가보다 다음날 종가가 더 높은 주식만을 선별해 보자.

Kiwoom 클래스에 종목의 가격 정보가 있는 데이터 프레임을 넣어 주고, 다음날 주가를 예측해 주는 predict_price 함수를 만들자.

predict_price 함수는 우리가 앞서 사용한 랜덤 포레스트 머신러닝 모델을 사용해서 주가를 예측하는 함수로 만들어 보자.

예시 코드 232 주가를 예측하고 추천해 주는 predict_stock 함수

```
def predict_stock(self, code):

    # 종목코드를 가져와서 해당 종목의 모든 주식 가격 데이터 가져와서 데이터 프
레임으로 만들기
    df = self.get_price(code)

    data = []
    target = []

    # 특정일의 주식 가격은 data, 특정일 다음날의 종가 가격은 target에 할당
    for i in range(len(df) - 1):
        a = list(df.iloc[i])
        b = df.iloc[i + 1, 3]
        data.append(a)
        target.append(b)

    data = np.array(data)
    target = np.array(target)

    # 랜덤 포레스트 머신러닝 모델 활용
    rf = RandomForestRegressor(oob_score=True)
    # 모델 학습
    rf.fit(data, target)

    # 현재 날짜의 주식 가격을 today_price 변수에 할당
    today_price = list(df.iloc[-1])

    # 현재 날짜의 가격을 통해 다음날 종가 예측
    predict_price = round(int(rf.predict([today_price])[0]), -2)

    # 예측한 가격이 현재 날짜의 종가보다 높을 경우 추천하는 글 화면에 출력
    if df.iloc[-1]['close'] < predict_price:
        name = self.get_code_name(code)
        print("{} 주가 : {}원 -> 예측 {}원으로 추천합니다.".format(name,
df.iloc[-1]['close'], predict_price))
```

predict_stock 함수에 종목 코드를 넣으면, 앞서 만든 get_price 함수를 통해 해당 종목의 모든 주식 가격 데이터를 가져와서 데이터 프레임 형태로 만들어 변수 df에 넣는다. 그리고 변수 data에는 특정 일의 주식 가격 데이터를 가져오고, 변수 target에는 특정일 다음 날 주식 가격의 종가 가격을 넣는다. 그다음 랜덤 포레스트 머신러닝 모델을 활용해서 학습하고, today_price 변수에 실행한 날의 주식 가격 데이터를 넣고, predict 함수를 실행해서 다음 날의 종가 가격을 예측해서 코드를 실행한 날의 가격보다 예측한 가격이 더 높으면 화면에 해당 주식을 추천한다고 화면에 출력한다.

하지만 이렇게 회귀 예측하면, 예측 가격이 소수점이 포함된 실수 데이터가 생길 수 있다. 이 문제를 해결하도록 모델이 예측한 가격을 100원 단위로 변환시켜야 제대로 주문 접수를 신청할 수 있다.

이렇게 만든 predict_stock 함수를 실행해서 가져온 코스피 주식 가격을 반복문 for문을 사용해서 순차적으로 추천되는 주식 종목을 알아보자.

예시 코드 233 모든 코스피, 코스닥 주가 예측해서 추천받기

```
app = QApplication(sys.argv)
kiwoom = Kiwoom()

# 코스피 주식 코드 가져오기
kospi_list = kiwoom.get_code_list_stock_market("0")
# 코스닥 주식 코드 가져오기
kosdaq_list = kiwoom.get_code_list_stock_market("10")

# 코스피, 코스닥 데이터가 저장될 딕셔너리 준비
kospi_dic = {}
kosdaq_dic = {}

# 코스피종목코드를 활용한 코스피 종목명 가져오기
for i in kospi_list:
    kospi_dic[i] = kiwoom.get_code_name(i)
    # 코스피 주가 예측
    kiwoom.predict_stock(i)

# 코스닥종목코드를 활용한 코스닥 종목명 가져오기
for i in kosdaq_list:
    kosdaq_dic[i] = kiwoom.get_code_name(i)
```

```
    # 코스피 주가 예측
    kiwoom.predict_stock(i)

app.exec_()
```

[실행 결과]

```
Connected!
나의계좌번호: 8********
0002 opw00001 opw00001 [100000] 모의투자   조회 완료
0020 opt10081 opt10081   2
0020 opt10081 opt10081   2
0020 opt10081 opt10081   2
...중략...
0020 opt10081 opt10081   0
KR모터스 주가 : 583원 -> 예측 600원으로 추천합니다....중략...
```

코스피 종목 코드, 코스닥 종목 코드가 순서대로 반복문 for문을 통해 하나씩 순차적으로 코드를 실행한 날짜 다음 날의 종가를 순차적으로 예측해서 예측된 값이 코드를 실행한 날짜의 가격보다 높으면 추천한다는 내용의 글을 화면에 출력한다.

예수금 가져오기

이제 랜덤 포레스트 머신러닝 모델을 통해서 다음 날의 종가를 예측하게 되었으니, 추천하는 주식이 나올 때마다, 예수금이 허락한다면 주문 접수를 넣는 코드를 작성해 보자. 가장 먼저 예수금을 가져오는 코드를 추가하자.

예시 코드 234 예수금 가져오기

```
app = QApplication(sys.argv)
kiwoom = Kiwoom()

# 코스피 주식 코드 가져오기
kospi_list = kiwoom.get_code_list_stock_market("0")
# 코스닥 주식 코드 가져오기
kosdaq_list = kiwoom.get_code_list_stock_market("10")

my_deposit = kiwoom.get_deposit()
print("나의예수금:", my_deposit)
```

```
kospi_dic = {}
kosdaq_dic = {}

for i in kospi_list:
    kospi_dic[i] = kiwoom.get_code_name(i)
    kiwoom.predict_stock(i)

for i in kosdaq_list:
    kosdaq_dic[i] = kiwoom.get_code_name(i)
    kiwoom.predict_stock(i)

app.exec_()
```

[실행 결과]

```
Connected!
나의계좌번호: 8********
0002 opw00001 opw00001
나의예수금: 500000000원
...생략...
```

인공지능이 추천한 종목 접수하기

예수금은 모의투자를 신청할 때 신청한 금액이므로 필자와 금액이 다르게 나올 수 있다. 우리가 앞서 만든 주가를 예측하고 추천하는 predict_stock 함수를 통해, 추천하는 주식이 나올 때마다 예수금이 허락하는 한 주문 접수하는 코드를 만들어 보자.

우리가 앞서 만든 predict_stock 함수 안에 주문을 접수하는 send_order 함수를 주식 종목을 추천할 때 실행되게 한다. 그리고 나중에 머신러닝 모델이 예측한 가격보다 종목 가격이 더 높아지면 매도해야 해서, 초기화 함수에 닉셔너리 best에 Key 값에는 종목 코드, Value 값에는 머신러닝이 예측한 가격이 들어가는 변수를 하나 만들자.

예시 코드 235 Kiwoom 클래스 초기화 함수에 종목별 머신러닝 추천 가격 변수 만들기

```
class Kiwoom(QAxWidget):
    def __init__(self):
        super().__init__()
        self._make_kiwoom_instance()
```

```
self._set_signal_slots()
self._comm_connect()
self.account_number = self.get_account_number()
self.tr_event_loop = QEventLoop()
self.universe_realtime_transaction_info = []
self.best = {}
```

머신러닝의 추천 가격이 들어가는 best 변수는 Kiwoom 클래스 초기화 함수에 미리 생성되도록 만들어 놓도록 __init__() 함수 안에 할당하자.

예시 코드 236 predict_stock 함수에 주문 접수 기능 넣기

```python
def predict_stock(self, code):

    # 종목코드를 가져와서 해당 종목의 모든 주식 가격 데이터 가져와서 데이터 프
레임으로 만들기
    df = self.get_price(code)

    data = []
    target = []

    # 특정일의 주식 가격은 data, 특정일 다음 날의 종가 가격은 target에 할당
    for i in range(len(df) - 1):
        a = list(df.iloc[i])
        b = df.iloc[i + 1, 3]
        data.append(a)
        target.append(b)

    data = np.array(data)
    target = np.array(target)

    # 랜덤 포레스트 머신러닝 모델 활용
    rf = RandomForestRegressor(oob_score=True)
    # 모델 학습
    rf.fit(data, target)

    # 현재 날짜의 주식 가격을 today_price 변수에 할당
    today_price = list(df.iloc[-1])

    # 현재 날짜의 가격을 통해 다음 날 종가 예측
    predict_price = round(int(rf.predict([today_price])[0]), -2)
```

```
    # 예측한 가격이 현재 날짜의 종가보다 높으면 추천하는 글 화면에 출력
    if df.iloc[-1]['close'] < predict_price:
        name = self.get_code_name(code)
        print("{} 주가 : {}원 -> 예측 {}원으로 추천합니다.".format(name,
df.iloc[-1]['close'], predict_price))
        if self.get_deposit() > df.iloc[-1]['close']:
            self.send_order("buy", "0001", 1, code, 1, 0, "03")
            self.best[code] = predict_price
            f = open("best.dat", 'wb')
            pickle.dump(self.best, f)
            f.close()
```

우리가 앞서 만든 predict_stock 함수 가장 아랫부분에 만약 예수금이 현재 추천하는 종목 현재가보다 많다면 주문 접수를 넣게 했다.

```
if self.get_deposit() > df.iloc[-1]['close']:
    self.send_order("buy", "0001", 1, code, 1, 0, "03")
    self.best[code] = predict_price
    f = open("best.dat", 'wb')
    pickle.dump(self.best, f)
    f.close()
```

예수금이 코드를 실행한 날짜의 현재가보다 크면, 해당 주식 종목을 시장가로 주문 접수하도록 설정하였다. 코드를 한번 실행해 보면 이제는 주식 종목을 추천할 때마다 바로바로 주문 접수까지 하는 것을 볼 수 있다. 그리고 머신러닝이 예측한 가격은 앞서 초기화 함수에서 만든 딕셔너리 best 변수에 종목 코드와 예측 가격을 뒤에서 매도할 때 사용하도록 저장해 놓는다.

하지만 나중에 코드를 다시 실행하면, best에 저장해 놓은 데이터가 사라져, best 변수는 따로 파일로 저장해 놓고, 불러와서 사용하는 방법으로 사용해야 한다. 어떤 객체를 저장하는 것은 앞서 배운 모듈에서 pickle 모듈을 사용하면 편리하게 객체를 저장할 수 있다.

예시 코드 237 인공지능 모델이 추천한 주식 종목 접수하기

```
app = QApplication(sys.argv)
kiwoom = Kiwoom()
```

```python
# 코스피 주식 코드 가져오기
kospi_list = kiwoom.get_code_list_stock_market("0")
# 코스닥 주식 코드 가져오기
kosdaq_list = kiwoom.get_code_list_stock_market("10")

my_deposit = kiwoom.get_deposit()
print("나의예수금:", my_deposit)

kospi_dic = {}
kosdaq_dic = {}

for i in kospi_list:
    try:
        kospi_dic[i] = kiwoom.get_code_name(i)
        kiwoom.predict_stock(i)
    except:
        continue

for i in kosdaq_list:
    try:
        kosdaq_dic[i] = kiwoom.get_code_name(i)
        kiwoom.predict_stock(i)
    except:
        continue

app.exec_()
```

[실행 결과]

```
...생략
0020 opt10081 opt10081  2
0020 opt10081 opt10081  2
0020 opt10081 opt10081  2
0020 opt10081 opt10081  0
DL우 주가 : 31955원 -> 예측 32100원으로 추천합니다.
0002 opw00001 opw00001 [100000] 모의투자   조회 완료
0002 opw00001 opw00001
0001 buy KOA_NORMAL_BUY_KP_ORD [100000] 모의투자   매수 주문 완료
```

종목을 접수하는 과정에서 종목마다 어떤 문제가 생기면 에러가 나서 코드를 처음부터 다시 실행해야 할 수도 있다. 만약 문제가 생기는 주식 종목이 있다면 그 주식을 무시

하고 다음 종목을 예측하는 것이 좋다. 따라서 특정 종목의 주식 가격을 가져올 때, try, except 키워드를 사용해서 에러가 날 때를 미리 대비해 놓는 것이 좋다.

모의투자 매수 주문이 완료되면, 주문 접수가 잘되었는데, HTS 또는 MTS로 확인해 보자. 체결된 종목은 잔고에 표시되고, 아직 체결이 안 된 종목은 미체결 부분을 확인해 보면 나온다.

그림 134 주문 접수 후 체결된 종목

잔고 확인하기

머신러닝 모델이 추천한 주식을 주문 접수하고, 체결된 주식 종목들은 잔고에 들어가 있을 것이다. 잔고에 있는 주식들은 컴퓨터가 예측한 가격보다 커지면 자동으로 매도 접수를 하도록 해 놓으면 편하다. 우선 잔고를 먼저 가져오자.

예시 코드 238 잔고 가져오기

```
app = QApplication(sys.argv)
kiwoom = Kiwoom()

# 코스피 주식 코드 가져오기
kospi_list = kiwoom.get_code_list_stock_market("0")
# 코스닥 주식 코드 가져오기
```

```
kosdaq_list = kiwoom.get_code_list_stock_market("10")

# 코스피, 코스닥 데이터가 저장될 딕셔너리 준비
kospi_dic = {}
kosdaq_dic = {}

deposit = kiwoom.get_deposit()
print("남은예수금: {}".format(deposit))

print("현재가지고있는종목: {}".format(kiwoom.get_balance()))

# 코스피종목코드를 활용한 코스피 종목명 가져오기
for i in kospi_list:
    try:
        kospi_dic[i] = kiwoom.get_code_name(i)
        # 코스피 주가 예측
        kiwoom.predict_stock(i)
    except:
        continue

# 코스닥종목코드를 활용한 코스닥 종목명 가져오기
for i in kosdaq_list:
    try:
        kospi_dic[i] = kiwoom.get_code_name(i)
        # 코스닥 주가 예측
        kiwoom.predict_stock(i)
    except:
        continue

app.exec_()
```

[실행 결과]

```
Connected!
나의계좌번호 : 8********
0002 opw00001 opw00001 [100000] 모의투자   조회 완료
0002 opw00001 opw00001
남은예수금: 499511070
0002 opw00018 opw00018 [100000] 모의투자   조회 완료
0002 opw00018 opw00018
현재가지고있는종목: [['A000100', '유한양행', 1, 58000, -0.4, 58300], ['A000150',
'두산', 1, 85600, 0.36, 86700], ['A000180', '성창기업지주', 1, 2080, -0.48,
2075], ['A000220', '유유제약', 1, 6280, 0.08, 6340], ['A000325', '노루홀딩스우',
```

```
1, 23550, 1.21, 24050], ['A000500', '가온전선', 1, 18000, 2.71, 18650]]
```

코드가 실행될 때, 현재 가지고 있는 종목들이 [종목 코드, 종목명, 보유 수량, 매입가, 수익률(%), 현재가] 순으로 리스트로 묶여서 전체 리스트로 반환된 잔고를 확인할 수 있다. 이 정보를 활용하여 가격이 예측 가격이 되었을 때 팔리도록 미리 지정 가격으로 매도 주문을 걸어 놓는다.

매도 접수하기

작성한 코드를 실행하면, 가장 먼저 잔고를 확인하고, 컴퓨터가 추천한 가격에 미리 매도 예약을 걸어 놓으면 우리가 따로 신경 쓸 것이 줄어들어 편하다. 우리가 앞서 만든 잔고를 확인하는 코드를 실행하고, 컴퓨터가 추천한 가격으로 매도를 먼저 걸어 놓자.

코드를 다시 실행하면, 머신러닝이 추천한 가격이 들어 있는 best 변수 안에 있는 데이터가 소멸한다. 따라서 저장해 놓은 best.dat 파일을 pickle 모듈을 통해 불러와서 다시 변수 self.best에 할당해 주어야 한다.

다만, 이 코드를 처음 실행했다면 당연히 best.dat 파일이 없을 것이다. 파일이 없으면 에러를 발생시켜 예외 처리로 에러가 발생하지 않도록 처리해 두자.

예시 코드 239 best.dat 파일 불러오기

```
app = QApplication(sys.argv)
kiwoom = Kiwoom()

# 코스피 주식 코드 가져오기
kospi_list = kiwoom.get_code_list_stock_market("0")
# 코스닥 주식 코드 가져오기
kosdaq_list = kiwoom.get_code_list_stock_market("10")

# 코스피, 코스닥 데이터가 저장될 딕셔너리 준비
kospi_dic = {}
kosdaq_dic = {}

deposit = kiwoom.get_deposit()
print("남은예수금: {}".format(deposit))
```

```
print("현재가지고있는종목: {}".format(kiwoom.get_balance()))

try:
    f = open("best.dat", 'rb')
    kiwoom.best = pickle.load(f)
    f.close()
except:
    pass

# 코스피종목코드를 활용한 코스피 종목명 가져오기
for i in kospi_list:
    try:
        kospi_dic[i] = kiwoom.get_code_name(i)
        # 코스피 주가 예측
        kiwoom.predict_stock(i)
    except:
        continue

# 코스닥종목코드를 활용한 코스닥 종목명 가져오기
for i in kosdaq_list:
    try:
        kospi_dic[i] = kiwoom.get_code_name(i)
        # 코스닥 주가 예측
        kiwoom.predict_stock(i)
    except:
        continue

app.exec_()
```

앞서 만든 best 변수는 머신러닝이 추천한 가격들이 들어 있고, 항상 kiwoom 클래스의 best 변수에 들어가게 되지만, 프로그램을 껐다가 다시 켜면 소멸되어 버리는 문제가 있었다. 따라서 pickle 모듈로 가져온 데이터는 머신러닝이 추천한 가격들을 저장해 놓은 데이터이므로 불러온 직후 바로 kiwoom 클래스 안에 best 변수에 할당해 주었다.

이렇게 할당된 변수는 코드가 실행되었을 때, 지정 가격으로 매도 주문을 자동으로 걸어 놓으면 편하다. 잔고 안에 있는 종목들을 추천 가격으로 지정 가격을 설정해 매도 주문을 걸어 놓자.

예시 코드 240 머신러닝 추천 가격으로 매도 주문하기

```python
app = QApplication(sys.argv)
kiwoom = Kiwoom()

# 코스피 주식 코드 가져오기
kospi_list = kiwoom.get_code_list_stock_market("0")
# 코스닥 주식 코드 가져오기
kosdaq_list = kiwoom.get_code_list_stock_market("10")

# 코스피, 코스닥 데이터가 저장될 딕셔너리 준비
kospi_dic = {}
kosdaq_dic = {}

deposit = kiwoom.get_deposit()
print("남은예수금: {}".format(deposit))

print("현재가지고있는종목: {}".format(kiwoom.get_balance()))

f = open("best.dat", 'rb')
kiwoom.best = pickle.load(f)
f.close()

for i in kiwoom.get_balance():
    if i[1] in kiwoom.best.keys():
        kiwoom.send_order("sell", "0001", 2, i[0][1:], kiwoom.best[i[0][1:]], "00")

# 코스피종목코드를 활용한 코스피 종목명 가져오기
for i in kospi_list:
    try:
        kospi_dic[i] = kiwoom.get_code_name(i)
        # 코스피 주가 예측
        kiwoom.predict_stock(i)
    except:
        continue

# 코스닥종목코드를 활용한 코스닥 종목명 가져오기
for i in kosdaq_list:
    try:
        kospi_dic[i] = kiwoom.get_code_name(i)
        # 코스닥 주가 예측
        kiwoom.predict_stock(i)
    except:
        continue

app.exec_()
```

[실행 결과]

```
...생략...
0020 opt10081 opt10081  2
0020 opt10081 opt10081  2
...중략...
0002 opw00001 opw00001 [100000] 모의투자   조회 완료
0002 opw00001 opw00001
0001 buy KOA_NORMAL_BUY_KP_ORD [100000] 모의투자   매도 주문 완료
```

코드가 실행되면, 가장 먼저 머신러닝이 추천한 가격들이 저장된 데이터를 pickle 모듈을 통해서 가져오고 kiwoom 클래스의 best 변수에 할당해 놓는다. 그리고 바로 추천 가격으로 매도 주문하도록 반복문 for문을 통해 잔고를 불러오고 send_order 함수를 통해서 매도 주문을 걸어 놓는다.

```
for i in kiwoom.get_balance():
    if i[1] in kiwoom.best.keys():
        kiwoom.send_order("sell", "0001", 2, i[0][1:], kiwoom.best[i[0][1:]], "00")
```

위의 코드 중 send_order 함수 안에서 "sell" 신호를 보내고, 다음에 오는 숫자 2는 신규 매도 주문을 의미한다. 그리고 다음 매개 변수는 코드 번호인데, 종목 코드 앞에 알파벳이 붙어 있어 슬라이싱 기법을 통해서 1번째에서 끝에 있는 문자열까지만 가져왔다.

그다음 kiwoom.best에 종목 코드 Key 값을 전달하면 추천 가격을 반환한다. 반환된 값을 지정가 매도 주문으로 걸어 놓는다. 그리고 매수 주문을 걸어 놓을 때, 시장가로 주문해 종목이 바로 잔고에 들어갈 수 있다.

잔고에 종목이 들어갔다면, 머신러닝이 추천한 가격으로 매수와 동시에 매도 주문을 걸어 놓을 수 있다. 매수 주문과 동시에 매도 주문도 같이하도록 predict_price 함수를 수정하자.

예시 코드 241 매수 주문과 매도 주문을 같이하기

```
def predict_stock(self, code):
    # 종목코드를 가져와서 해당 종목의 모든 주식 가격 데이터 가져와서 데이터 프레임으로 만들기
```

```python
        df = self.get_price(code)

        data = []
        target = []

        # 특정일의 주식 가격은 data, 특정일 다음 날의 종가 가격은 target에 할당
        for i in range(len(df) - 1):
            a = list(df.iloc[i])
            b = df.iloc[i + 1, 3]
            data.append(a)
            target.append(b)

        data = np.array(data)
        target = np.array(target)

        # 랜덤 포레스트 머신러닝 모델 활용
        rf = RandomForestRegressor(oob_score=True)
        # 모델 학습
        rf.fit(data, target)

        # 현재 날짜의 주식 가격을 today_price 변수에 할당
        today_price = list(df.iloc[-1])

        # 현재 날짜의 가격을 통해 다음날 종가 예측
        predict_price = round(int(rf.predict([today_price])[0]), -2)

        # 예측한 가격이 현재 날짜의 종가보다 높으면 추천하는 글 화면에 출력
        if df.iloc[-1]['close'] < predict_price:
            name = self.get_code_name(code)
            print("{} 주가 : {}원 -> 예측 {}원으로 추천합니다.".format(name, df.iloc[-1]['close'], predict_price))
            if self.get_deposit() > df.iloc[-1]['close']:
                self.send_order("buy", "0001", 1, code, 1, 0, "03")
                self.best[code] = predict_price
                f = open("best.dat", 'wb')
                pickle.dump(self.best, f)
                f.close()
                time.sleep(1)
                for i in self.get_balance():
                    if i[1] in kiwoom.best.keys():
                        kiwoom.send_order("sell", "0001", 2, i[0][1:], kiwoom.best[i[0][1:]], "00")
```

지금까지 진행한 프로세스를 정리해 보자.

1. 코스피, 코스닥 종목 코드와 종목을 가져온다.
2. 코스피, 코스닥 종목의 주가 데이터를 순차적으로 가져온다.
3. 머신러닝 랜덤 포레스트 모델을 통해 가져온 데이터를 학습 후 미래 주가를 예측한다.
4. 만약 미래 주가가 현재 주가보다 더 높다면 가격을 추천한다.
5. 추천한 주식은 예수금이 허락하는 한 그 즉시 시장가로 매수 주문한다.
6. 잔고에 종목이 있으면 추천 가격으로 매도 주문을 걸어 놓는다.

이러한 프로세스로 진행되고, 코드를 한 번 실행하면 코스피, 코스닥 종목을 순차적으로 분석해서 추천되는 종목은 자동으로 매수하고, 추천 가격으로 자동으로 매도 주문까지 걸어 놓을 수 있다.

실전 투자 전환 방법

지금까지 API 이용 및 프로젝트 진행은 모두 모의투자 환경에서 진행했다. 충분히 모의투자 환경에서 자동 주식 매매 프로그램을 연습해 봤다면, 나중에 확신이 들었을 때는 실전 투자에서 만든 전략을 구사해 보고 싶을 것이다. 실전 투자 환경 전환 방법을 알아보자.

파이참으로 API에서 로그인하거나 KOA로 API에 로그인할 때 PC 작업 표시줄 아래에 있는 트레이 아이콘을 클릭하면 다음과 같은 API 아이콘이 생성되어 있다. 이 아이콘을 마우스 오른쪽 버튼으로 눌러 계좌비밀번호 저장을 선택하자.

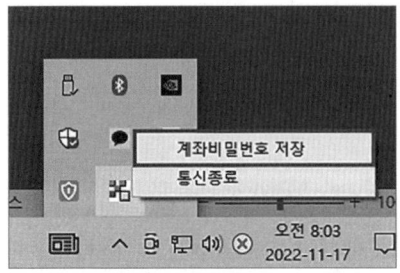

그림 135 [계좌비밀번호 저장] 메뉴 선택

우리가 앞서 배운 "키움증권 API에 로그인하기"에서 AUTO로 설정한 체크 박스를 해제해야 한다. 이후 비밀번호를 "0000"으로 입력하고("0000"이 아닌 다른 숫자로 해도 상관없다. 비밀번호가 아닌 숫자이면 된다) 등록 버튼을 눌러서 자동으로 로그인되지 않도록 설정하자.

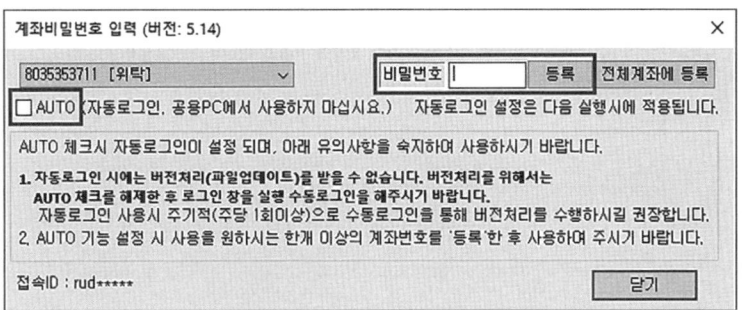

그림 136 비밀번호 등록 후, AUTO에 체크

파이참 프로젝트로 돌아가서 main.py 파일을 실행하면 자동으로 로그인되지 않고 로그인 화면이 나타난다. 이때가 중요한데, 모의투자 접속 체크를 꼭 해제한 후 비밀번호와 인증서를 발급할 때 만든 인증 비밀번호를 입력하여 로그인한다.

그림 137 모의투자 접속 체크 해제

지금까지 진행한 내용대로 진행했다면, main.py 파일을 재실행하고 로그인하면 다음과 같은 에러가 발생한다. 에러가 발생하는 이유는 실제 계좌의 비밀번호를 등록하지 않은 상태에서 Kiwoom 클래스 내 get_deposit 함수를 호출했기 때문이다.

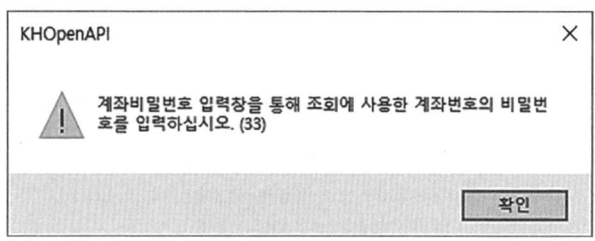

그림 138 로그인 에러 발생

main.py 파일을 실행한 상태에서 다시 트레이 아이콘에 있는 API 아이콘을 마우스 오른쪽 버튼으로 누르고 다시 AUTO에 체크한 후 실제 계좌 비밀번호를 입력하고 등록을 누르자. main.py 파일을 실행하고 API에 로그인해야만 API 아이콘이 나타난다.

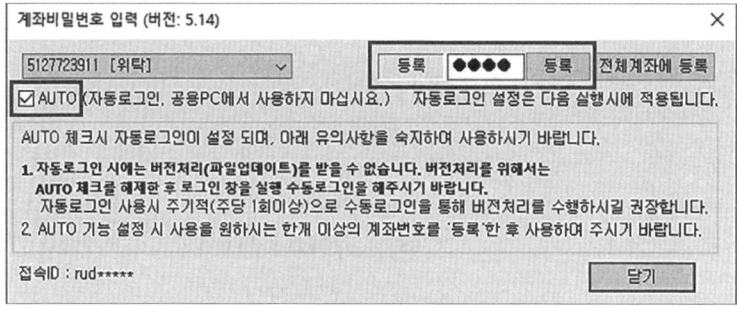

그림 139 계좌 비밀번호 입력 및 AUTO 설정

다시 main.py 파일을 실행시키면 실전 투자 환경으로 접속된다. 이후에 매매는 전부 실제 계좌에서 진행하니 주의해야 한다.

마치며

이것으로 이 책으로 다루는 프로젝트가 끝났다. 이 책에서는 입문자도 쉽게 이해하도록 어려운 설명 내용은 최대한 배제했다. 그리고 쉽게 사용할 수 있는 머신러닝 모델 위주로 설명했다. 사실 앞서 배운 머신러닝을 활용해서 자동 주식 매매 프로그램을 만드는 부분에서 부족한 부분이 많다. 데이터베이스를 구축하지도 않았고, 시간도 상당히 오래 걸리는 코드가 많다.

일단 아주 미미한 부분이라도 구현하는 부분까지만 따라와도, 이런 프로그램 개발에 흥미가 있다면 독자들이 스스로 더 연구하고 발전시켜서 부족한 점을 잘 보완하리라 믿는다. 그리고 모의투자를 통해 다양한 머신러닝 모델을 활용해서 충분히 감을 잡은 후에 흥미가 있다면, 머신러닝에 대해서 조금 더 공부해 보면서 인공지능을 활용한 주식 매매 전략을 점차 업그레이드해 나가는 것을 추천한다.

머신러닝에 대해서 좀 더 자세하고 친숙하게 공부하고 싶다면 박해선 저 "혼자 공부하는 머신러닝+딥러닝" 책을 추천한다. 그리고 키움증권 API를 사용하면서 주식 매매 전략에 대해서 조금 더 자세하게 공부하고 싶다면, 박준성 저 "쉽게 따라 만드는 파이썬 주식 자동 매매 시스템" 책을 읽어 보길 추천한다.

책을 몇 번이고 다시 돌려 본다면 점차 사용법에 대해서 익숙해질 것이며 그렇게 된다면 꼭 믿을 수 있는 자신만의 주식 매매 전략을 개발할 수 있을 것이다. 혹시 도움이 필요하거나 좀 더 많은 이야기를 나누고 싶은 독자가 있다면 인스타그램 bin.box92에 DM을 보내면, 필자가 도울 수 있는 부분은 최대한 돕겠다.

끝으로 이 책을 보는 모든 독자의 건승을 기원한다.

찾아보기

break	120	merge	162
calendar 모듈	134	NAN	164
col	192	notnull	166
CommConnect	222	Numpy 모듈 설치하기	164
concat	157	OCX	224
continue	121	OnEventConnect	220
countplot	181	openpyxl	145
csv 파일과 tsv 파일	146	pickle 모듈	137
del	94	PyQt5	72
dropna	172	QAxWidget	219
DynamicCall	222	QEventLoop	222
elif문	111	range	117
else문	110	row	193
fillna	168	scatter plot	177
format	88	seaborn	179
global	125	seaborn 모듈 설치하기	175
HTS, MTS	46	time 모듈	135
hue	190	TR 목록	70
interpolate	171	violinplot	188
isnull	166	가상 환경	28
IT와 DT	202	강화 학습	310
jointplot	184	결정 트리	330
K 최근접 이웃	312	기본값	126
KOA	64	논리 연산자	112
KOA Studio 내려받기	64	누락 값	164
len	87	누락 값 비교	165
lmplot	182	데이터 시각화	174
loc, iloc	154	데이터 프레임	152
matplotlib	176	데이터와 인공지능	198
matplotlib 모듈 설치하기	174	딕셔너리 자료형	100

랜덤 포레스트	337	정형 데이터, 비정형 데이터	212
러다이트 운동	200	조건문 IF문	109
리스트 자료형	90	종목 코드 가져오기	231
멤버 연산자	112	종목명 가져오기	235
모듈	133	종이 소비량	199
모의투자	66	주문 접수 및 체결	259
문자열 자료형	83	주문 정보 얻어 오기	272
바 그래프	186	주석	80
박스 그래프	186	주식 가격 정보 가져오기	239
반복문 for문	115	지도 학습	310
반복문 while문	118	집합 자료형	104
변수	76	클래스	127
불 자료형	107	키움증권 API	46
비교 연산자	112	키움증권 API 설치하기	61
비지도 학습	310	키움증권 계좌 만들기	46
빅 데이터	205	키움증권 앱 설치하기	55
산점도 그래프	177	키움증권 인증서 만들기	56
상속	131	키움증권 조회 횟수 공지 사항	245
선형 회귀	327	튜플 자료형	97
숫자형 자료형	81	파이썬	18
시리즈	140	파이참	32
시리즈 통계 함수	147	파이참 설치	32
실시간 체결 정보 가져오기	294	파일 불러오기	144
아나콘다	28	판다스 설치	141
아나콘다 설치	20	함수	122
예수금	252	히스토그램	176
인공지능 기술 분야	209		
인공지능, 머신러닝, 딥러닝	211		
인공지능과 관련된 학문	207		
인공지능을 배워야 하는 이유	200		
자율 주행차의 윤리적 딜레마	208		
잔고	283		
전역 변수와 지역 변수	125		

인공지능, 주식투자 좀 부탁해
입문자를 위한 파이썬 주식 예측 자동 매매 프로그램 만들기

출간일	2023년 6월 7일 ǀ 1판 2쇄
지은이	곽경일
펴낸이	김범준
기획	이동원
책임편집	조부건
교정교열	이혜원
편집디자인	김민정
표지디자인	배진웅
발행처	(주)비제이퍼블릭
출판신고	2009년 05월 01일 제300-2009-38호
주 소	서울시 중구 청계천로 100 시그니쳐타워 서관 9층 949호
주문/문의	02-739-0739 팩스 02-6442-0739
홈페이지	http://bjpublic.co.kr 이메일 bjpublic@bjpublic.co.kr

가 격 25,000원
ISBN 979-11-6592-214-6 (93000)
한국어판 © 2023 (주)비제이퍼블릭

이 책은 저작권법에 따라 보호받는 저작물이므로 무단 전재와 무단 복제를 금지하며,
내용의 전부 또는 일부를 이용하려면 반드시 저작권자와 (주)비제이퍼블릭의 서면 동의를 받아야 합니다.

 이 책을 저작권자의 허락 없이 **무단 복제 및 전재(복사, 스캔, PDF 파일 공유)하는 행위**는 모두 저작권법 위반입니다. 저작권법 제136조에 따라 **5년** 이하의 징역 또는 **5천만 원** 이하의 벌금을 부과할 수 있습니다. 무단 게재나 불법 스캔본 등을 발견하면 출판사나 한국저작권보호원에 신고해 주십시오(불법 복제 신고 https://copy112.kcopa.or.kr).

잘못된 책은 구입하신 서점에서 교환해드립니다.